职业教育·城市轨道交通类专业

新形态一体化系列教材

城市轨道交通列车驾驶

谭飞刚　主　编

宋以华　副主编

人民交通出版社

北　京

内 容 提 要

本书为职业教育城市轨道交通类专业新形态一体化系列教材之一。全书包含5个项目,分别为列车司机岗位概况、典型列车作业标准、非正常情况下驾驶、列车驾驶故障处理、行车事故案例分析。

本书可供职业教育城市轨道交通类专业学生使用,也可作为行业人员培训教材。

本书配套丰富助教助学资源,请有需要的任课教师通过加入职教轨道教学研讨群(QQ号:129327355)获取。

图书在版编目(CIP)数据

城市轨道交通列车驾驶/谭飞刚主编. —北京:人民交通出版社股份有限公司,2024.12. —ISBN 978-7-114-19302-6

Ⅰ. U239.5

中国国家版本馆CIP数据核字第2024BN7132号

Chengshi Guidao Jiaotong Lieche Jiashi

书　　名: 城市轨道交通列车驾驶
著 作 者: 谭飞刚
责任编辑: 钱　堃
责任校对: 赵媛媛　魏佳宁
责任印制: 张　凯
出版发行: 人民交通出版社
地　　址: (100011)北京市朝阳区安定门外外馆斜街3号
网　　址: http://www.ccpcl.com.cn
销售电话: (010)85285911
总 经 销: 人民交通出版社发行部
经　　销: 各地新华书店
印　　刷: 北京科印技术咨询服务有限公司数码印刷分部
开　　本: 787×1092　1/16
印　　张: 20.5
字　　数: 461千
版　　次: 2024年12月　第1版
印　　次: 2024年12月　第1次印刷
书　　号: ISBN 978-7-114-19302-6
定　　价: 56.00元

前言

城市轨道交通的快速发展，推动着相关设备系统的研发和制造技术水平不断提升，对行车安全、运输效率和节能环保提出了新的要求。司机作为城市轨道交通运营企业的一线工种，其岗位要求也发生了变化。高等院校应当调整人才培养策略，加强城市轨道交通类专业的交叉融合，培养业务扎实、一专多能的高素质技术技能人才。

城市轨道交通列车驾驶是城市轨道交通类专业列车司机方向的一门专业必修课。本书根据当前城市轨道交通列车司机岗位要求、人工作业标准、城市轨道交通乘务职业技能等级标准等，基于岗位工作过程进行活页式教材设计，突出对学生在知识、技能、素养等方面的职业能力培养。本书围绕"驾驶""列车故障处理"等核心工作任务编排项目化教学内容，并设计了与司机业务模块相匹配的理论学习工作单和实践工作单，使学生在提高知识和技能水平的基础上，培养工匠精神、劳动精神等，实现思政进课堂。本书主要围绕地铁列车司机所需知识、技能、素养展开。本书具有以下特色：

(1)项目引领，任务驱动。本书采用基于工作过程的项目式活页设计，每个项目包含若干个任务。每个任务以案例、新闻报道等内容引入，同时设计一些引导问题，让学生带着问题去学习相关知识，从而提高学习效率。大部分任务配备理论学习工作单和实践工作单来帮助学生加深对知识的理解，巩固所学内容。

(2)立德树人，德技并修。本书融入了大量的课程思政内容，如地铁司机全国劳动模范、技术能手等的事迹，激励学生培养不怕苦、不怕累、追求精益求精的精神。本书以城市轨道交通列车司机岗位标准、城市轨道交通乘务职业技能等级标准等为依据，结合第十三届全国交通运输行业城市轨道交通列车司机职业技能大赛技能要求，以列车驾驶标准化作业流程为主线，引入全自动运行系统对列车司机的要求，突出岗课赛证融通，融入了新知识、新工艺、新规范。

(3)案例丰富，巧设模块。本书在讲解相关知识过程中设置了大量真实案例，不但可以避免内容枯燥，而且能让学生通过案例了解真实的工作情景。书中穿插了“角色扮演”“想一想”“知识拓展”等模块，一方面让学生在课堂上进行思考讨论，另一方面拓展学生的知识面。

(4)图文并茂，资源丰富。本书配有大量的实物图、流程图等，配有丰富助学助教资料，如动画资源、微课资源等，方便开展“线上 + 线下”混合式教学。

本书由深圳信息职业技术学院谭飞刚担任主编，广东交通职业技术学院宋以华担任副主编，深圳职业技术大学彭鹏、广州地铁集团有限公司林沙、深圳开放大学柯恒沛参与编写。本书在编写过程中参考了大量城市轨道交通列车驾驶相关文献和互联网最新资料，由于篇幅有限，未能将这些材料的提供者一一列举出来，在此向他们致以诚挚的谢意！

鉴于编者水平有限，书中难免存在疏漏和不当之处，欢迎读者提出宝贵意见，以进一步改进、充实和完善本书内容，使本书更好地为城市轨道交通行业的人才培养发挥作用。

编　者

2024 年 11 月

本书与国家职业技能标准对应的知识点

在系统分析《城市轨道交通列车驾驶员技能和素质要求　第 1 部分：地铁、轻轨和单轨》（JT/T 1003.1—2015）和国家职业技能标准《轨道列车司机（城市轨道交通列车司机）》（2019 年版）（职业编码：4-02-01-01）等的基础上，确定本书对接职业技能标准的对接点，以城市轨道交通列车司机岗位职业技能标准的要求构建课程学习内容。针对其典型工作任务，分析完成任务所需的专业知识、职业能力和职业素养，确定本书的内容。

本书根据城市轨道交通列车司机岗位行车工作任务确定学习项目。对行车职业岗位（群）进行系统调研，确定岗位的工作任务，将岗位所涉及的典型工作任务转化为典型学习任务，将需要掌握的专业知识、职业技能和能力及职业素质融入教学内容，设计本书的学习项目。

学习项目		理论知识	实操技能										
			五级/初级工				四级/中级工				三级/高级工		
			列车操纵	列车故障处理	非正常行车及突发事件应急处置	列车救援	列车操纵	列车故障处理	非正常行车及突发事件应急处置	列车救援	列车操纵	列车故障处理	非正常行车及突发事件应急处置
项目 1	任务 1.1	√											
	任务 1.2	√											
	任务 1.3	√											
项目 2	任务 2.1		√				√				√		
	任务 2.2		√				√				√		
	任务 2.3		√				√				√		
	任务 2.4		√				√				√		
	任务 2.5		√				√				√		
	任务 2.6		√				√				√		

续上表

学习项目		理论知识	实操技能										
			五级/初级工				四级/中级工				三级/高级工		
			列车操纵	列车故障处理	非正常行车及突发事件应急处置	列车救援	列车操纵	列车故障处理	非正常行车及突发事件应急处置	列车救援	列车操纵	列车故障处理	非正常行车及突发事件应急处置
项目3	任务3.1				√				√				√
	任务3.2				√				√				√
	任务3.3				√	√			√	√			√
项目4	任务4.1			√				√				√	
	任务4.2			√				√				√	
	任务4.3			√				√				√	
	任务4.4			√				√				√	
项目5	任务5.1	√											
	任务5.2	√											

各项技能要求权重分配如下表：

技能要求	技能等级				
	初级(%)	中级(%)	高级(%)	技师(%)	高级技师(%)
列车操纵	40	30	20	20	--
列车故障处理	30	30	40	40	40
非正常行车及突发事件应急处置	20	30	40	20	20
列车救援	10	10	—	—	—
技术管理与培训	—	—	—	40	20
合计	100	100	100	100	100

目录

项目 1

列车司机岗位概况

项目引入

列车司机应在城市轨道交通乘务部门统一指挥下，坚持安全生产的方针，贯彻集中领导、统一指挥的原则，完成各项规定工作。列车司机需要牢记自己的岗位职责和岗位要求，并且严格履行岗位职责，确保给乘客提供安全、准点、舒适的出行体验。通过本项目的学习，学生需要掌握列车运行安全管理的各项规定，增强“手柄轻四两，责任重千斤”的安全责任意识。

榜样学习

彭同阳于2009年加入广州地铁，是广州地铁一名特级客车司机。向前不断延伸的轨道是他心之所向。他时刻践行着"在岗一分钟，尽责六十秒"的庄严承诺。在岗十多年，他安全行车超过48万km，练就了精湛的技术，先后获得"广东省技术能手""全国交通技术能手""广东省五一劳动奖章""广州市青年岗位能手"等荣誉。

彭同阳深知安全工作"万无一失，一失万无"，总是如履薄冰，每次当班都高度警惕，认真瞭望，小到一颗螺丝钉的故障确认都逃不过他的"火眼金睛"。在作业中，严谨细致的他总能及时发现安全隐患并果断采取措施，有效防止安全事故的发生。

2013年3月11日，在驾驶列车运行过程中，彭同阳听到异响，判断出有异常，当即拉停列车并妥善处理，最终避免了一台价值一百多万元的电机被烧毁；同年11月12日，他及时发现施工人员误入轨行区并采取相应措施，避免了一起可能的人员伤亡事故；2020年4月15日，彭同阳值乘压道车，在视野受限的情况下，发现高速公路外网掉落至地铁线路范围。他立即停车并高效处理异物，切实保障了运营安全，获公司表彰。

保障行车安全是每一名地铁司机义不容辞的责任，彭同阳一直不骄不躁、慎终如始，用赤子之情传承着地铁人敬业、专注的工匠精神，在岗位上尽责勤勉地演绎着地铁人的匠心传奇。

（摘编自：广东城市公交网，2021年9月）

学习目标

知识目标

(1)了解列车司机岗位职责与要求。

(2)掌握列车司机安全作业守则。

(3)掌握列车司机工作规定。

能力目标

(1)能正确阅读轮值表、列车时刻表等相关表格信息。

(2)能有效地进行语言表达和沟通。

素质目标

(1)养成守时、严谨、认真、负责的工作态度。

(2)培养爱岗敬业精神。

(3)提升安全责任意识。

(4)养成用心服务、细心服务的工作态度。

建议学时

6学时。

任务发布

学习理论知识和技能知识，完成各任务后的工作单。

学习分组

建议学习者自行组建学习小组，制订学习计划，共同完成本项目的各项任务。

组长	
成员	
成员分工	
学习计划	

任务 1.1　列车司机岗位职责与要求认知

任务导入

上着帅气工装，下穿油亮皮鞋，手提“万能百宝箱”，戴上炫酷墨镜，这就是——地铁列车司机（图 1-1）。他们有颜值、有责任，更有担当。他们在驾驶过程中，一直处于精神高度集中状态，每天重复几千遍相同的手指口呼动作，只为护送乘客平安到站。

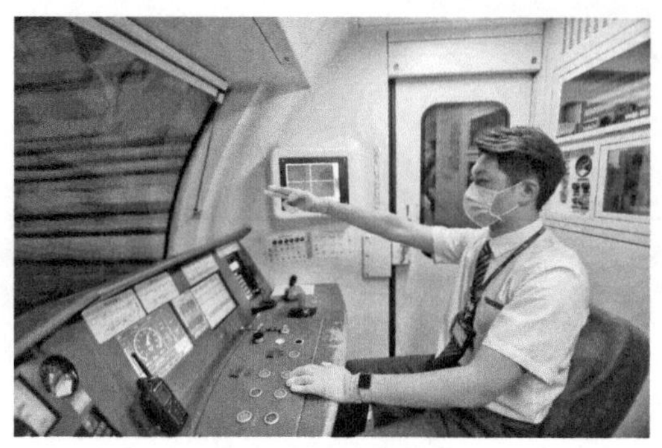

图 1-1　地铁列车司机

4:00，与往常一样，天还未亮，列车司机（本案例中的司机为早班司机）已穿上工装、系好领带、戴好臂章，迎接崭新的一天。4:05，列车司机开始接受检查，确保司机包内的手电筒、驾驶证、司机日志、规章文本等行车备品齐全。4:10，列车司机来到出勤室，开始抄写当日行车安全注意事项及行车调度员（简称行调）命令，对全天的行车概况有一个详细的了解，以便做好行车预想。4:20，列车司机开始进行日常的酒精检测及“每日一题”测验。4:25，列车司机在派班调度处领取手持无线电台（简称手持电台）、站台门钥匙、列车主控钥匙等行车必备品，准备开始一天的驾驶任务。4:30，列车司机来到对应股道前，报告信号楼，随即开始列车出停车库（简称出库）前整备作业。4:59，所有检查完毕，确认列车状态满足出库条件后，列车司机申请列车出库。5:20，经过整备作业，列车投入正线载客服务。列车到站后，列车司机执行标准化作业。12:00，列车司机值乘完当日班次，退勤下班。

地铁列车司机没有朝九晚五的上班规律，也没有节假日的放假旅游，但有“重于泰山”的责任心和“始终如一”的初心。

（摘编自：成都地铁运营公众号，2019 年 9 月 13 日）

任务准备

引导问题 1　列车司机岗位有哪些要求？

引导问题 2　早班司机为什么要那么早起床上班？

1.1.1　列车司机岗位职责

一、列车司机的定义

列车司机指轨道交通列车驾驶人员。本书主要围绕地铁列车司机岗位展开介绍。大部分地铁企业中，列车司机需掌握地铁列车无人驾驶、自动驾驶、人工驾驶、故障处理、突发事件应急处理、典型列车作业、师徒带教、列车调试、列车过轨等的知识技能。《轨道列车司机(城市轨道交通列车司机)》(2019 年版)中规定,城市轨道交通列车司机共设五个等级,分别为五级/初级工、四级/中级工、三级/高级工、二级/技师、一级/高级技师。在国内部分地铁企业中,列车司机也可分为三级、二级、一级、高级、特级和首席六个级别。

知识拓展

初级列车司机岗位资格培训要求学员完成规定学时的理论学习和实操训练,方可参加考试并获取驾驶证。例如某地铁公司要求学员完成理论学习 300 学时、实操 400 学时后,方可参加取证考试。

二、岗位职责

列车司机应该在公司统一指挥下坚持安全生产的方针,贯彻“高度集中、统一指挥、逐级负责”的原则,并时刻牢记“安全第一、服务至上”的宗旨,学习和遵守有关的安全规定与运行规则,严格按照作业程序和服务标准操纵列车,确保安全驾驶。列车司机的具体岗位职责如下:

(1)负责按运营时刻表和既定交路值乘,或按调车转线、调试等作业计划开展作业。

(2)服从上级安排,听从指挥。行车中,在正线服从行车调度员的统一指挥;在车辆基地,服从车辆基地调度员的统一指挥。

(3)自觉遵守和严格执行各项规章制度,坚决制止、举报违章行为和抵制违章指挥,发现安全隐患,及时汇报、妥善处理。

(4)负责确认行车凭证,彻底瞭望进路,安全、平稳驾驶列车,确保安全,兑现“安全、准点、快捷、舒适”的优质服务承诺。

知识拓展

行车凭证是指列车进入线路区间的凭据,包括出站或通过信号机时允许运行的信号、绿色许可证、路票等。

(5)发生突发事件或设备故障时,立即报告,并按相应的应急预案及指南,冷静、及时、果断处理,尽快恢复运营。

(6)出现交路紊乱或行车组织发生变化等情况,坚守岗位,听从轮值或派班员的安排,保证有车必有人。

(7)认真学习业务知识,牢固掌握本岗位的专业知识,积极参加业务培训及各项演练、技术比武等。

(8)负责列车司机学员的带教培训,严格履行带教合同,认真带教并监控好学员或其他人员按章操作,确保列车运营安全。

(9)遇特殊情况,如接到加开列车通知等,积极承担任务,并确保顺利完成。

(10)在车辆或信号系统发生故障导致列车不能正常行驶时,能够准确报告故障信息，并依据故障处理指引，及时对故障做出正确判断和处理，降低故障可能造成的影响。

(11)在发生紧急行车事故时，保持镇静，沉着应对，最大限度地保障乘客的人身安全。在需要就地紧急疏散乘客时，及时、正确地引导乘客有序疏散。

(12)发现或发生行车事件或事故时，及时、如实地向班组长及以上管理人员或相关负责人反映或报告，不隐瞒、不谎报。

(13)掌握站台作业时关门时机与技巧，加强站台门与车门之间空隙情况的确认，确保乘客安全上、下车。

(14)在列车广播自动报站系统发生故障时，及时进行人工广播，为乘客提供正确的到站信息。

事故案例

某日 9:20，某地铁公司 1 号线 1806 次司机在 XLⅡ道确认发车计时器(departure time indicator，DTI)倒计时和时刻表后，正点关车门、站台门。司机在关车门时，有一名乘客站在 24 号站台门处，未能上车。司机确认车门、站台门关好，缝隙安全后，回到驾驶室，一边按下列车自动运行(automatic train operation，ATO)按钮，一边从上客侧站台后视镜确认站台情况。司机突然发现之前未上车的女乘客在拍打站台门，立即起身拉开驾驶室门走到站台呼叫该乘客离开站台门。此时，列车以 ATO 模式启动，开始离开站台。司机马上使用对讲机通知站台岗拍打站台紧急停车按钮，但当时列车已启动，噪声较大，当站台岗发现情况拍下站台紧急停车按钮时，列车已离开站台区域。

事故原因分析：当值司机对岗位职责的认识不清晰。在列车已经启动，从后视镜发现有乘客在拍打站台门时，没有立即按快速制动停车按钮通知站台岗处理，而是自己拉开驾驶室门走到站台上呼唤乘客离开，这是造成本次事件发生的原因。

1.1.2 列车司机岗位要求

一名合格的列车司机不仅要能够规范操纵列车，而且需具有高度的服务和责任意识，用心为乘客提供服务。

一、健康要求

由于城市轨道交通行车环境较特殊(大部分线路都处于地下隧道，光线较暗且运行速度较快，运行时间较长)，因此，要求列车司机无色盲、色弱，裸眼视力一般为 5.0(部分地铁公司要求矫正后视力 5.0)，身体健康，无影响正常工作的疾病。

知识拓展

某地铁公司列车司机入职体检部分要求如下：

(1)身高：男性不低于 163cm，女性不低于 158cm。

(2)体重：男性≥45kg，女性≥40kg。

(3)视力：两眼裸眼视力之和≥5.1(1.0)，单眼裸眼视力≥4.6(0.4)或双眼矫正视力≥5.0(1.0)。没有色弱、色盲，可以清楚分辨出颜色。

(4)听力:受试者双耳听清距离在5m以上,或者双侧听力阈值≤30dB。

(5)其他:肝功能正常,没有高血压、传染病、心脏病以及糖尿病等会对工作造成影响的疾病。

二、知识要求

列车司机需要掌握电工电子、机械基础等基础知识,还需要掌握车辆构造、信号系统、行车组织等专业知识,熟悉并遵守相关规章制度,如图1-2所示。

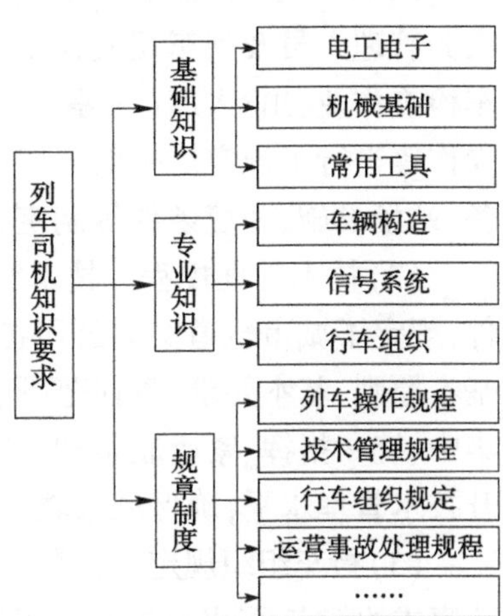

图1-2 列车司机知识要求

1. 基础知识

(1)电工电子:要求掌握电路的基本概念、基本定律和分析方法,三相电路、晶体管与基本放大电路、半导体基础知识、安全用电常识等。

(2)机械基础:要求掌握机械制图识图、公差的概念、常见机械结构、机构的原理、机械传动原理及常见部件、材料基础等。

(3)常用工具:要求掌握万用表的使用,各类机械钳工和电工工具(如钳、锤、扳手等)的使用,常见量具的使用,以及泡沫灭火器、气体灭火器、干粉灭火器的使用方法和注意事项,了解消防相关知识,掌握扑灭初期火灾的方法。

2. 专业知识

(1)车辆构造。车辆构造是关于城市轨道交通车辆的基础知识,包括车辆基本组成、列车编组、车体结构、车门系统、车钩缓冲装置、转向架、制动系统、车辆主要电气设备、车辆主电路和气路原理等。列车司机必须掌握列车的基本构造和性能,对列车有一个较完整的了解,主要表现在对操作的相关知识和技能的掌握以及对主要部件构造、性能的知晓。只有在掌握和了解列车各系统性能、作用的基础上,才能够具备处理故障的能力。在规定时间内及时、准确地排除故障已经成为列车司机基础业务能力的标志之一。

(2)信号系统。信号系统与列车驾驶息息相关,要求列车司机必须掌握:信号机的种类和显示,基础信号设备(转辙机、轨道电路、应答器、计轴器等)及其工作原理,列车自动控制(automatic train control,ATC)系统、列车自动运行(ATO)系统、列车自动防护(automatic train protection,ATP)系统、列车自动监控(automatic train supervision,ATS)系统的基本作用和工作原理,各种闭塞形式、工作原理及相关技术,基于通信的列车自动控制(communication-based train control system,CBTC)系统相关知识等。

(3)行车组织。行车组织要求列车司机必须掌握:轨道线路的相关基础知识(如轨道组成、道岔、线路特点等),各线路标志、信号标志的作用,手信号的显示方式和现实意义,相关行车凭证与行车命令,列车运行图和轮乘表、列车开行车次的规定,车辆段、停车场、正线的线路布局及股道特点,正线站台门的种类和分布,站台门在正常和非正常情况下的操作方法等。

列车司机必须熟悉运行线路和停车场等基本设施，掌握驾驶区段、停车场线路纵断面情况，能得心应手地驾驶列车，能应对运行过程中各种突发事件。

3. 规章制度

(1)列车操作规程。列车操作规程是车辆系统各有关工种和车辆技术管理人员、乘务管理人员及列车司机在工作中或作业中的工作标准，对列车司机出/退勤作业、列车检查作业、出/入库(入停车库的简称)作业、列车操纵和运行、特殊情况下的处理与操作等进行了规定。一般各城市轨道交通公司根据列车技术特点、信号系统、线路设备、站场设施、环境条件等制定各自的规程。

(2)技术管理规程。技术管理规程类似城市轨道交通公司技术管理的纲领性文件，规定了城市轨道交通公司各部门、各单位、各专业在从事运营生产时，必须遵循的基本原则、基本要求、责任范围、工作模式和相互关系等。城市轨道交通运营具有高度集中、统一指挥、紧密联系和协同合作的特点。技术管理规程能规范运营管理活动，提升技术管理水平，确保城市轨道交通线网运营安全，提供优质服务。

(3)行车组织规定。行车组织规定是各城市轨道交通线路针对信号系统设备及运营模式的特点而制定的，规定了行车人员在行车组织工作中必须遵循的基本原则、作业程序等。

(4)运营事故处理规程。运营事故处理规程制定的目的是及时、正确地处理城市轨道交通运营事故，使处理工作科学、规范、有据可依。

除此之外，列车司机还需了解《中华人民共和国劳动法》《中华人民共和国安全生产法》《中华人民共和国环境保护法》等相关知识。

从目前各城市轨道交通公司对列车司机的培训周期和项目来看，列车司机除了必须学习和掌握公司的安全规程、事故处理规程、列车操作规程、技术管理规程外，还应注重培养如抗压能力、反应能力、语言表达能力等综合素质。这些综合素质需要学员在日常工作和生活中有意识地进行针对性培养。某地铁列车司机岗位培训内容见表 1-1。

某地铁列车司机岗位培训内容 表 1-1

分类	培训内容	掌握程度
部室职责、岗位工作内容	部室组织架构、职责、对外接口关系	了解
	列车司机岗位职责、工作内容	熟知
	部室相关规章制度	熟知
岗位基础知识、专业知识	正线线路图和车辆基地线路图	精通
	正线弯道相关知识(具体位置、限速要求及信号降级下的注意事项)	精通
	行车组织原则、非正常情况下的行车组织、信号显示	精通
	运营事故调查处理规则、安全关键点	精通
	车辆、车门、牵引系统、空气制动系统、辅助系统、自动开关及旁路的功能	精通

续上表

分类	培训内容	掌握程度
岗位基础知识、专业知识	列车司机服务规范及基本作业标准,作业安全基本原则,列车司机出勤、退勤、整备作业,列车出车辆基地、正线运行规定,站台作业、折返作业、列车回车辆基地、洗车作业及注意事项,调车作业、调试作业,正常情况下的行车组织,非正常情况下的行车组织	精通
	信号系统基本概念,CBTC 信号系统,正线信号系统、列车司机操作台信号类开关,常见信号故障及处理程序,计算机联锁控制的作用原理	精通
	信号降级下的行车组织办法	精通
	车辆基地线路布置、车辆基地信号显示及意义	精通
	列车故障应急处理	精通
	调车、调试管理办法	精通
	应急处理规章	精通
岗位操作技能	检车程序	精通
	试车线驾驶,模拟驾驶器驾驶练习	精通
	车辆故障处理	精通
	救援连挂	精通
	模拟驾驶器应急处理练习	精通
工作流程及作业程序	出/退勤作业流程	精通
	检车作业流程	精通
	一次性标准化作业程序	精通
	洗车作业程序	精通
	出/入库作业程序	精通
安全生产源、风险源防范	作业关键点、人为失误点	精通
	安全学习材料	精通
	部室安全教育	熟知
师徒带教	列车司机师徒带教	精通

三、仪容仪表要求

(1)应按规定统一穿着工作制服(图 1-3)。制服换季按照规定,全线统一执行。

(2)着制服时,应佩戴领带、工号牌。工号牌应佩戴在左胸前口袋上沿中部。工号牌下沿与左胸前口袋上沿平行,并保持 1~2cm 距离。工号牌应正戴,不得歪戴、反戴。

(3)着制服时,应衣装整洁,不缺扣,不立领,不卷袖挽裤。上装要保持干净无皱褶,口袋内不装多余东西;裤子干净、裤线整齐。衬衣干净无皱纹、领口无污垢;衬衣下沿应束进裤内;不着样式怪异的服饰,衬衣扣不得漏扣或缺扣。

图 1-3　地铁列车司机着装

(4)着制服时,应按规定穿黑色或深色的皮鞋,鞋面保持干净。袜子以黑色或深色等朴素颜色为主。着裙时,长袜颜色应选择与肌肤相贴近的自然色。皮带以黑色或深色为主,不得佩戴怪异饰物或与着装不协调的皮带。

(5)佩戴眼镜时,应尽量选择传统的眼镜,避免使用过于时髦或彩色的眼镜。

(6)保持头发干净,不留怪异的发型,不染发。女员工低头时,应保证长发不遮脸;头饰(发夹、发带)以黑色或深色等朴素色为主。留长发的女员工必须将头发挽于头发网内。避免佩戴太显眼的饰物,耳环限戴一对且长度不得超过 1cm;不戴戒指(婚戒除外)、手链,不得外露项链等饰物。男员工不准留长发、大包头、大鬓角。

(7)注意个人卫生,经常修剪指甲,留意口腔异味。

(8)女员工可以化淡妆,适度用香水,可使用无色透明的指甲油。

知识拓展

城市轨道交通员工的仪容仪表代着城市轨道交通公司的形象。关于员工化妆,某城市轨道交通公司要求如下:

(1)女性员工必须化淡妆上岗,容貌干净自然;男员工不得化妆。

(2)妆容与工种、服务场所协调。不浓妆艳抹,避免妆容轻佻、娇艳,不引起乘客反感。

(3)员工上班不戴价格昂贵的耳环、手镯、项链、戒指等。

(4)员工上班可戴与妆容、发型、服饰协调且美观大方的饰物,如手表、胸花、发结、发卡等。

四、行为举止要求

上岗期间精神饱满、举止大方、行为端正,严禁在岗位上聊天、说笑、追逐打闹、玩游戏等。站台立岗时,应站在站台红线外侧保持立正姿势,两手自然下垂或放在腹部前方,双眼平视前方,观看乘客上下车情况,其间不得背手、手插口袋或把手搭在相关设备上,不应有打哈欠或伸懒腰等行为,如图 1-4 所示。在站台、站厅等公共区域待乘区间,也应注意言行举止。

图 1-4　地铁列车司机站台立岗

如因列车故障,列车司机需进入车厢处理时,不得冲撞乘客,如受到乘客影响或需要乘客帮助时,应礼貌地请乘客予以配合。任何时候,不准与乘客发生言语或肢体上的冲突。

遇乘客上前咨询或投诉时,应礼貌回应,如对情况不清楚或不方便回答时,应建议乘客向站台寻求帮助。

五、文明服务要求

(1)统一使用普通话。应根据乘客的身份使用恰当的称呼,如先生、女士、小朋友、叔叔、阿姨等。在车厢进行人工广播时,应首先使用普通话。广播过程中应保持语调平稳,语速适中,音量适宜,吐字清晰,避免声音刺耳或使乘客惊慌。

(2)使用文明十字用语:您好、请、谢谢、对不起、再见。

(3)在终点站,遇乘客询问如何坐车时,应说:"请您在这边候车。"指引乘客到正确的候车地点。

(4)遇站台扣车或区间临时停车时,需及时播放临时停车广播安抚乘客。

(5)列车对标不准,需要二次起动时,必须做好人工广播:"尊敬的乘客请注意,列车将再次起动,请坐好扶稳,请勿扶靠车门。"

(6)在站台立岗有乘客求助时,应主动解答,若由于时间等原因不能为乘客解答,应礼貌地说:"先生/小姐,对不起,请找车站工作人员处理。"立即用对讲机通知站台岗或车控室。

(7)接待乘客的投诉时,态度要和蔼,不讲斗气、训斥、顶撞或不在理的话。

(8)在服务过程中需要做到"四到"。心到:精神高度集中,随时应对异常。话到:主动提醒乘客注意安全乘车,及时制止乘客的违章行为。眼到:密切注视乘客情况及列车运行状态。手到:遇到影响乘客安全的情况时,应立即采取相应的行动。

(9)进行工作联系时,应采用行车标准用语,统一采用普通话,涉及阿拉伯数字时应规范发音,具体见表1-2。

数字发音标准参考 表1-2

数字	1	2	3	4	5	6	7	8	9	0
发音	yao	liang	san	si	wu	liu	qi/guai	ba	jiu	ling/dong
对应汉字	幺	两	三	四	五	六	七	八	九	零

六、岗位纪律要求

(1)按规定的时间和指定的地点出勤,不迟到,对于不能按规定时间到达指定地点出勤的,应及时电话通知当值派班员,并听从安排。

(2)严格遵守各种规章制度,正确执行各种作业程序,按照列车时刻表的时刻要求,安全、正点地为乘客提供方便、快捷、舒适的优质服务。

(3)严格按照运营时刻表及信号显示行车,工作时严守岗位,不得擅自离岗。

(4)动车前认真确认行车五要素:信号、道岔、进路、车门、制动。

(5)列车司机在值乘期间必须服从相关负责人的指挥,按命令行车。

(6)服从班组长管理,对班组作出的工作安排或指示,应予以执行。

(7)严禁列车副司机、列车实习司机在没有列车司机的监督下擅自操作列车。

(8)列车应严格按照规章中规定的速度运行,严禁超速运行。

(9)受电弓升起后,严禁进行地沟检查、触摸电气设备带电部分及攀登车顶,严禁跨越地沟。

(10)当班时严禁携带私人通信工具、便携式音箱、游戏机等个人电子设备及与工作无关的书籍上车。

(11)严禁擅自修改目的地码、车次号。

(12)非正常情况下行车组织,服从行车调度员指挥,严禁无行车凭证开车,需以人工驾驶模式动车时要得到行车调度员的同意。

知识拓展

非正常情况是指因列车晚点、区间短时间阻塞、大客流以及设备故障等原因,造成列车不能按列车运行图正常运营,但又不危及乘客生命安全和严重损坏车辆设备,整个系统能够维持降低标准运行的状态。

应急情况是指因自然灾害及公共卫生、社会安全、运营突发事件等,已经导致或可能导致事故发生或设施设备严重损坏,不能维持城市轨道交通系统全部或局部运行的状态。

(13)列车遇线路封锁时和列车原路折返时在未得到车辆基地值班员或行车调度员的同意并确认好道岔位置的情况下严禁盲目动车。

(14)严禁擅自带无关人员进入列车驾驶室。遇有人因工作需要登乘列车驾驶室时,必须确认其登乘证,且登乘人员数量包括列车司机在内不得超过 5 人(不同的城市轨道交通公司对人数的要求有所不同)。

知识拓展

登乘证指在列车运营时间内登乘列车驾驶室的凭证。登乘证按使用时效分为永久登乘证、三年期登乘证、一年期登乘证和临时登乘证,按使用属性分为个人登乘证和公共登乘证。个人登乘证:指发放到个人且只能由持证人本人使用的登乘证。公共登乘证:指发放到部门、班组或车站的,由本部门、本班组或本车站管理和使用的登乘证。

(15)进行行车工作联系时,必须采用行车标准用语,统一使用普通话。

(16)使用旁路开关前,必须到现场确认安全,并经行车调度员同意后方可使用旁路开关动车;列车司机还须密切留意列车的运行状态,发现异常情况应立即采取紧急停车措施。

(17)对于行车调度员发布的口头命令,列车司机必须认真逐句复诵,领会命令内容,记录在司机日志上并向同一机班人员传达,做好交班。

(18)遵守公寓候班制度。

七、驾驶列车要求

(1)列车运行中,列车司机应保持坐姿端正,不间断瞭望,左手置于列车操纵台面上左侧处,右手置于主控器手柄(简称主控手柄)处,发现危及行车安全的情况时,及时采取有效措施。

(2)采用人工驾驶模式时,不得"急推快拉",应"早拉、少拉",保持列车平稳运行,集中精神,防止列车紧急制动;掌握好速度,准确对标,避免二次启动。

（3）采用人工模式驾驶时，列车司机应确认列车完全停稳，并确认电气制动（简称气制动）施加灯亮后方可将主控手柄拉回“0”位，并松开警惕按钮。前方信号机红灯时，主控手柄要拉到制动位。

（4）列车在转换轨区域自动停车后，转到 ATP 限速下人工驾驶模式（即限制人工驾驶模式，restricted manual driving mode，RM 模式），到达转换轨对标停车后与信号楼联控。

（5）列车在大坡度坡道上启动时（不得使用 ATO 模式）要注意空转，将主控手柄推至 70% ~90% 牵引位。

（6）列车在坡度较大（≥30‰）的坡道上制动，接近停车时，列车司机须采用快速制动停车，防止由于制动力不足导致列车溜车。

八、站台作业要求

（1）两人机班值乘时（有不具备单独操作条件的学员），按驾驶司机、监控司机（站台门操作员、学员）的顺序走出驾驶室。关门后，按监控司机（站台门操作员、学员）、驾驶司机的顺序进入驾驶室，最后进入驾驶室的司机负责关闭驾驶室侧门。

（2）两人机班值乘时（学员具备单独操作的条件），驾驶司机负责开关门作业，添乘司机在驾驶室内协助驾驶司机共同确认空隙安全。

（3）站台立岗时，车门打开后在规定位置立岗，“手指口呼”确认所有站台门、车门打开后，面向站台，观察乘客上下车情况。不得背手、手插进口袋或手搭在物品上，不得做打哈欠或伸懒腰等影响形象的行为。

（4）列车司机使用对讲机、手持台进行呼叫或应答时，应确保呼叫按钮按压到位，声源与对讲机、手持台的距离应保持在 10 ~20cm 之间。

（5）关门时跨半步，面向站台门与车门的缝隙，身体与车体垂直。关左门时，左脚踏在驾驶室，右手操作关门按钮，手指确认缝隙安全，左手持对讲机呼唤；关右门时，右脚踏在驾驶室，左手操作关门按钮，手指确认缝隙安全，右手持对讲机呼唤。

提示

站台与列车间存在 5 ~15cm 缝隙。司机进出驾驶室作业时应注意站台与列车间缝隙，避免摔伤。

（6）列车司机关站台门及车门前，应先确认行车凭证、道岔、进路正确以及乘客上下车完毕，再关门，发现异常时应及时重开门。车门关好后应确认车门/站台门关闭情况。

（7）遇特殊情况（如大客流、列车晚点等）时，加强与车站联控，把握好关门时机，及时关闭车门、站台门。

（8）列车司机完成关门作业，手指口呼确认“缝隙安全”后才能进入驾驶室，动车前后加强留意对讲机或设备状态，听到或看到异常应及时采取措施。

事故案例

某日下午 4:30 左右，某地铁车站，一名老年乘客下车时被夹在站台门和车门中间。地铁列车忽然起动，该乘客被卷走。工作人员随后跑来按下紧急停车按钮，并拨打了“120”急救电话。不幸的是,该名乘客经抢救无效不幸身亡。

(资料来源:光明网,2022 年 1 月 25 日)

九、其他要求

列车司机必须牢记“安全第一、服务至上”的宗旨,遵守和学习有关的安全规定和运行规则,严格按照安全生产制度、行车规则执行驾驶任务。列车司机还必须掌握其他相关的业务能力和具有一定的应变能力。例如懂得救援的程序和方法,懂得灭火的原理和方法及灭火器的使用方法等。

班级：____________ 姓名：____________ 小组：____________ 日期：____________

任务 1.1 实施与评价 理论学习工作单

一、不定项选择题(3 分×8 =24 分)

1. 着工装工作期间,下列行为错误的是(　　)。

A. 主动向乘客让行　　B. 主动向乘客让座

C. 不理会乘客询问　　D. 主动帮助有困难的乘客

2. 对于列车司机的岗位职责,下列描述正确的是(　　)。

A. 列车司机应安全、正点完成驾驶任务

B. 严格执行行车调度员命令,按信号显示行车

C. 运行中加强瞭望,发现异常时尽可能通过异物,避免在区间停车影响乘客服务

D. 按规定着装,班中严禁干与工作无关的事情

3. 列车司机在驾驶列车时,以下描述正确的有(　　)。

A. 应精神集中,加强瞭望

B. 注意观察仪表、指示灯和显示屏的显示

C. 应严格执行呼唤作业规定,做到内容完整、时机准确、动作标准、声音清晰

D. 运行中发生列车故障时,应按相应预案要求果断处理

4. 列车司机应接受的培训中一般不包含(　　)。

A. 行车设施设备　　B. 行车组织规程

C. 供电设备检修规程　　D. 一般故障处理和应急处理

5. 列车司机离开驾驶岗位连续(　　)个月以上,应经过学习考试,合格后方可继续上岗。

A. 3　　B. 6　　C. 9　　D. 12

6. 列车司机应满足(　　)、用语规范、服务热情的要求。

A. 持证上岗

B. 定期进行健康检查

C. 规定着装,正确佩戴服务标志

D. 严禁酒后上岗

7. 城市轨道交通列车司机应遵守的职业守则包括(　　)。

A. 遵纪守法,爱岗敬业　　B. 服从命令,规范操作

C. 安全正点,钻研业务　　D. 节能降耗,团结协作

8. 下列不属于列车司机当班期间工作范围的是(　　)。

A. 交接行车调度员命令

B. 运行时不间断地确认时刻表时间,避免列车延误

C. 认真确认行车凭证

D. 加强瞭望,确认设备状态

二、简答题(20 分 ×2 =40 分)

1. 列车司机岗位职责包括哪些?

2. 要想成为一名合格列车司机,需要满足哪些要求?

三、思维导图(36 分)

请利用思维导图软件,根据自身学习和领悟绘制本任务思维导图以辅助记忆。

任务 1.2　列车司机安全作业守则认知

任务导入

列车司机睡眠质量直接影响第二天的工作状态。为了让列车司机有好的工作状态，早班列车司机都要睡在宿舍，而且宿舍内不配备电视和电话，就连手机也要“人机分离”。家属有急事时，打宿舍值班电话，通过宿管员才能找到司机。

行车前，最重要的工作就是对车辆进行整备作业，要检查百余项。3:40，哈尔滨地铁列车司机马存博到了地铁车库 14 号股道，对 0125 号列车进行整备作业。他从包里拿出反光背心穿上，拿着手电筒，通过对讲机报告信号楼。整备作业要求“静检 + 动检”结合。为确保安全，马存博首先绕车辆一周，查看外观和四周各部件完好后，再来到驾驶室，将列车上电，对车辆功能进行进一步检查。

这辆车是始发车辆，要空载运行，目的是“压道”，检查线路环境，为后续列车正常运行提供安全保障。由于降雪，列车开出车辆基地的速度始终不超过 10km/h，当驶入正线时，速度保持在 35km/h 左右。只有压道车顺利结束压道任务后，后续列车才可以按正常速度运行。

（摘编自：生活报网，2019 年 12 月 16 日）

任务准备

引导问题 1　列车司机驾驶列车要注意哪些？

引导问题 2　列车司机作业时如何保障列车运营安全？

引导问题 3　列车司机驾驶第一班压道车需要注意哪些内容？

1.2.1　列车运行安全基本原则

列车司机应在乘务部门统一指挥下坚持安全生产的方针，贯彻集中领导、统一指挥的原则，完成各项规定工作。列车司机需要牢记自己的岗位职责和岗位要求，并且严格履行岗位职责，确保给乘客提供安全、准点、舒适的地铁出行体验。

一、持证上岗

列车司机作为行车工作的一线操纵者，必须经过系统培训，取得列车司机驾驶证，并在所属线路通过上岗鉴定后，方可独立驾驶本线列车。严禁在无证且未通过上岗鉴定的情况下独立驾驶。若列车司机脱离驾驶岗位 6 个月及以上再从事驾驶任务，则需对其业务知识和安全运行知识等再次进行培训与考核，合格后方可上岗。

知识拓展

列车司机驾驶证一般由其所在城市轨道交通公司颁发，一般情况下，不同城市轨道交通公司之间颁发的列车司机驾驶证相互认可。

二、学员实习

学员在获得实习司机驾驶证后,必须在司机教员的监督和指导下进行列车驾驶操作,严禁未经列车司机教员同意,擅自操作列车上的按钮、开关或站台相关行车设备按钮及开关。在跟车实习期间,注意列车司机教员标准化作业流程。手动驾驶模式下,严格按照相关限速要求运行,严禁超速运行。在雨、雪、雾等特殊天气条件下驾驶,注意控制速度,列车需停车或减速时,列车司机应做到"早拉、少拉"。列车经过车辆段平交道前,必须停车,确认安全后,方可限速通过。

提示

一般只有在一天运营中平峰或谷峰时学员才能在列车司机教员的监督下进行列车驾驶操作。早晚高峰期间严禁学员驾驶。

三、动车要求

严格按运营时刻表,凭有效的行车凭证(信号机显示允许通过信号、车载信号、调度命令、路票等)动车。特殊情况下,需接受行车调度员口头命令动车时,必须领会调度命令内容并复诵,严禁臆测行车。把控行车三要素(天、地、人),执行动车三确认(灯、岔、路),以确保行车安全。

天:是指列车上方的接触网、隧道及附属设施设备和天气等情况。

地:是指地面轨道及附属设施设备。

人:是指本班及其他作业人员。

灯:是指信号机显示。

岔:是指道岔位置。

路:是指线路进路状态。

知识拓展

特殊情况是指信号系统发生故障或者行车组织发生变化,列车司机无法获取线路前方行车信号信息的情况。

四、安全作业规范

运营列车驾驶模式转为 ATP 监控下的人工驾驶(supervised manual driving mode,SM)模式、ATP 限速下的人工驾驶模式和非限制人工驾驶(unrestricted manual driving,URM)模式前,必须报告行车调度员,在得到行车调度员同意后方可切换驾驶模式。

在操作旁路开关前需确认对应安全条件已满足并得到行车调度员允许后,方可操作相应旁路开关动车。

列车发生冲突、挤岔、脱轨或其他意外事故停车后，在未接到事故处理主任或相关负责人的指示前，司机不得擅自启动列车前行或后退。

停车库内动车前，必须确认相关辅助制动设施（如铁鞋）已撤除、地沟无人、列车前方无人、无物体侵限后方可鸣笛动车。

列车行进过程中（包括进行洗车作业时），严禁打开驾驶室侧门或侧门车窗，严禁将身体探出驾驶室或把头探出窗外。

任何情况下，不得触摸或通过导体接触列车电气触头或触点。列车受电弓从升起至降落后的一定时间之内（一般不少于3min），严禁开启车底高压设备箱盖。

事故案例

某日下午，某地铁一号线XH段洗车库内，一名列车司机驾驶列车进入洗车库洗车期间，不幸身亡。知情人称，该司机可能是从驾驶室内探出身体查看列车刷洗情况时，不慎被洗车库内的设备击中头部而致死亡。

1.2.2 人身安全基本原则

列车司机是列车操纵的一线人员，必须时刻牢记“安全第一”的服务宗旨，严格按照安全制度、行车规章等规范执行驾驶任务，确保乘客安全，提供安全、准时、高效的服务。因此，列车司机需遵守以下人身安全基本原则：

（1）进出驾驶室注意站台与驾驶室侧门之间的间隙，谨防摔伤。

（2）严禁未经行车调度员同意擅自进入正线轨行区。当需要进入时，须穿着荧光衣，携带手电筒、800M电台、400M电台等。

知识拓展

800M电台不仅可以实现“单对单”通话，还可以实现实时“单对多”呼叫，联络范围可覆盖整条线路。此外，还可以通过调整频道与其他专业人员联络沟通，极大地提高协同效率。

400M电台虽然覆盖范围小，但是胜在操作简单。当车站遇到大客流或者出现紧急情况时，400M电台是列车司机与站务员沟通的有效工具。

（3）列车司机上下备用车须得到行车调度员同意，并穿着荧光衣。

（4）列车因故需要在区间清客时，列车司机须做好防溜措施，原则上需等待车站工作人员到来后，才能往隧道疏散乘客，遇特殊情况时按行车调度员指示执行。

（5）严禁擅自带无关人员进入驾驶室。因工作需要登乘列车驾驶室时，列车司机须确认其登乘证（图1-5）。特殊情况下，列车司机可根据行车调度员口头指令确认登乘人员身份，直接打开端门，允许相关人员登乘。

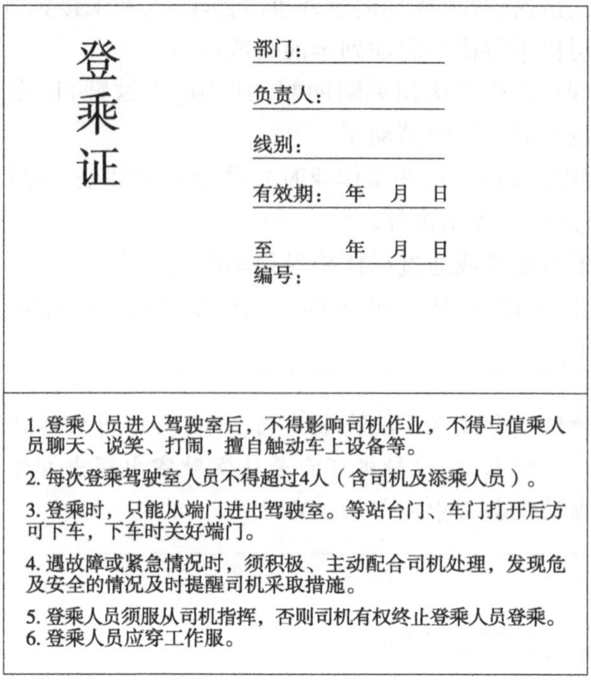

登乘证

部门：

负责人：

线别：

有效期： 年 月 日

至 年 月 日

编号：

1. 登乘人员进入驾驶室后，不得影响司机作业，不得与值乘人员聊天、说笑、打闹，擅自触动车上设备等。

2. 每次登乘驾驶室人员不得超过4人（含司机及添乘人员）。

3. 登乘时，只能从端门进出驾驶室。等站台门、车门打开后方可下车，下车时关好端门。

4. 遇故障或紧急情况时，须积极、主动配合司机处理，发现危及安全的情况及时提醒司机采取措施。

5. 登乘人员须服从司机指挥，否则司机有权终止登乘人员登乘。

6. 登乘人员应穿工作服。

图 1-5　登乘证示例

知识拓展

登乘是指在运营时间内，因工作需要进入列车驾驶室进行检查，了解和观察相关的行车设备、作业程序、列车运行情况、区间设施设备等。

(6)在车辆基地进行整备作业时，严禁跨越地沟。需要进入地沟检查时，必须穿荧光衣和戴安全帽。在车辆基地内有地沟的股道动车前，须确认地沟无人后方可动车。

(7)严禁“飞乘飞降”。从有登车梯股道上下车时，须从登车梯处上下。

(8)原则上非站台侧的驾驶室侧门应反锁，严禁打开非站台侧的驾驶室侧门。

(9)连挂列车或单元车时，必须确认连挂区域无人站立或停留。

(10)列车昼间在高架或地面线路进出洞口时，可通过提前打开驾驶室照明设备(简称照明)、拉遮阳帘的方式，来提前适应光线明暗的变化。

提示

列车司机若在当班期间感到身体不适，应及时报告派班员并请求协助，避免发生意外或影响正线列车运行。

班级:__________ 姓名:__________ 小组:__________ 日期:__________

任务 1.2 实施与评价 理论学习工作单

一、不定项选择题(3 分×14 =42 分)

1. 以下由司机造成的影响列车驾驶安全的是(　　)。

A. 纪律松散,不落实出乘标准化作业

B. 精力不集中,带情绪开车

C. 行车设备老化,技术结构不合理

D. 安全管理规章、制度的适用性存在缺陷

2. 接到行车调度员命令时,要复诵,确认(　　)以及调度员代号。

A. 日期　　B. 时间　　C. 车次　　D. 内容

3. 列车司机接到调度命令后,对调度命令有疑问时,应(　　)。

A. 拒绝执行　　B. 做好记录,认真执行

C. 核查清楚后再认真执行　　D. 请示上级领导后执行

4. 列车司机接到调度命令时,应(　　),确认无误后执行。

A. 解决疑问　　B. 逐句复诵

C. 确认收到　　D. 认真记录

5. 列车司机应(　　)行车,严禁臆测行车。

A. 根据列车运行图　　B. 按照上级指示

C. 执行列车调度员调度命令　　D. 按信号显示要求

6. 无论列车采用无人驾驶模式,还是有人驾驶模式,(　　)对列车乘客广播功能具有最高优先权。

A. 控制中心调度员　　B. 车站行车值班员

C. 应急指挥调度员　　D. 列车司机

7. 下列属于城市轨道列车司机安全操作规范一般要求的是(　　)。

A. 司机应经培训考核合格后,方可上岗

B. 司机应按规定穿戴防护用品,严格执行各项规章制度

C. 在操作时,司机应精神集中,不间断瞭望,注意确认信号设备、仪表、监控显示器等操纵台设备的显示和线路状态

D. 不违章行车,不臆测行车,不盲目抢点,不做影响行车的其他事情

E. 司机应熟知应急预案,遇突发事件,应按照应急预案处置

8. 地铁运营公司的工作职能中,最重要的两个方面是(　　)。

A. 安全、服务　　B. 高效、快捷

C. 利益、名誉　　D. 创新、形象

9. 发生站台门故障时,要按照(　　)的原则处理,在保证安全的前提下,确保客车正点运行。

A. 先恢复、后通车　　　　　　B. 先通车、后恢复

C. 快处理、快开通　　　　　　D. 边抢修、边运营

10. 行车时间以(　　)为准，从(　　)起计算，实行 24 小时制。

A. 北京时间、0 时　　　　　　B. 当地时间、12 时

C. 北京时间、12 时　　　　　D. 当地时间、0 时

11. 行车组织基本原则是(　　)。

A. 集中管理、统一指挥　　　　B. 统一指挥、逐级负责

C. 集中管理、逐级负责　　　　D. 集中管理、统一指挥、逐级负责

12. 需要得到行车调度员准许的情况是(　　)。

A. 反方向运行时　　　　　　B. 区间疏散乘客时

C. 列车清客时　　　　　　　D. 由人工驾驶模式升级为自动驾驶模式时

13. 调车作业中司机发现调车信号发生突变时，应(　　)。

A. 减速运行　　　　　　　　B. 立即停车

C. 越过后停车　　　　　　　D. 不停车通过

14. 列车司机在地下区间运行中，发现(　　)情况时，应果断停车。

A. 车门指示灯突然亮起　　　B. 车内乘客突发疾病

C. 有乘客紧急呼叫　　　　　D. 影响行车的障碍物

二、简答题(10 分 ×3 = 30 分)

1. 列车司机应掌握哪些专业知识和技能？

2. 简述司机应遵守的运行安全基本原则。

3. 需要登乘驾驶室时，有哪些规定？

三、思维导图(28 分)

请利用思维导图软件，根据自身学习和领悟绘制本任务思维导图以辅助记忆。

任务 1.3　列车司机工作规定认知

任务导入

列车司机上班作息采用轮班制，一般有四个班组进行轮换。最早一班，司机凌晨 4 时左右就得起床。最晚一班下班时间是深夜。有一次，陈亮亮值夜班，从 15:30 出勤，直到第二天 8:30 左右才下班。每次出勤前，班组都会开一个班前会议，做相关业务培训，讲解当日注意事项，如图 1-6 所示。

填写司机日志，是列车司机出勤前的必做功课。每一次出勤前，都必须抄写今天的行车指示。

大部分时间，列车都开启自动驾驶模式，但这并不意味着列车司机可以闲下来，恰恰相反，列车司机需要时刻保持警惕。在行车过程中，列车司机需要一直专注地瞭望前方，保持精神高度集中。

图 1-6　地铁列车司机班前会议

（摘编自：搜狐网，2019 年 11 月 27 日）

任务准备

引导问题 1　列车司机队伍管理模式是怎样的？

引导问题 2　列车司机备班时需要注意哪些事项？

1.3.1　工作标准

（1）在客车队长或督导领导下，负责列车驾驶及故障应急处理等工作。

（2）严格执行各项规章制度，按标准完成接车、折返、站台立岗、交班、出入车辆基地、调车、调试等作业程序，保证列车运行安全、正点、规范、高效。

（3）准时出勤，及时向当值队长了解有关安全注意事项、运行提示、行车命令；认真卡控关键作业、关键时间、关键地点、关键环节；做好与车站人员、行车调度员、督导、信号楼值班员等岗位人员的安全互控。

（4）根据车队月度培训计划、学习文件等，接受和配合队长、督导完成业务知识抽问、培训、演练等。自觉学习业务知识、应急处理预案等，提高自身综合素质。

（5）车辆发生故障或突发事件时，根据相关应急处理预案，及时向行车调度员报告并按规定处理，确保乘客安全和运营秩序良好。

（6）负责驾驶重点客车、专列任务时，根据有关安全注意事项、运行提示、行车命令做好相关准备工作，提前预想，完成驾驶任务。按要求参加事故救援演练，配合有关部门做好事故分析工作。

(7)发生列车晚点、救援事件,发现可疑物品、危险品等,及时与车站、行车调度员、队长、督导加强联系,确保运营秩序良好。

(8)按照作业标准,按规定时间到规定房间待乘休息。

(9)配合组长、队长、督导不定时地进行沟通交流,反映有关问题。

(10)准确填写运营统计台账和报表,向上级领导提供准确数据和信息。

(11)及时、有效地完成上级领导交办的其他事项。

1.3.2 备班管理规定

(1)列车司机晚班、高峰班、早班执行班前备班制度,未办理请假手续迟到30min及以上按漏乘处理,迟到1h及以上按旷工处理。入公寓时必须签到并进行指纹记录,签到后在指定房间备班,叫班前不得离开公寓(擅自提前离开公寓按早退处理,特殊情况下需经乘务室值班人员允许)。

(2)列车司机备班时必须服从公寓管理员的安排,不得私自调整备班房间。

(3)高峰班列车司机必须于备班30min前到达公寓并进行签到备班,其他列车司机退勤后30min内到达公寓进行签到备班。

(4)公寓备班期间,禁止饮酒及进行任何娱乐活动或影响他人休息的活动。

(5)禁止在公寓房间内吸烟。

(6)备班时必须关闭私人通信工具。

(7)注意个人卫生,保持公寓干净、整洁。

(8)爱护公寓公共物品,损坏照价赔偿;轻拿、轻放、轻坐,不得在床铺上跳跃,不得在房间内进行体育活动。

(9)严格执行叫班离开公寓制度(工作日晚班备班列车司机除外),按出勤点到达指定地点出勤。

知识拓展

城市轨道交通运营管理中常用的列车司机管理制度(乘务制度)有两种:轮乘制和包乘制。

(1)轮乘制是列车司机在工作期间轮流驾驶参与运行的列车的制度。其特点为:

①减少参与的司机人数,有较高的工作和管理效率。

②能够比较合理地利用列车台数,降低车辆使用成本。

③对列车司机的技术素质要求较高,对列车(车辆)性能的适应性要求较高。

④不利于列车维护保养。

(2)包乘制是一列列车由一个乘务组固定使用的制度。其特点为:

①列车司机能够比较全面地掌握值乘列车(车辆)的性能,熟悉列车(车辆)情况。有利于处理列车运行时的故障。

②有利于管理、监督。

③有利于列车维护保养。

④对提高列车(车辆)的技术状况有一定的好处。

⑤投用列车台数较多。

⑥需配备的司机人数较多。

1.3.3 交路表

(1)交路表应包括各班次出勤时间、地点,接班车次、时间、地点,用餐地点及注意事项等。

(2)列车司机根据交路表执乘相应的交路,严禁私自调整交路;遇交路表乱或行车调度员调整列车运行时,按当值技术督导或当值正线客车督导的安排执行。

(3)列车司机在执乘过程中,因身体不适不能担任执乘任务时,应及时通知当值技术督导或当值正线列车队长;当值技术督导或当值正线列车队长在接到信息后,应及时进行交路调整并通知日勤运用队长在临时上班记录表上做好登记。

(4)出车辆基地列车司机出勤时应领取相应的时刻表,列车进/出车辆基地及正线运行必须严格执行时刻表的相关要求。司机退勤时将时刻表交回车辆基地退勤客车督导。

(5)组织实施新的交路表或时刻表时,乘务室应组织全员学习,确保全员掌握交路表的相关注意事项及时刻表的基本情况。

(6)列车司机倒班制度应根据时刻表及人员情况灵活实施,确保各岗位劳动工时按总部生产排班管理办法执行。

(7)列车司机月度排班表根据人员休假计划及时刻表执行情况编制,列车督导、列车队长月度排班计划由列车组长负责编制。

(8)列车司机因工作原因或临时请假提前调整排班计划时,按相关规定执行。

(9)列车司机每月调整班次次数原则上不得超过 4 次,每次调整不得调整连续的两个班次,特殊情况由乘务室主任/副主任审核后决定。

城市轨道交通列车驾驶

班级：____________ 姓名：____________ 小组：____________ 日期：____________

任务1.3 实施与评价 理论学习工作单

一、不定项选择题(3分×7=21分)

1. 列车司机负责(　　)列车驾驶，应安全、正点完成驾驶任务。

   A. 正线和辅助线　　B. 辅助线和车辆基地内

   C. 正线和车辆基地内　　D. 正线、辅助线和车辆基地内

2. 列车司机应熟悉正线、辅助线和车辆基地的(　　)。

   A. 线路　　B. 信号　　C. 道岔　　D. 限速规定

3. 列车司机在作业前应确认的项目有(　　)。

   A. 当日有关的行车命令和安全注意事项

   B. 列车运行计划

   C. 交接时的车辆状况

4. 列车司机在作业中应按要求进行，下列说法正确的是(　　)。

   A. 应执行列车调度员调度命令，按信号显示要求行车

   B. 操作列车平稳，不应开门行车、超速行车

   C. 列车司机在弯道区段或道岔区段运行时，应按该区段限制速度驾驶列车

   D. 司机在坡道行驶时应控制速度，防止坡道停车、溜车

   E. 遇雨、雪、雾等特殊天气时，列车司机应控制运行速度，当无法看清信号、道岔时，要停车确认

   F. 到站停车时，列车司机应将列车停于规定位置，主控手柄置于制动级位；确认站台位置后，方可开启客室车门；关闭客室车门后，应确认关闭良好

   G. 发现紧急情况时，列车司机应采取紧急停车措施

5. 发现下列哪种情况时，列车司机应采取紧急停车措施？(　　)

   A. 区间内有人员及影响行车的障碍物

   B. 线路有异状等异常情况

   C. 运行中车门指示灯显示异常

   D. 运行中遇紧急停车信号

   E. 运行中遇其他危及行车或人身安全情况

6. 列车司机交路表是根据(　　)编制的。

   A. 出勤地点　　B. 司机班表

   C. 列车运用计划表　　D. 运营时刻表

7. 在正线，列车司机必须服从(　　)统一指挥。

   A. 车辆基地调度员　　B. 行车调度员

   C. 值班站长　　D. 值班主任

二、简答题(10 分 ×4 =40 分)

1. 列车司机工作标准包含哪些?

2. 列车司机在备班公寓须遵守哪些规定?

3. 列车司机交路表有哪些规定?

4. 轮乘制与包乘制各有什么特点?

三、思维导图(39 分)

请利用思维导图软件,根据自身学习和领悟绘制本任务思维导图以辅助记忆。

项目 2

典型列车作业标准

项目引入

列车司机从出勤作业开始就应该进入严谨守时、有条不紊的工作状态，以饱满的精神状态、标准的动作和熟练的列车操纵技术完成列车运营工作，为乘客提供安全、准点、舒适的出行体验。列车司机在运营过程中通过交接班与其他列车司机进行任务交接和中途休息。退勤作业是列车司机交路工作的最后一项内容，标志着一天工作的结束。退勤作业的主要任务是汇报车辆状况、运行情况，上交列车钥匙和行车备品等。

榜样学习

“武汉轨道交通 1 号线从汉口北到径河跑一圈，运营里程 76km，驾车用时 144min，开关门监护乘客上下 64 次，手指各种信号、道岔、车门关好动作近 200 次，操作各种开关按钮 128 次……”这些数字，武汉轨道交通 1 号线司机程雄烂熟于心，$4m^2$ 的驾驶室内，他驾驶地铁列车安全行驶里程近 20 万 km。

程雄有一双“火眼金睛”。80 多米长的列车，16 扇车门关闭后，哪些是照射后的反光，哪些是建筑物的阴影，哪些是车门夹住的物体，他一眼就能分辨出。2021 年 9 月 10 日，车门在几声鸣警后即将关闭，程雄发现列车最尾端车门处突然伸出一根拐杖，他当机立断，立即按压开门按钮。此时，只见两位老人相互搀扶从车厢缓缓走出，车门没有碰到老人丝毫。下车后，老人隔着长长的站台向远处的程雄表示感谢。

列车司机是一个要耐得住寂寞的职业，在 $4m^2$ 的驾驶室里，一个人驾驶列车，车上有近千名乘客，精神要高度集中，时刻牢记“辛苦我一人，安全千万人”的安全责任意识，高效、快捷、安全地将乘客运送到目的地。

程雄先后获得第十三届全国交通运输行业职业技能大赛湖北赛区第一名、湖北省交通工匠、武汉市“技术能手”等荣誉，成为武汉地铁列车司机的榜样。

（摘编自：长江日报，2022 年 6 月 23 日）

学习目标

知识目标

(1) 掌握列车驾驶室设备结构及作用。
(2) 能归纳列车司机出勤作业、交接班、退勤作业流程。
(3) 掌握列车各种驾驶模式及应用场景。
(4) 掌握列车整备作业走行路线及检查要求。
(5) 了解列车动态试验程序及作业标准。
(6) 掌握列车进、出车辆基地作业流程。
(7) 了解列车调车作业流程。
(8) 了解列车洗车作业流程。
(9) 理解信号灯、手信号表示含义。
(10) 掌握列车正线驾驶规定。
(11) 能归纳正线站台作业标准化流程。
(12) 能归纳列车折返作业标准化流程。
(13) 了解列车广播系统结构及人工广播播报。
(14) 了解全自动运行系统列车作业流程。

能力目标

(1) 能借助模拟驾驶器熟练进行列车驾驶标准化作业。
(2) 能借助模拟驾驶器熟练进行不同角色间呼唤应答。
(3) 合乎规范地使用驾驶室各开合按钮。
(4) 熟练根据应用场景切换对应的驾驶模式。

(5) 熟练地进行列车整备作业。
(6) 熟练进行手指口呼操作。
(7) 熟练操纵列车模拟器准确对标停车。
(8) 灵活展示出手信号并说出其含义。
(9) 熟练使用列车广播系统。

素质目标

(1) 培养守时、严谨、认真、负责的工作态度。
(2) 培养不怕苦、不怕累的精神。
(3) 提升安全责任意识。
(4) 培养精益求精的工匠精神。
(5) 培养用心服务、细心服务的工作态度。
(6) 培养爱岗敬业精神。

建议学时

24 学时。

任务发布

学习理论知识和技能知识,完成各项目任务后的工作单。

学习分组

建议学习者自行组建学习小组,制订学习计划,共同完成本项目的各项任务。

组长	
成员	
成员分工	
学习计划	

任务 2.1　出勤作业、交接班及退勤作业

任务导入

一年周转，朝阳未出已先行；四季轮回，星光点点人未息。这是无数穿梭地下聆听车轮摩擦的列车司机的日常写照，这是风雨不改、执着坚守的乘务先锋的赤诚信念。

凌晨4时，成都地铁运营公司的早班列车司机谢强走出司机公寓。冬日的冷风吹跑了睡意，他整理了一下工装，检查好司机包中备品，一如往常地走入出乘室，抄写出勤传达内容、进行酒精检测、完成“每日一题”、领取行车备品、入库报信号楼、整备列车、出库报信号灯好、报备出库——每一个步骤都严谨有序，有条不紊。这是他在司机岗位长年累月沉淀下来的职业素养。

列车进入站台，对标停车。列车停稳，“开左门，站台门、车门开启”。乘客们焦急地涌入车厢。他眼光如炬，密切注视乘客上下车情况。发车时间到，从乘客们的眼神中他明白他们上班的急切，但他更深知只有每一站的精准出发，才能保障乘客准点到达。“站台岗，××方向列车准备关门。”每一站，他与站务员做好安全联控，保证乘降安全，确认安全，动车驶发。上午10时，列车在终点站停稳。谢强与接车司机做好交接工作，回到出乘室，交还行车备品，签字退勤，一天工作终于结束。

（摘编自：网易网，2018年2月23日）

任务准备

引导问题1　列车司机在哪里出勤？在出勤派班室需要做什么？

引导问题2　列车司机在什么情况下进行交接班？

引导问题3　列车司机怎样退勤？

知识准备

2.1.1　出勤作业

出勤是列车司机一天工作的开始，是运营前的重要准备。列车司机必须提前出勤，准时出乘，严禁迟到、漏乘。请假必须按照有关规定提前办理。列车司机在城市轨道交通车辆段车库的备班室或正线车站的备班室进行出勤，列车司机在出勤过程中要完成酒精测试、领取及确认行车备品，记录行车注意事项等。

想一想

通过查找相关书籍或资料，想一想以下问题：

列车司机在出勤派班室里需要做哪些工作？
列车司机为什么要做这些工作？

一、出勤前准备

（1）为了保证生理和心理状态能满足工作要求，出勤前列车司机要保证充分休息，班前 8h 内不得饮酒，身体状况及心理状况需符合列车驾驶要求。如有不适，必须提前向班组长说明。

（2）列车司机须按照公司的要求穿制服、佩戴工号牌及其他规定佩戴的标志等。

（3）出勤前须携带驾驶证、司机手账、笔等行车备品（图 2-1），严禁无证上岗，不得携带与行车无关的物品。

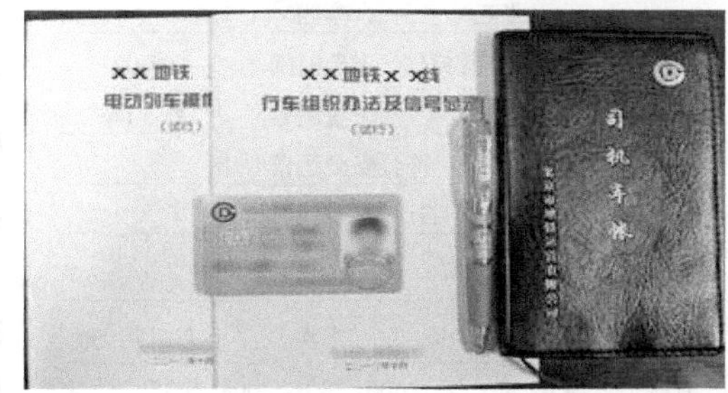

图 2-1　行车备品

（4）出勤前须了解当日值乘时间、地点及所接列车的车次，认真了解、抄阅有关行车命令、指示及注意事项并理解透彻。对值班员传达的重要行车命令或通知要及时记录并由值班员签字确认。

事故案例

某日 15:00，某地铁公司列车司机身体不适，精神状态不佳，吃了感冒药，出勤时也未向队长提出换人要求。当驾驶列车运行到购物公园站时，车门自动打开，司机起身准备出来立岗，但感觉到头晕，身体极不舒服，仅在站台看了一下，就关门动车，而未察觉到站台门未打开，直接造成乘客不能上下车。后经行车调度员通知，由队长安排备用司机顶替，以保证运营安全。

事故原因分析：当值司机对岗位职责的认识不清晰，在身体状况及心理状况不符合列车驾驶要求的条件下，隐瞒身体状况出勤。

二、出勤作业

不同地点接车的列车司机须在不同地点的派班室出勤。从车辆基地出发的列车，列车司机在车辆基地派班室出勤；在正线接车的列车司机，在相应线路的外勤派班室出勤。

图 2-2　酒精测试

出勤人员带齐行车备品，按出勤时间提前 10min 到车辆基地派班室，进行酒精测试（图 2-2）和抄写当日行车指示，做好安全行车预想等工作。抄写完毕，按着装要求穿戴整齐，按出勤时间准点到派班员处办理出勤。

知识拓展

列车司机每人有一本手账(每本都有乘务中心颁发的唯一编号),用于记录列车司机当天工作任务,当日有效的调度命令、通知等其他注意事项。对于长期有效的命令,则记录在手账最后面。

手账抄写范本(早班出勤)

值乘人员　张三　李四

出勤日期　20××年6月5日　出勤时间　04:02

出勤地点　万柳　位置图号　平日1早

身体状况　符合安全运营要求

退勤日期　20××年6月4日　值班员签章

当班记事:

接车地点	接车时间	表号	车次	交车时间	地点
万段	4:42	2	2600、2001、2008	5:38	宋
宋	5:52	8	2011、2057	7:38	宋

调度通知(20××)第004号

草桥站—角门西站上行区间,K38+830至K36+320区段。

角门西站—草桥站下行区间,K36+380至K38+890区段。

列车限速40km/h

此处填写当日有效的调度命令及通知的注意事项

图2-3　司机手账

出勤列车司机向派班员唱诵:××组××人担任××轮乘图,××时××分,申请出勤。派班员确认出勤人员精神状态良好,着装符合上岗要求,审核司机手账(图2-3)抄写的行车指示,合格后签字盖章。然后,传达相关安全注意事项(如车次、列车出车辆基地方向、停放股道等),借出行车备品给出勤列车司机。出勤列车司机在派班员前认真核对行车备品数量与状态,在确认行车备品状态良好、数量正确的情况下,在相应的借用登记本上做好登记。

列车司机出勤前派班员检查行车钥匙外观及数量,测试秒表、对讲机和行车调度员手持台功能,检查绝缘鞋。出勤列车司机在派班员处借出对讲机、行车调度员手持台、行车钥匙和秒表,测试对讲机和行车调度员手持台功能并将音量调至80%以上,与派班员核对秒表时间,确认秒表时间差小于5s(如果大于5s须调校),领取客车状态记录卡(图2-4)和司机报单(表2-1),完成出勤作业。

客车状态记录卡

GDCL/J-SB-171

______年___月___日

车次		停放位置	道　　段	出车场方向	

________客车技术状态良好,符合运行条件:

检修调度员:______　___时___分

车场调度员:______　___时___分

_____驾驶室___km	备注	
_____驾驶室___km		

图2-4　客车状态记录卡示例

司机报单　　表 2-1

岗位	姓名	代码	出勤时间		出勤副队长
司机					
学员			退勤时间		退勤副队长
添乘人员					

序号	车组号	列车车号	列车车次	始发站	始发时间	终到站	终到时间
1							
2							
3							
4							
5							
6							
7							
运行里程							
行车记事							

某地铁公司出勤作业流程如图 2-5 所示。

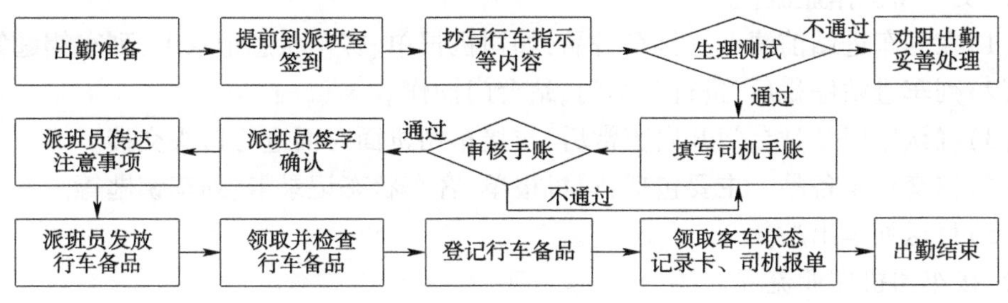

图 2-5　某地铁公司出勤作业流程

知识拓展

司机报单重点记录列车司机工作日值乘列车的运行情况和运行里程，主要包括车组号、列车车号、列车车次、始发站、始发时间、终到站、终到时间等。若出现列车晚点的情况，要将列车实际的始发、终到时间及晚点原因记录清楚。

试一试

两人一组，分别扮演派班员和出勤列车司机，演示列车司机在派班室的出勤过程。

2.1.2 交接班

一、交接内容

列车到达终点站或轮乘站，交车司机（也称到达司机）按规定程序作业后，交车司机与接车司机通过驾驶室手持台或对讲机进行交接。交接的内容有：

（1）列车车次。

（2）列车、线路、行车相关设施设备的状态。

（3）行车调度员的命令。

（4）驾驶模式。

（5）其他行车安全注意事项，如刚出车辆基地列车到终点站交接时须注意确认门模式、运行模式及自动开关位置等；回车辆基地列车门模式开关打至"手动"位。

二、交接班流程

1. 同端交接作业

接车司机需提前1～3min到达指定地点，面向来车的方向站立，监护列车进站。待列车进站停稳后，交车司机打开车门和站台门后与接车司机进行交接。接车司机完成站台作业后驾驶列车继续运行，交车司机需在端门处站立目送列车离开后方可离开。

某地铁的一个中间站司机交接班作业程序如下：

1）交车司机作业流程

（1）在列车进站前清点好行车备品，如司机报单、客车状态记录卡、列车钥匙等。

（2）列车进站停稳后，进行开车门、站台门操作。

（3）确认车门及站台门开启正常后，与接车司机面对面进行口头交接。

（4）移交行车备品。主要包括：司机报单、客车状态记录卡、列车钥匙等。

（5）目送列车出站。

2）接车司机作业流程

（1）提前1～2min到站台端门处面向来车方向立岗接车。

（2）待交车司机确认车门及站台门开启正常后，与交车司机面对面进行对口交接。复诵交班司机交接内容。

（3）接收行车备品。主要包括：司机报单、客车状态记录卡、列车钥匙等。

（4）进行站台门关闭作业，确认车门关好、站台安全、缝隙安全后进入驾驶室。

（5）查阅并填写司机报单。

（6）确认有行车凭证后，驾驶列车出站。

司机交接班流程如图2-6所示。

2. 两端交接作业

交车司机和接车司机分别在列车两端（这种情况一般出现在折返站）。接车司机应提前1～2min到达指定地点立岗接车。其交接流程与同端交接作业类似，只是由面对面口头交接改为通过车载电台进行交接。

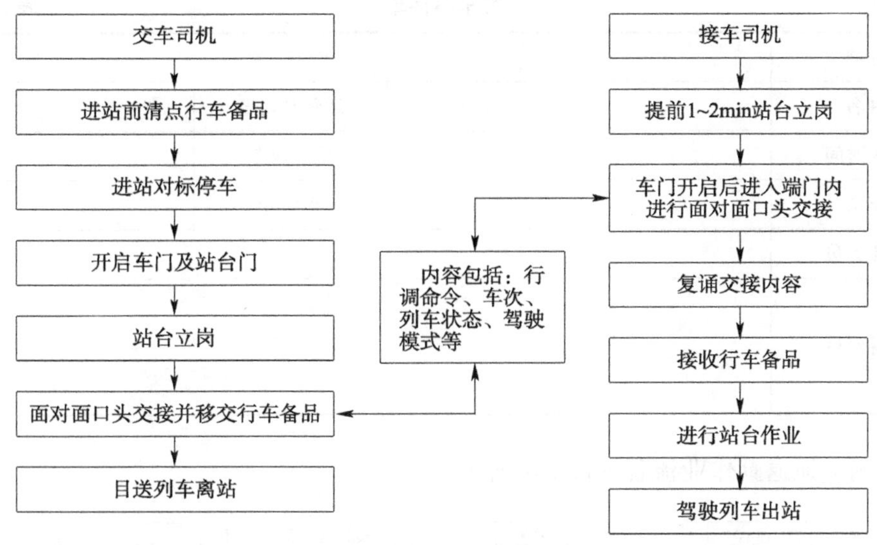

图 2-6　司机交接班流程

提示

在进行交接班作业时，若存在以下情况不能进行交接。

(1)接车司机未上车；

(2)接车司机未复诵交接内容；

(3)未明确接车司机代码(姓名)；

(4)到达司机没有交班。

2.1.3　退勤作业

回车辆基地的列车司机在车辆基地派班室退勤，正线司机在相应线路的外勤派班室退勤。

一、车辆基地退勤

(1)驾驶列车进停车库停稳；归还客车状态记录卡，做好记录，并向车辆基地调度员说明列车的状态、防护情况及停车位置。

(2)到派班室核对行车备品齐全、状态良好后在备品借用/归还登记本上登记。

(3)在本次值乘任务退勤时填写下一个值乘任务，在司机手账上填写本次值乘任务的退勤时间，下个任务的值乘日期、时间、地点、运行图表号、位置图号等内容。

(4)退勤时列车司机须着装整齐，将司机手账和司机报单放于派班室台面上，申请退勤，标准用语为："××交路司机值乘××车××次，列车运行正常，下次出勤时间××年××月××日××时××分。"

(5)派班员核对无误后回复："××交路司机可以退勤。"

(6)当值期间发生事件/事故时需填写行车事件单(表 2-2)，填写时要字迹工整，内容简洁，叙述事件清楚、翔实、准确。

行车事件单 表 2-2

标题			
姓名		运营时刻表	
发生时间		发生地点	
车次		车底号	
值班人员			
事件经过			

车辆基地退勤作业流程如图 2-7 所示。

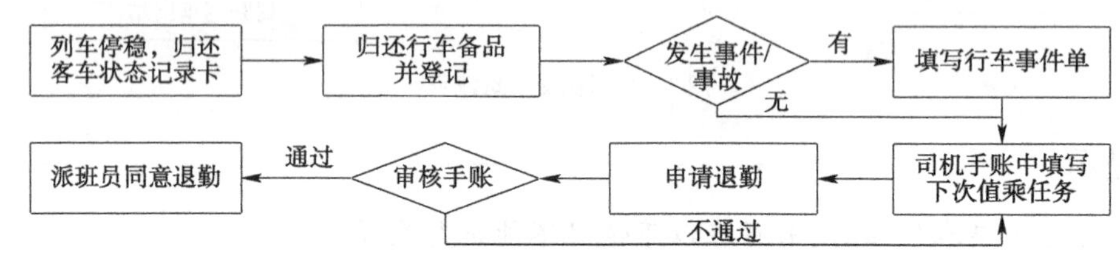

图 2-7 车辆基地退勤作业流程

二、正线退勤

(1)列车司机在外勤派班室申请退勤,填写司机报单,向派班员汇报当班的运营情况,并归还行车备品。

(2)派班员确认备品齐全、状态良好,与列车司机确认下一个值乘任务的出勤时间和地点,在司机手账上盖章确认。列车司机完成退勤。

三、电话退勤

(1)电话退勤方式仅在列车进行正线调试或调试完毕直接投入运营服务和列车过线等情况下采用。

(2)退勤列车司机到扣车站车控室使用内线电话向车辆基地派班员办理退勤,传真行车事件单(如有)。

(3)列车过线或因其他作业计划暂不需要接车司机时,列车司机经行车调度员及其他线车辆基地调度员同意,做好防护后,在扣车站/车辆基地电话退勤,将司机报单、行车事件单(若有)等传真到车辆基地派班室。

提示

当出现以下情况时,列车司机禁止退勤。

(1)不在规定退勤地点。

(2)行车备品不清。

(3)发生列车故障或行车事故未交接清楚。

四、填写行车事件单

1.填写事由

原则上在当班过程中遇到下列情况，列车司机退勤时须填写行车事件单，将信息反馈到车辆段/停车场(简称段/场)派班室，由当班副队长统一反映在乘务日报上，再反馈到乘务室。

(1)段/场加开或晚开列车。

(2)正线列车延误 2min 及以上(包括故障或其他原因造成的)。

(3)列车发生故障并已处理时(不影响行车、乘务服务的故障，如车次牌故障、列车司机座椅损坏等，列车司机可不必填写行车事件单，但须及时报行车调度员并在客车状态记录卡上记录)。

(4)正线/段/场信号故障(包括车载轨旁联锁系统或信号机故障等)。

(5)洗车过程中发现洗车信号显示不正常、洗车设备异常、洗车机不能或非正常工作。

(6)正线出现无折返或折返失败等非正常折返的情况。

(7)正线非正常行车(换车转备用)、退出服务清客救援等。

(8)列车自动前(后)溜、正线列车进站过程中运营停点取消、列车在站内自动停车无开门信号。

(9)正线运营列车紧急制动。

(10)行车调度员发布调度命令时(包括口头和书面命令，当班队长或副队长下班前总结填写)。

(11)正线/段/场发现危及行车安全、人身安全或设备安全的情况。

(12)列车过线换车或正线列车调试。

(13)正线/段/场信号机不能正常开放信号。

(14)站台门故障不能打开/关闭、自动关闭/打开。

(15)正线/段/场出现“好人好事”。

(16)其他影响正常作业程序的，副队长认为有必要填写的。

2.填写原则及要求

1)行车事件单内注明内容的填写

(1)标题栏：简单总结所遇事件情况(如填写备用车加开、行车调度员××站扣车、站台门故障等)。

(2)姓名栏：值乘机班人员姓名。

(3)运营时刻表栏：当日执行的时刻表版本。

(4)发生时间栏：发生的具体时间(年、月、日、时、分、秒)。

(5)发生地点栏：发生的地点信息(段/场、车站、上/下行线、区间/站、公里、米)。

(6)车次栏：发生事件的车次或当事人所驾驶的车次(未涉及列车时，可不填写车次)。

(7)车底号栏：相应车次的车底号。

(8)值班人员栏：当值队长或副队长签名或签章。

2)行车事件单中事件经过栏的填写

(1)事件发生的时间。

(2)相关车次(车号)。

(3)列车的驾驶模式。

(4)发生情况的具体地点。

(5)列车产生的现象或当事人发现的现象。

(6)相关人员的处理过程和处理结果。

(7)列车的晚点情况或事件的影响。

副队长接到行车事件单后,认真检查、核实当事人填写的内容,发现填写内容有遗漏、错误或不明确的内容时,应向当事人指出,要求当事人补充或修改相关的内容。当事人补充或修改相关的内容且由副队长确认无误后,副队长盖章确认。

班级：____________ 姓名：____________ 小组：____________ 日期：____________

任务 2.1 实施与评价 理论学习工作单

一、不定项选择题(3 分 ×6 = 18 分)

1. 以下不属于司机退勤要求的是(　　)。

A. 抄写调度命令

B. 交回行车备品

C. 汇报运行情况和驾驶过程中发现的车辆故障

D. 确认下次出勤的时间和地点

2. 列车司机在出勤前,应抄写(　　)。

A. 车辆、线路技术状况

B. 行车预想

C. 调度命令、值乘计划和当日行车安全注意事项

D. 上级通知

3. 下列属于乘务员交接班内容的有(　　)。

A. 列车表号、车次、车号　　B. 行车调度命令

C. 车辆的运行情况、技术状态　　D. 出入车辆基地的时刻

4. 司机在停车库内交接班时,接班司机应与交班司机进行对口交接,交接内容包括(　　)。

A. 列车钥匙　　B. 驾驶专用物品

C. 司机报单　　D. 当日正线运行注意事项

5. 列车司机出勤时,应做到(　　)。

A. 穿着指定的制服

B. 携带乘务培训教材

C. 携带相应的列车驾驶上岗证件

D. 认真听取和阅读当日运行注意事项和通知

6. 列车司机在出勤前应充分休息,班前(　　)h 不得饮酒。

A. 2　　B. 4　　C. 6　　D. 8

二、简答题(12.5 分 ×4 = 50 分)

1. 简述列车司机出勤作业流程。

2. 列车司机出勤前需要在派班室做哪些准备？

3. 简述列车司机退勤作业流程。

4. 列车司机退勤时需要在派班室归还哪些物品？

三、思维导图(32 分)

请利用思维导图软件,根据自身学习和领悟绘制本任务思维导图以辅助记忆。

班级：____________ 姓名：____________ 小组：____________ 日期：____________

任务2.1 实施与评价 实践工作单1 出勤作业

一、实践目标

(1)掌握列车司机出勤的标准程序；

(2)掌握运营时列车司机须携带的行车备品；

(3)掌握列车司机出勤标准化程序；

(4)能正确阅读轮值表、列车时刻表等相关信息；

(5)统一着装，符合着装、发型、配饰等的规范要求；

(6)培养守时、严谨、认真、负责的工作态度和不怕苦、不怕累的精神。

二、工具与器材

列车司机手账、操纵台激活钥匙、三角钥匙、T形钥匙、手电筒、手持电台、司机包、轮值表、酒精测试仪、客车状态记录卡等。

三、实操步骤

2人一组，分配派班员和列车司机两个角色，完成下列角色扮演内容。

1. 签到

出勤前保证充分休息，班前8h内不得饮酒及服用影响精神的药物，以饱满的精神状态投入工作。列车司机需要提前30min到达派班室，依次进行随机答题、酒精测试、班前学习(抄写行车调度员相关命令等)。在完成上述操作且满足出勤要求后，方可向派班员签到并申请出勤。

列车司机在签到表上签写组号、姓名、日期等信息，也可以以指纹打卡或人脸识别方式进行签到。向派班员申请出勤标准用语：××组××，值乘××至××交路任务，申请出勤。

2. 领取轮值表

轮值表是列车司机一天工作任务和班次的指示单，内容包括当天任务开始和结束时间，任务持续时间，驾驶里程，接车时间、地点和车次等。派班员在审核列车司机各项信息和精神状态后，若列车司机满足出勤要求，则同意其出勤并发放轮值表和行车备品。列车司机应严格、正确执行轮值表上的行车任务。

派班员同意列车司机出勤标准用语：值乘××至××交路任务司机，可以出勤。

3. 核对行车备品

派班员同意出勤后，会给列车司机发放司机包。司机包里包含操纵台激活钥匙、三角钥匙、手持电台、手电筒、列车运行时刻表等行车备品。列车司机接过司机包须当面对行车备品进行设备状态和数量检测，核对无误后方可在设备领用表上签字，然后带上司机包离开派班室。

四、考核与评价标准

考核与评价标准见下表。

工作单	出勤作业		
说明	教师按考核内容对学生逐一进行考核		
班级		姓名	
学习小组		考核时间	
考核内容	考核标准	分值	得分
签到内容	精神面貌较好	10	
	着装、配饰符合相关要求	5	
	通过题目测试、酒精测试	10	
	正确抄写行车注意事项	15	
领取轮值表	申请出勤用语	10	
	说出轮值表各项内容	10	
核对行车备品	说出司机包内物品及数量	15	
	检查司机包内物品状态	10	
	整理行车备品	10	
作业时间	所有项目在5min内完成	5	
合计		100	
指导老师意见			
完成人签字			
指导老师签字			

班级：__________ 姓名：__________ 小组：__________ 日期：__________

任务2.1 实施与评价 实践工作单2 交接班

一、学习目标

(1)掌握地铁列车司机交接班的标准程序；

(2)能正确汇报列车状况及突发情况；

(3)掌握两端交接条件下的交接班程序；

(4)掌握同端交接条件下的交接班程序；

(5)统一着装，符合着装、发型、配饰等的规范要求；

(6)培养守时、严谨、认真、负责的工作态度和不怕苦、不怕累的精神。

二、工具与器材

列车司机手账、操纵台激活钥匙、三角钥匙、T形钥匙、手电筒、手持电台、司机包、轮值表、酒精测试仪、客车状态记录卡等。

三、实操步骤

2人一组，分配交班司机和接班司机两个角色，完成下列角色扮演内容。

1)交车司机作业流程

(1)在列车进站前清点好行车备品，如司机报单、客车状态记录卡、列车钥匙等。

(2)列车进站停稳后，进行开车门、站台门操作。

(3)确认车门及站台门开启正常后，与接车司机面对面进行对口交接。其内容包括：行车调度员命令、车次、列车状态、驾驶模式等。

(4)移交行车备品。主要包括：司机报单、客车状态记录卡、列车钥匙等。

(5)目送列车出站。

2)接车司机作业流程

(1)提前1~2min到站台端门处面向来车方向立岗接车。

(2)待交车司机确认车门、站台门开启正常后，与交车司机面对面进行对口交接。其内容包括：行车调度员命令、车次、列车状态、驾驶模式等。复诵交班司机交接内容。

(3)接收行车备品。主要包括：司机报单、客车状态记录卡、列车钥匙等。

(4)进行站台门关闭作业，确认车门关好、站台安全、缝隙安全后进入驾驶室。

(5)查阅并填写司机报单。

(6)确认有行车凭证后，驾驶列车出站。

四、考核与评价标准

考核与评价标准见下表。

工作单	交接班			
说明	教师按考核内容对学生逐一进行考核			
班级		姓名		
学习小组		考核时间		
考核内容	考核标准		分值	得分
工作状态	精神面貌较好		10	
	着装、配饰符合相关要求		5	
交接过程	接车司机目迎列车进站		10	
	交接内容(行车调度员命令、车次、列车状态、驾驶模式)正确		32	
	移交备品(司机报单、客车状态记录卡、列车钥匙)正确		24	
	交车司机目送列车出站		10	
作业时间	所有项目在1min内完成		9	
合计			100	
指导老师意见				
完成人签字				
指导老师签字				

班级：__________ 姓名：__________ 小组：__________ 日期：__________

任务2.1 实施与评价 实践工作单3 退勤作业

一、实践目标

(1)掌握地铁列车司机退勤的标准程序；

(2)能正确汇报列车状况及突发情况；

(3)能正确填写司机报单；

(4)能正确填写行车事件单；

(5)统一着装，符合地铁员工的着装、发型、配饰等规范要求；

(6)培养守时、严谨、认真、负责的工作态度和不怕苦、不怕累的精神。

二、工具与器材

列车司机手账、操纵台激活钥匙、三角钥匙、T形钥匙、手电筒、手持电台、司机包、轮值表、酒精测试仪、客车状态记录卡、司机报单、行车事件单等。

三、实操步骤

2人一组，分配派班员和列车司机两个角色，完成下列角色扮演内容。

1. 按规定着装到达派班室退勤

列车司机携带司机包到派班室向派班员申请退勤。标准用语：××组××，值乘××至××交路任务，申请退勤。列车司机将值乘中的车辆状态、运行情况等事宜向派班员汇报，必要时(如发生事故、服务纠纷等)提交书面报告。

2. 填写下次值乘任务

派班员核对列车司机提交的行车备品，双方确认无误后，列车司机在手账上填写本次退勤时间，以及下次值乘日期、时间、地点、运行图表号等内容，填写后将手账交派班员。

3. 退勤

派班员核对信息无误后，同意退勤。标准用语：××组××，可以退勤，注意下次出勤时间。

四、考核与评价标准

考核与评价标准见下表。

工作单	退勤作业		
说明	教师按考核内容对学生逐一进行考核		
班级		姓名	
学习小组		考核时间	

续上表

考核内容	考核标准	分值	得分
工作状态	精神面貌较好	10	
	着装、配饰符合相关要求	5	
退勤汇报	申请退勤用语标准	10	
	按实际情况汇报车辆状态、运行情况	10	
	能够填写运营事故报告	20	
归还行车备品	说出司机包内物品及数量	15	
	上交填写完整的客车状态记录卡	15	
填写手账	填写退勤及下次出勤手账信息	10	
作业时间	所有项目在5min内完成	5	
合计		100	
指导老师意见			
完成人签字			
指导老师签字			

任务 2.2　列车整备作业

任务导入

行车前，最重要的工作就是对车辆进行整备。一次整备作业要检查列车百余项内容。3:40，列车司机小马到达地铁车库 14 号股道，对 0125 号列车进行整备。他从包里拿出反光背心穿上，拿着手电筒，通过对讲机报告信号楼。整备作业要求"静检 + 动检"结合。为确保安全，小马首先绕车辆一周，查看外观和四周各部件完好后，再来到驾驶室，将列车上电，对车辆功能进行进一步检查。动态检查主要对客室照明，车门的开关，广播、空调、监控系统，车载台等设备功能逐一检查，同时对列车进行牵引及制动试验，防止列车"带病"上线。列车整备作业是行车安全的一道坚实防线，也是每位列车司机必须掌握的必要技能。

（摘编自：生活报网，2019 年 12 月 16 日）

任务准备

引导问题 1　列车运行前为什么要进行整备作业？

引导问题 2　何时开始整备作业？

引导问题 3　整备作业需要检查哪些内容？怎样进行检查？

知识准备

2.2.1　作业程序、时间标准及注意事项

列车整备作业是列车运行前的各项技术准备工作，让列车司机充分了解列车的技术状态，减少列车安全隐患，从而最大限度地保障列车投入运营后的服务质量。

一、作业程序

（1）到达规定的股道后，确认股道、车组号符合客车状态记录卡，并在车次号、车底号、股道位置确认、打钩；确认列车两端无警示标志，列车两边无异物侵限，否则立即报车辆基地调度员，并按照车辆基地调度员指示执行。

（2）列车司机整备列车前须报信号楼（车辆基地）值班员，在非出车辆基地端使用车载电台报信号楼。标准用语：信号楼，××车××道××段整备作业。

（3）列车司机须严格按照列车检查走行线路图和整备作业程序，采用目视、手动、耳听的方式，检查两端驾驶室、两侧走行部和客室内部，并在两端驾驶室进行动态功能试验。

注意

不同地铁公司的司机手册规定的列车检查走行线路图（图 2-8）可能会因列车的

不同而略有差别，但总的原则是要在最短的时间内以最科学的路径完成整备作业规定的检查或测试项目。

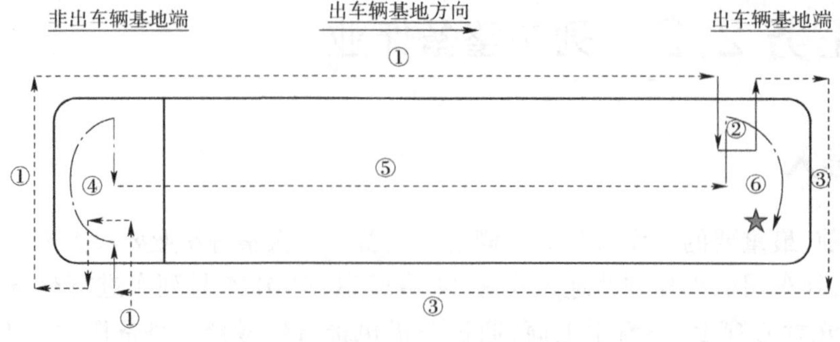

图 2-8　某地铁公司列车检查走行线路图

(4)整备时要进行手指口呼操作，做到“眼到、手指、心到、口呼”。

(5)检查作业过程中发现异常须及时报车辆基地调度员，检修人员到位后交其处理或按车辆基地调度员的指示执行。

(6)整备完毕后，报信号楼值班员，得到同意且确认信号、道岔开通正确后，方可鸣笛动车出车辆基地。

走行线路说明：①到非出车辆基地端检查并确定驾驶室设备、备品及自动开关位置正确，把激活钥匙置于“合”位后与车辆基地值班员联系整备作业→做紧急按钮试验(不升弓)→把激活钥匙置于“分”位后下车→检查列车端部→检查列车非出车辆基地端右侧走行部→②到出车辆基地端进驾驶室把激活钥匙置于“合”位→检查并确定驾驶室设备、备品及自动开关位置正确→做紧急按钮试验(不升弓)→把激活钥匙置于“分”位后下车→③检查出车辆基地端列车端部→检查列车出车辆基地端右侧走行部→④进非出车辆基地端驾驶室，把开关打合位做功能试验→⑤检查客室→⑥到出车辆基地端驾驶室做功能试验→准备出车辆基地。

二、时间标准

为了提高列车出库效率，列车司机的整备作业有较严格的时间要求。表 2-3 为某地铁公司列车整备作业时间标准。

某地铁公司列车整备作业时间标准　　表 2-3

序号	整备项目	时间标准(min)	备注
1	作业前的准备	5	包括联系车辆基地值班员
2	走行部检查	12	包括两侧走行部和出车辆基地端的紧急制动试验
3	非出车辆基地端驾驶室的检查和试验	5	包括驾驶室内的所有功能试验(含紧急制动试验)
4	客室检查	3	—
5	出车辆基地端驾驶室检查和试验	5	包括驾驶室内的所有功能试验

三、注意事项

(1)列车司机在整备作业过程中，发现异常，应第一时间报告车辆基地调度员，并按其指示执行。

(2)整备列车前，列车司机应确认列车车底号、所处股道与客车状态记录卡(运营列车)或作业单(调车或调试列车)记录是否一致，然后检查列车的车身及周边情况，若出现下列情况，严禁动车并报车辆基地调度员，等待其安排相关人员现场确认：

①接触网挂有地线；

②列车前后、左右与上下有物体侵入车辆限界；

③列车车头悬挂有"禁止动车"等警示标志牌；

④车上、车旁和地沟有检修人员在进行维护检查等；

⑤客室设备柜门未关好、车底箱盖未盖好等不符合运营条件的情况；

⑥集电靴外观变形、截断塞门位置不正确；

⑦股道带电显示装置显示绿色。

知识拓展

限界是确定城市轨道交通线路与行车有关的构筑物净空和各种设备相互位置的依据。城市轨道交通列车需要沿着特定的轨道，在特定的空间运行。为了防止机车车辆撞击邻近的建筑物或其他设备，确保机车车辆在线路上安全运行，一切建筑物在任何情况下都不得侵入建筑限界；一切设备在任何情况下都不得侵入设备限界；机车、车辆无论空、重状态，均不得超出机车车辆限界。

车辆限界是指车辆最外轮廓线的限界尺寸，应根据车辆的轮廓尺寸和技术参数，并参考车辆在静态及动态情况下所能达到的横向和纵向的偏移量及偏转角度，按可能产生的最不利情况进行组合确定。

(3)严格按照列车整备作业流程和标准，采用目视、手动、耳听的方式，做好列车整备和试验，确保列车在投入服务前技术状态良好；如发现下列故障，立即汇报车辆基地调度员，并严禁出库(特别地，在不影响行车安全和乘客服务的情况下，由检修调度员决定是否出库，并在客车状态记录卡上注明故障情况并视情况安排人员跟车)。

①受电弓、集电靴、车间电源等高压设备故障，致使列车无 DC 1500V 电源；

②牵引系统故障；

③制动系统故障；

④客室门故障；

⑤安全回路电路故障；

⑥列车诊断系统故障；

⑦空调通风系统故障；

⑧空气压缩机等辅助系统故障；

⑨车辆消防设备故障。

(4)发现列车故障或列车不符合运行技术要求时，列车司机应立即向车辆基地调度员报告并按照相关规定处理，直至检修人员到位后交其处理或按车辆基地调度员的指示执行。

2.2.2 手指口呼操作

列车司机在隧道内或高架上驾驶列车，周围环境单调枯燥，时间一长，容易产生视觉疲劳和注意力不集中；而列车运行中会遇到很多指示灯、信号灯、标志、道岔等，要求列车司机必须集中精力辨识和确认。为了防止列车司机走神，使其注意力高度集中，列车司机在行车中应按照“手指口呼”的一套标准化规范进行作业。呼唤应答制度对站姿、坐姿、行走标准、呼唤时机、呼唤内容等都有严格、规范的执行要求。

一、动作规范

手指口呼就是要求列车司机手到、眼到、口到、心到，目视需要确认的目标，确认其是否处于正常状态，用手指指向确认目标，做到口呼清晰洪亮，把看到的每个信息都用“手指到，用眼看到，用嘴说到，用心记到”。手指口呼是列车司机一项特有的工作内容，列车司机每次出勤都践行成百上千遍的手指口呼操作。手指口呼不是要反馈给调度中心，而是通过它来时刻提醒列车司机安全驾驶，保障乘客的生命和财产安全。手指口呼的好处是每一项指令都由列车司机进行二次确认，以确保任何一个操作都做到万无一失。

知识拓展

“手指口呼”最早源于日本的“指差确认”。该动作原为铁路部门专门使用的安全动作，即手指指着物件，口诵确认，心手并用，以减少人为失误导致的意外，后来被广泛运用于不同行业，包含建造业、制造业、机电工程等，再后来被运用于地铁行业。

手指口呼前要求确认的上臂弯曲，与身体竖直方向成90°，与身体左右方向成90°～120°，手握拳后距离该手侧的耳朵不超过5cm，如图2-9所示。保持此手势稍做停顿后，朝着待确认信息方向由上至下伸直手肘、食指和中指，掌心朝左或朝右，食指和中指需并拢且与手臂在同一直线上，其他三指需保持与握拳时状态一致，如图2-10所示。上臂与身体竖直方向成90°时，立即进行口呼。呼唤结束后，手臂自然放松并放在操纵台上。

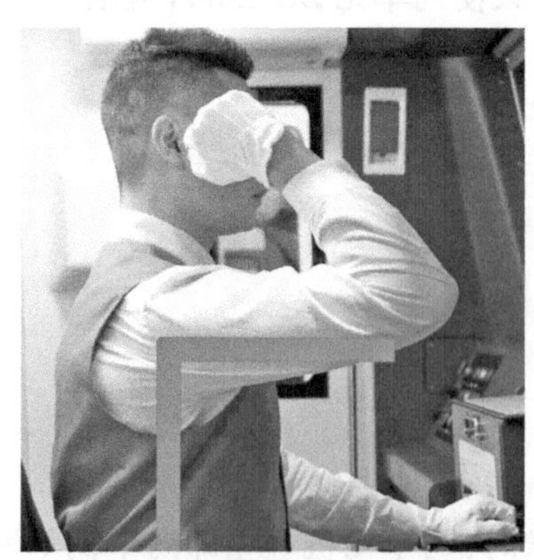

图2-9 手指口呼时手臂弯曲要求

图2-10 手指口呼时手臂伸直要求

提示

不同的城市轨道交通公司，对“手指口呼”的动作要求存在一些差异。一些城市轨道交通公司要求以手掌指向待确认信息；另一些城市轨道交通公司则要求无名指、小指贴于掌心，大拇指压在无名指第二关节处，食指与中指并拢伸直。

试一试

借助课桌椅或者模拟驾驶器等，进行手指口呼动作练习，注意动作要领和规范性。

二、呼唤应答制度

进行呼唤应答时，不得间隔其他确认物，要求食指与中指并拢，手臂伸直，指向需确认的设备，同时呼唤，要求做到手指（指出确认物）、眼看（观察确认物状态）、口呼（说出确认物状态）。某地铁行车呼唤应答示例见表2-4。

某地铁行车呼唤应答示例 表2-4

项目	呼唤时机	呼唤用语	备注
信号机	信号机前100m	信号绿灯/红灯/黄灯等	
道岔	道岔前100m	道岔位置正确	
列车进站	站名标前100m	××站，控制车速，对标停车	
列车到站停稳	列车停稳且确认车辆屏显示车门打开后，将主控手柄拉至快速制动位	车门开启	车门、站台门联动时，二者自动开启
站台作业	面向就地控制盘（platform screen doors local panel，PSL盘）站立，确认门关闭锁紧指示灯灭	站台门、车门开启	确认指示灯灭后站台立岗
关门作业	观察乘客上下车情况，按照运营时刻表开车时间，DTI显示倒数15s以下时，跨半步，眼观站台门与车门间缝隙，掌握关门时机，按压关门按钮关门	关左/右门	按压前需眼观关门按钮，防止误操作
站台确认	确认车体侧墙灯灭、操纵台站台侧门关好灯亮、就地控制盘门关闭锁紧指示灯亮、车门与站台门之间无夹人夹物	车门关好、站台门关好，缝隙安全	
	通过闭路电视监控系统（closed-circuit television，CCTV）确认站台安全后进入驾驶室	站台安全	
确认动车条件	确认出站信号机显示正常	绿灯亮	
	确认道岔开通正确	道岔直股/侧股	
	确认信号屏上有推荐速度	推荐速度有	
动车	确认ATO按钮灯闪烁后按压ATO按钮启动列车	ATO发车	
	动车后确认ATO按钮常亮	ATO灯亮	

知识拓展

10s 小动作保障行车安全

驾驶室车门和站台门对准后缓缓打开，身着白色制服的列车司机从驾驶室内快速走出，站在红色立岗处，食指和中指并拢向前做出相应动作，并念出口呼语：车门、站台门打开。乘客上车完成后，列车司机手指站台门指示灯及列车站台空隙，再次念出口呼语：站台门关好，缝隙安全。确认满足相关要求后，列车司机返回驾驶室。

这样念着口呼语，加上略显夸张的肢体动作，在乘客看来或许有些怪异。据地铁工作人员介绍，这短短 10s 的"神秘动作"就是"手指口呼"。"这是地铁列车司机工作时的一项特有内容，意在提醒他们时刻做到'眼到、口到、手到、心到'。一次次重复着手指动作，一次次重复着口呼语，不断确认信号情况、道岔情况、进路情况、报站情况。""这些动作其实并不能对地铁控制产生实质性效果，但可以让列车司机保持精神集中。列车司机的工作不能有丝毫马虎，一进入驾驶室就要打起十二分精神，时刻全神贯注，注意前方线路和信号。"

以某地铁线路为例，一位列车司机每班次开 4 趟车，该线路全线共有 33 个车站，每站需要手指口呼 6 次。这是地铁列车司机排除安全隐患，确保行车安全的法宝。

2.2.3 走行部检查

走行部是指车辆下部用于引导运行、传递重量并缓和冲击的装置。在进行走行部检查时，一般需要借助手电筒辅助照明。一般从非出车辆基地端开始检查，检查过程中须严格执行手指口呼操作，如图 2-11 所示。某地铁走行部检查标准见表 2-5。

图 2-11 走行部检查

某地铁走行部检查标准 表 2-5

序号	主要检查项目	内容及要求	口呼用语
1	车体外观（包括受电弓）	无损坏，无变形，客车标志（车辆徽记、目的地号、列车服务号及标志灯）完整清晰，车门上的盖板无打开且锁闭良好	列车标志良好，扶手、脚蹬良好，车门盖板封闭良好

续上表

序号	主要检查项目	内容及要求	口呼用语
2	运行灯、头灯、尾灯、标志灯	显示齐全,外观无破损	运行灯、头灯、尾灯、标志灯良好
3	车钩及缓冲装置	无明显损坏变形,电气盖板锁闭良好,电缆软管无脱落,各塞门位置正确,车钩监控装置位置正确,车钩连接处无异物	钩腔无异物,车钩良好,缓冲装置良好
4	转向架	紧固螺母迟缓线位置正确,空气弹簧外观无破损漏气,高度阀处无漏气和明显变形,液压减震器无漏油	紧固螺母迟缓线位置正确,空气弹簧良好,高度阀良好,液压减震器良好
5	车底电气设备箱	外观无变形,箱盖锁闭良好	外观良好,箱盖锁闭良好
6	车间电源	锁闭良好,电源盖锁闭良好	电源盖锁闭良好,三位闸刀开关位置正确
7	风缸及气路塞门	各塞门位置正确,无漏风	风缸良好,塞门位置正确
8	空气压缩机	阀门位置正确	空气压缩机良好,阀门位置正确
9	集电靴	无损坏、变形	集电靴良好
10	高速断路器	外罩完好,锁闭正常	外罩良好,锁闭良好

试一试

借助模拟驾驶器或者列车设备图片等,结合手指口呼操作要领对列车走行部各部件进行检查。

2.2.4 客室检查

客室检查一般是从非出车辆基地方向走向出车辆基地方向,检查过程中需通过观察、触摸、手指口呼来判断各部件是否正常(图2-12)。原则上客室内所有部件均需要检查。某地铁客室检查标准见表2-6。

图2-12 某地铁客室检查

某地铁客室检查标准　　表 2-6

序号	主要检查项目	内容与要求	口呼用语
1	客室内部（地板、门窗玻璃等）	清洁、无明显损坏	地板、玻璃、天花板、安防系统、扶手、立柱良好
2	照明设备	照明设备良好，无损环	照明设备良好
3	车门	门页无损坏，且锁闭良好，指示灯显示正常，紧急开门手柄正常，各盖板安装良好，开关位置正常，乘客报警按钮完整无缺	车门、紧急开门手柄、乘客报警按钮良好
4	车顶通风	通风格栅完好	通风格栅良好
5	座椅、设备盖板、灭火器	座椅完好、无损坏，盖板锁闭良好，灭火器齐全完整、捆绑牢固	座椅良好，盖板锁闭良好，灭火器良好
6	设备柜、电子柜、通道侧墙板	锁闭良好、无损坏，无明显变形	柜门锁闭良好
7	各显示屏	外观良好，无损坏	显示器良好

试一试

借助模拟驾驶器或者列车设备图片等，结合手指口呼操作要领对列车客室各部件进行检查。

2.2.5 驾驶室检查

一、驾驶室主要设备

1. 操纵台设备

操纵台设备主要包含司机控制器（也称主控器）、开关客室门按钮、车载显示屏、车辆屏、激活钥匙、广播设备、无线电台等，如图 2-13 所示。在司机控制器上有个特殊按钮——警惕开关，如图 2-14 所示。列车司机在人工驾驶模式下操纵列车时须保持警惕开关按下，否则在牵引状态、空位，列车会自动施加紧急制动。

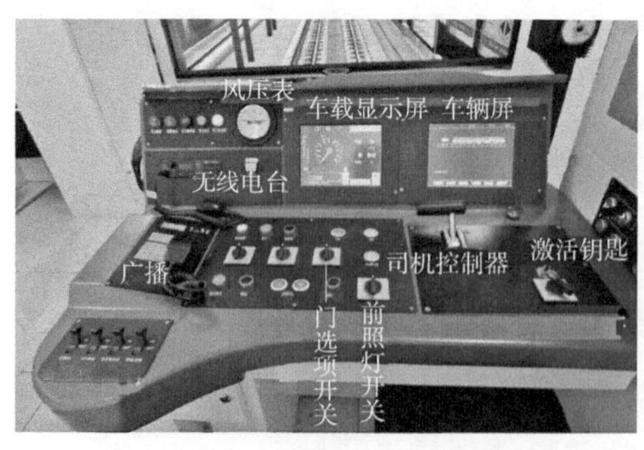

图 2-13　操纵台主要设备

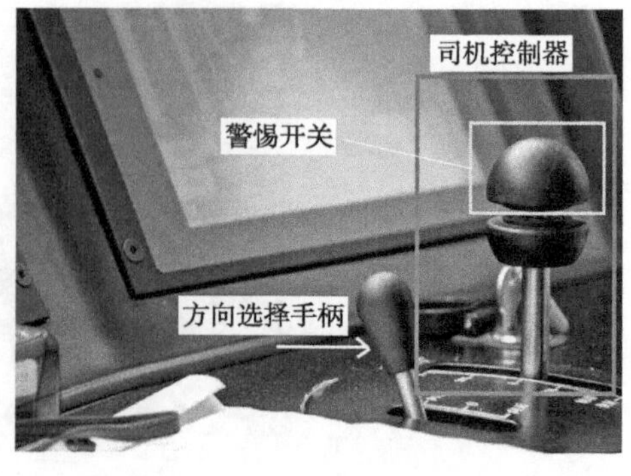

图 2-14　警惕开关

2. 保险控制柜

保险控制柜主要包含蓄电池保险开关、相关制动控制保险开关、车载系统保险开关、电气设备保险开关、各旁路保险开关等，如图 2-15 所示。保险控制柜检查如图 2-16 所示。

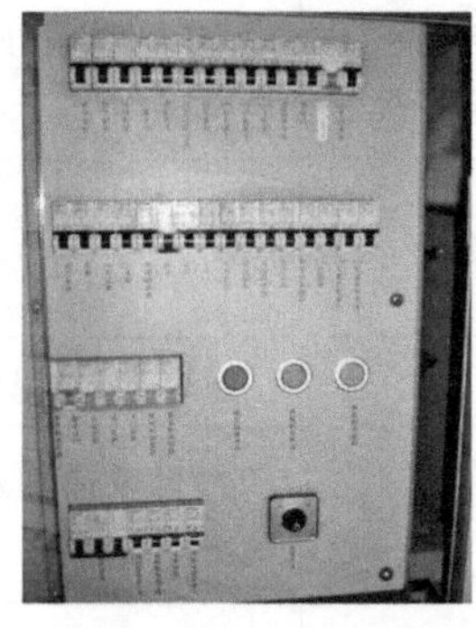

图 2-15　保险控制柜

图 2-16　保险控制柜检查

3. 显示屏

显示屏主要包含车载显示屏、车辆屏、闭路监控（closed-circuit television，CCTV）屏。车载显示屏（图 2-17）主要显示列车运行信息，例如行车速度、移动授权、驾驶模式、牵引制动信息等，也可进行相关驾驶模式更换及其他自检、设置等操作。车辆屏（图 2-18），也叫人机交互接口（human-machine interaction，HMI），主要显示车辆各电气设备信息，如车门、站台门开关状态，受电弓状态，空调通风情况等。闭路监控屏主要显示各车厢监控画面。

图 2-17　车载显示屏

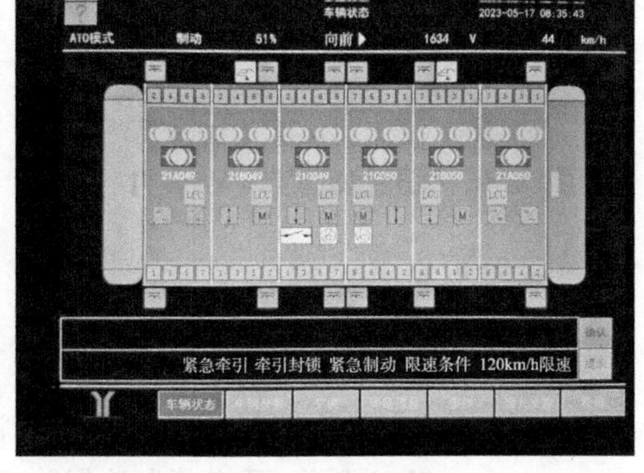

图 2-18　车辆屏

二、检查标准

某地铁驾驶室检查标准见表 2-7。

某地铁驾驶室检查标准　　表 2-7

序号	主要检查项目	内容及要求	口呼用语
1	方向选择手柄、主控手柄	方向选择手柄、主控手柄均在“0”位，完整无缺，动作灵活、无卡滞现象。警惕开关作用良好	方向选择手柄、主控手柄良好
2	车载电台	功能良好	车载电台良好

续上表

序号	主要检查项目	内容及要求	口呼用语
3	显示屏	无明显损坏,信息显示正确	各显示屏良好
4	驾驶室侧门、通道门	驾驶室侧门、通道门锁闭良好,动作灵活、无明显卡滞现象。驾驶室侧门玻璃无破裂	侧门锁闭良好,通道门锁闭良好
5	各种仪表、指示灯、开关	外罩完整、显示正确、位置正确、无损坏	各开关、仪表、指示灯良好
6	疏散门	锁闭良好	疏散门锁闭良好
7	前窗玻璃	玻璃清洁,无损坏,刮水器完整无缺	挡风玻璃良好,刮水器良好
8	设备柜	旁路开关铅封完整,开关位置正确	柜门、盖板锁闭良好
9	副操纵台备品柜	红闪灯、安全帽、铁锤、灭火器等齐全,功能良好	柜内设备齐全无异物,灭火器良好
10	天花板风扇	外观良好,无损坏	通风良好
11	司机座椅	无损坏,功能良好	座椅良好

试一试

借助模拟驾驶器或者列车设备图片等,结合手指口呼操作要领对列车驾驶室各部件进行检查。

2.2.6 动态试验

一、操纵台基本操作

1. 启动、关闭列车

启动列车:在确认接触轨正常送电情况下,闭合静止逆变器(也称辅助逆变器,static inverter,SIV)开关,开启蓄电池保险,即实现了列车的启动。插入激活钥匙,即可对本端驾驶室进行相关操作。关闭列车:在确认本端驾驶室处于激活状态下,关闭各负载开关,关闭SIV开关,关闭蓄电池保险,即实现了列车的关闭。

2. 更换驾驶室

将本端驾驶室司机控制器置于"紧急"位,将方向选择开关置于"0"位,按顺序关闭各负载开关,将激活钥匙置于"开"位并取下,确认驾驶室各开关位置正确,锁闭好驾驶室各门后,由客室通道迅速到末端驾驶室,将激活钥匙置于"开"位,将方向选择开关置于"向前"位,按顺序闭合各负载开关,建立相应的车载模式,然后进行制动机简略试验。各仪表和指示灯显示正常,则更换驾驶室作业完毕。

3. 牵引、惰行、制动

人工驾驶模式下，按压警惕开关后，将司机控制器往前推，则列车处于牵引状态（司机控制器推动距离越大则牵引力越大）；司机控制器处于“0”位，则为惰行状态，即列车在惯性状态下运行，无牵引力也无制动力；将司机控制器往后拉，则列车处于制动状态（司机控制器拉动距离越远则制动力越大）。

4. 开、关车门

将门模式开关置于“手动”位，将门选项开关置于相应开门侧，按压相应侧开门按钮（不少于3s），即打开相应侧全列车门，观察 HMI 车门开启状态；按压开启侧客室门的关门按钮（不少于3s）即关闭相应侧全列车门，观察 HMI 车门关闭状态。

5. 人工广播

在广播模块，可以选择播报预录语音广播，选择单次播放或循环播放，实现特定广播播放；也可以按下口播键，使用话筒进行人工广播。

二、试验作业

试验作业包括两端驾驶室的所有功能试验。按照检车顺序先在非出车辆基地端驾驶室进行试验，然后在出车辆基地端驾驶室试验。两端驾驶室的试验项目与程序完全一样。由于各城市轨道交通公司采用的列车车型可能不同，因此，驾驶室内的试验作业会有所差别。以下为某地铁试验作业。

1. 列车激活试验

（1）将列车总控开关置于“合”位，打开驾驶室灯，确认蓄电池电压正常，确认微动开关及旁路开关位置正确，确认主风气压正常、空调分红色指示灯亮。

（2）将激活钥匙置于“合”位，确认受电弓降红色指示灯、停放制动施加红色指示灯、气制动施加红色指示灯、主断路器（简称主断）分红色指示灯、左右车门关绿色指示灯亮，显示屏正常工作。

2. 试灯试验

按下试灯按钮，确认主、副操作台上除受控人工驾驶模式指示灯外，其他指示灯均亮。

3. 受电弓升降及主断合分试验

（1）确认总风缸风压正常，鸣笛、按下升弓按钮，探身驾驶室外检查该端受电弓正常升弓，确认受电弓升绿色指示灯亮，显示屏上受电弓图标变绿，口呼“升弓试验正常”。某地铁列车操纵台控制面板（局部）如图 2-19 所示。

（2）按下主断合按钮，确认主断合按钮绿色指示灯亮，显示屏上主断图标变绿并呈连接状态，口呼“合主断试验正常”。

（3）按下主断分按钮，确认主断分按钮红色指示灯亮，显示屏上主断图标变白并呈断开状态，口呼“分主断试验正常”。

（4）口呼“降弓注意”，鸣笛、按下降弓按钮，探身驾驶室外检查该端受电弓正常降弓，待降弓完毕，确认受电弓降红色指示灯亮，显示屏上受电弓图标变白，口呼“降弓试验正常”。

4. 制动试验

1）常用制动试验

（1）将方向选择手柄置于“向前”位，按下警惕开关，然后将主控手柄由“0”位推向牵引区。气制动压力下降为0并伴有排气声，气制动缓解绿色指示灯亮，气制动施加红色指示灯灭。

（2）恢复警惕开关，气制动压力上升，气制动施加红色指示灯亮，气制动缓解绿色指示灯灭。再次按下警惕开关，气制动缓解绿色指示灯亮，气制动施加红色指示灯灭。

（3）将主控手柄由牵引区拉至“0”位，气制动压力上升；将主控手柄由“0”位拉向制动区（图2-20），气制动压力随手柄的移动逐渐上升；将主控手柄由制动区推回“0”位，气制动压力下降并伴有排气声。

（4）方向选择手柄置于“向后”位，重复上述试验。

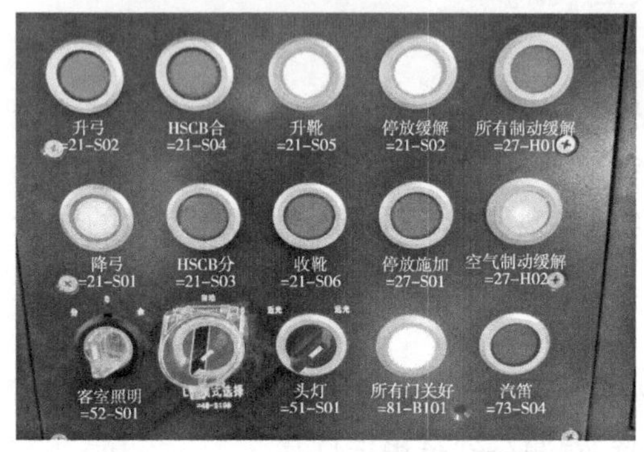

图2-19　某地铁操纵台控制面板（局部）

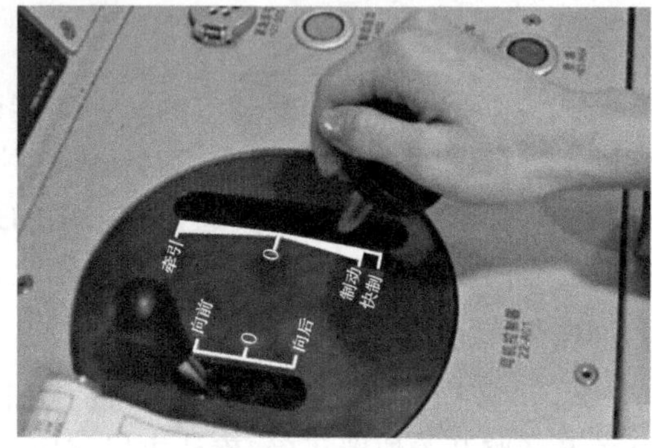

图2-20　常用制动试验

注意

开始试验前，须确认列车所在线路为平道、列车主风缸压力合格、所有主断断开、停放制动缓解、所有车门和安全疏散门关闭良好。

2）停放制动试验

（1）按下停放制动缓解按钮，停放制动缓解绿色指示灯亮，停放制动施加红色指示灯灭，列车运行状态蓝色指示灯灭，列车停放制动缓解。

（2）检查确认显示屏制动图标无停放制动标志“P”。

（3）按下停放制动施加按钮，停放制动施加红色指示灯亮，停放制动缓解绿色指示灯灭，列车运行状态蓝色指示灯亮，列车停放制动施加。

（4）检查确认显示屏制动图标有停放制动标志“P”。

（5）停放制动试验完毕后，按下停放制动“缓解”按钮，保持列车处于停放制动缓解状态。

3）快速制动试验

（1）将主控手柄自“0”位快速置于“快制”位，气制动压力上升至一定值；主控手柄置于制动区，气制动不能缓解，气压保持不变；主控手柄置于“0”位后，气制动压力下降。

(2)方向手柄置于“向后”位,重复上述试验。

4)紧急制动试验

(1)将驾驶模式置于RM模式位,检查气压表,确认气制动压力合格。

(2)按下操纵台左(右)侧紧急制动按钮。检查气压表,确认制动缸气压合格。

(3)按下升弓按钮,检查确认受电弓未升起,眼看、手指显示屏受电弓图标,口呼“受电弓未升起”。

(4)试验完毕后,恢复紧急制动按钮,并将受电弓升起。

注意

停放制动、快速制动和紧急制动3种制动试验中,任何一项出现异常,都严禁列车出车辆基地。

5. 车门开、关试验

(1)按下左/右侧车门红色开门按钮,确认全列左/右侧车门开启及所有车门的关闭绿色指示灯灭。

(2)将主控手柄由常用制动区稍移至牵引区。因为车门处于开启状态,所以列车不会移动。然后将主控手柄拉回常用制动区。

(3)按下左/右侧车门绿色关闭按钮,客室车门报警声连续响,车门指示灯闪烁几秒后车门关闭。确认全列左/右侧车门关闭及所有车门的关闭绿色指示灯亮。

(4)将主控手柄移至牵引区,列车应向前移动。然后马上将主控手柄拉回常用制动区。列车停车。

(5)再次开启列车左/右侧车门。在按下左/右绿色关闭按钮后,在列车左/右侧车门关闭前,及时按下左/右门“重开门”按钮。左/右侧车门重新开启一次并自动关闭。

6. 牵引试验

按下主断合按钮,确认主断合按钮绿色指示灯亮、主断分按钮红色指示灯灭,接触网电压(简称网压)显示正常(一般在1000~1800V)。将方向选择手柄置于“向前”位,主控手柄稍推向牵引区。待列车刚移动,立即将主控手柄拉回常用制动区。列车停车,显示屏无故障显示。

7. 刮水器试验

按下操纵台水泵按钮,待刮水器喷水口喷水时,开启刮水器开关,观察刮水器工作是否正常。关闭刮水器开关,恢复水泵按钮。刮水器试验完毕。

知识拓展

当列车整备作业中发现下列故障时,禁止列车出车辆基地运营。

(1)车辆屏、各仪表及指示灯(包括驾驶室内开关门灯、警告灯、门允许信号灯、缓解不良灯、网络故障灯、紧急制动灯和车体外侧门状态显示灯、制动不缓解灯等)不显示或显示不正常，各开关按钮状态不正常。

(2)受流器及高压电路故障。

(3)车辆屏弹出故障画面，需要司机点击确认按钮方可恢复。

(4)牵引电机故障。

(5)空气压缩机不能正常工作。

(6)牵引、制动电路故障影响行车，如停放制动作用不良、保持制动不缓解、主控器有一台作用不良等。

(7)辅助电路故障影响行车。

(8)蓄电池电压过低(未运行时，低于80V)。

(9)前照灯、尾灯有一项不良。

(10)静止逆变器有一台不能正常工作。

(11)客室照明故障。

(12)电笛作用不良。

(13)总风泄漏严重。

(14)制动系统作用不良。

(15)车门作用不良(包括车门防挤压功能不良)。

(16)车底电气设备箱不能正常锁闭，客室内电气柜不能正常锁闭。

(17)空气弹簧有泄漏现象及作用不良。

(18)转向架有裂纹。

(19)连接器、车钩、压溃管及缓冲装置有一项不良，贯通道有异常。

(20)万向节、轴箱、齿轮箱不良或严重漏油。

(21)车体车顶安装不良、倾斜、变形超限；危及行车安全的零件(螺栓等)松弛及变形。

(22)轮对有以下不良时：

①车轴有横裂纹或电灼伤。

②车轴上有纵裂纹且长度超过25mm。

③车轴磨伤深度超过2.5mm。

④车轮路面擦伤深度超过0.5mm。

⑤车轮踏面上有孔眼、缺损或剥离长度超过40mm，深度超过0.7mm。

⑥轮缘厚度在距离轮缘定点15mm处测量大于22mm且小于32mm。

⑦轮缘垂直磨耗高度超过18mm。

⑧两车轮内侧距不符合(1353±2)mm。

⑨轮轴松弛。

(23)列车广播(包括自动广播、人工广播、报警装置)故障。

(24)客室及驾驶室监控设备不良。

(25)终点站屏、车内显示屏故障。

(26)司机对讲设备不良。

(27)通风系统不启动或作用不良；夏季空调系统制冷功能不良；驾驶室门锁故障。

(28)紧急逃生门不能正常关闭。

(29)驾驶室玻璃、客室门窗玻璃有严重裂纹或破碎。

(30)消防器材备品不齐或超过有效期。

(31)车载信号设备故障。

(32)列车车载信号出现冗余状态,经处理无效(信号确认)。

(33)列车无线电台设备故障。

(34)线路或网络故障。

试一试

借助模拟驾驶器等,对列车的升弓、降弓、牵引、制动等动态试验进行练习。

城市轨道交通列车驾驶

班级：__________ 姓名：__________ 小组：__________ 日期：__________

任务 2.2 实施与评价 理论学习工作单

一、不定项选择题(3 分×12 =36 分)

1. 列车在驶入正线前,列车司机必须对列车进行(　　)作业。
   A. 开关门　　B. 折返　　C. 调车　　D. 一次出乘检查
2. 一次出乘检查时,应对列车(　　)系统进行全面试验。
   A. 牵引　　B. 制动　　C. 广播　　D. 广告
3. 列车司机在整备作业前的检查,下列说法正确的是(　　)。
   A. 列车巡检前,应处于断电状态
   B. 列车司机应确认车辆限界内无人员、异物侵入
   C. 确认列车机械走行部位、电器箱体及车体外观等无异状
   D. 两端驾驶室应分别进行全面检查
   E. 应确认各操作手柄、开关和按钮等处于规定位
   F. 灭火器、随车工具等应齐全有效
4. 以下属于驾驶室功能试验的是(　　)。
   A. 客室门开关试验　　B. 停放制动试验
   C. 牵引制动试验　　D. 列车广播系统试验
   E. 警惕开关试验
5. 客室需要检查的部件有(　　)。
   A. 照明灯　　B. 通风格栅　　C. 贯通道
   D. 灭火器　　E. 座椅和扶手
6. 列车头部需要检测的部件(　　)。
   A. 头灯　　B. 指示灯　　C. 车钩
   D. 挡风玻璃　　E. 刮水器
7. 整备作业时需要做到(　　)。
   A. 眼到　　B. 手到　　C. 口到　　D. 心到
8. 整备作业过程中发现问题时应向(　　)报告。
   A. 行车调度员　　B. 信号楼值班员
   C. 维修值班员　　D. 车辆基地调度员
9. 列车司机整备作业走行路线是(　　)。

①出车辆基地方向头部;②走行部;③客室;④非出车辆基地方向头部;⑤出车辆基地方向驾驶室;⑥非出车辆基地方向驾驶室

   A. ①②③④⑤⑥　　B. ④②①②⑥③⑤
   C. ④②①②③⑤⑥　　D. ①②④②⑥③⑤
10. 整备作业检查时,列车关门模式是(　　)。

A. 手动模式　B. 自动模式　C. 中间模式　D. 以上都可以

11. 动车试验过程中,牵引/制动试验中主控手柄推向牵引区的时候,牵引力不得超过(　　)。

A. 10%　B. 20%　C. 30%　D. 40%

12. “安全回路旁路”开关在(　　)。

A. 驾驶面板上　B. 客室内　C. 车辆屏处　D. 继电器柜内

二、判断题(2 分 ×4 =8 分)

1. 列车司机整备作业的目的是熟悉列车状态,保障运营质量。(　　)
2. 列车司机整备作业过程中遇到问题可以自行解决。(　　)
3. 关于整备作业路线,列车司机可自行决定。(　　)
4. 动车试验时,列车司机可以触摸带电设备进行检查。(　　)

三、简答题(10 分 ×4 =40 分)

1. 列车整备作业的目的是什么?

2. 列车走行部需要检查哪些内容?

3. 列车驾驶室需要检查哪些内容?

4. 列车客室需要检查哪些内容?

四、思维导图(16 分)

请利用思维导图软件,根据自身学习和领悟绘制本任务思维导图以辅助记忆。

班级：__________ 姓名：__________ 小组：__________ 日期：__________

任务2.2 实施与评价 实践工作单1 手指口呼

一、实践目标

(1)能够理解手指口呼的作用；

(2)能够用标准的动作进行手指口呼操作；

(3)能以列车司机的标准要求自己；

(4)谨记“安全第一”，培养严格按照标准化作业操作的习惯；

(5)培养严谨、认真、一丝不苟的工作态度和不怕苦、不怕累的精神。

二、工具与器材

列车模拟驾驶器、400M电台、800M电台、座椅、笔、笔记本、便利贴等。

三、实操步骤

(1)5人一组，站成一排，设置组长一名。

(2)组长按以下顺序发出指令：

①准备(所有成员端正坐好)。

②握拳(手握拳后距离该手侧的耳朵不超过5cm)。

③手指(保持手势稍作停顿后，朝着待确认信息伸直手肘、食指和中指，食指和中指需并拢且其与手臂在同一直线上，其他三指需保持与握拳时状态一致)。

④口呼(说出手指物体状态)。

⑤放下(手臂自然放下)。

(3)组长根据手指口呼标准依次检查各组员动作是否规范并指出错误。

四、考核与评价标准

考核与评价标准见下表。

<table>
<tr><td>工作单</td><td colspan="4">手指口呼</td></tr>
<tr><td>说明</td><td colspan="4">教师按考核内容对学生逐一进行考核</td></tr>
<tr><td>班级</td><td></td><td>姓名</td><td colspan="2"></td></tr>
<tr><td>学习小组</td><td></td><td>考核时间</td><td colspan="2"></td></tr>
<tr><td>序号</td><td colspan="2">考核内容</td><td>分值</td><td>得分</td></tr>
<tr><td>1</td><td colspan="2">着装规范</td><td>10</td><td></td></tr>
<tr><td>2</td><td colspan="2">坐姿规范</td><td>15</td><td></td></tr>
<tr><td>3</td><td colspan="2">站姿规范</td><td>15</td><td></td></tr>
<tr><td>4</td><td colspan="2">手指动作规范(操作5次)</td><td>30</td><td></td></tr>
</table>

续上表

序号	考核内容	分值	得分
5	口呼内容正确(操作5次)	30	
合计		100	
指导老师意见			
完成人签字			
指导老师签字			

班级：__________ 姓名：__________ 小组：__________ 日期：__________

任务2.2 实施与评价 实践工作单2 静态检查

一、实践目标

(1)掌握列车处于可服务状态的标准；
(2)掌握列车整备作业巡视路线；
(3)掌握列车整备作业静态检查项目；
(4)掌握列车整备作业各项目的检查标准；
(5)能在规定的时间内熟练完成列车静态检查；
(6)培养严谨、认真、一丝不苟的工作态度和不怕苦、不怕累的精神。

二、工具与器材

列车模拟驾驶器、手电筒、手持无线电台、标签贴纸、检查表单等。

三、实操步骤

3人一组，分配列车司机、标签撰写人员、考核员的角色。列车司机手指口呼对列车进行静态检查，标签撰写人员将列车司机口呼内容撰写下来并贴在对应位置，考核员根据列车司机口呼内容在考核表上依次进行记录。检查结束后三人一起核对，核对结束后三人可交换角色再次练习。

列车静态检查主要包含以下内容：
(1)检查停车股道、车型、车号；
(2)检查接触轨(接触网)开关柜闸刀位置；
(3)检查车辆两侧及车下检修沟；
(4)检查有无异物侵入车辆限界；
(5)检查有无异物妨碍接触轨(接触网)送电；
(6)检查转向架机械走行部；
(7)检查基础制动装置；
(8)检查车底各吊挂部件；
(9)检查电气箱锁闭装置；
(10)检查风管路塞门；
(11)检查各部件紧固螺钉；
(12)检查车体外观；
(13)检查客室各设备状态；
(14)检查两端驾驶室操纵台各开关按钮位置；
(15)检查两端驾驶室设备柜内各开关位置。

四、考核与评价标准

考核与评价标准见下表。

<table>
<tr><td>工作单</td><td colspan="4">静态检查</td></tr>
<tr><td>说明</td><td colspan="4">教师按考核内容对学生逐一进行考核</td></tr>
<tr><td>班级</td><td></td><td>姓名</td><td colspan="2"></td></tr>
<tr><td>学习小组</td><td></td><td>考核时间</td><td colspan="2"></td></tr>
<tr><td>序号</td><td colspan="2">考核内容</td><td>分值</td><td>得分</td></tr>
<tr><td>1</td><td colspan="2">按规定着装,领取手电筒</td><td>5</td><td></td></tr>
<tr><td>2</td><td colspan="2">确认停车股道、车型、车号</td><td>5</td><td></td></tr>
<tr><td>3</td><td colspan="2">确认接触网(接触轨)开关柜闸刀位置</td><td>失格</td><td></td></tr>
<tr><td>4</td><td colspan="2">确认车辆两侧及车下检修沟</td><td>5</td><td></td></tr>
<tr><td>5</td><td colspan="2">确认无异物入侵车辆限界</td><td>5</td><td></td></tr>
<tr><td>6</td><td colspan="2">确认无异物妨碍接触轨(接触网)送电</td><td>10</td><td></td></tr>
<tr><td>7</td><td colspan="2">确认转向架机械走行部</td><td>5</td><td></td></tr>
<tr><td>8</td><td colspan="2">确认车底各吊挂部件</td><td>10</td><td></td></tr>
<tr><td>9</td><td colspan="2">随意触摸车底各吊挂部件</td><td>失格</td><td></td></tr>
<tr><td>10</td><td colspan="2">确认基础制动装置</td><td>5</td><td></td></tr>
<tr><td>11</td><td colspan="2">确认电气箱锁闭装置</td><td>5</td><td></td></tr>
<tr><td>12</td><td colspan="2">确认风管路塞门</td><td>5</td><td></td></tr>
<tr><td>13</td><td colspan="2">确认各部件紧固螺钉</td><td>5</td><td></td></tr>
<tr><td>14</td><td colspan="2">确认车体外观</td><td>5</td><td></td></tr>
<tr><td>15</td><td colspan="2">确认客室各设备状态</td><td>10</td><td></td></tr>
<tr><td>16</td><td colspan="2">确认两端驾驶室操纵台各开关按钮位置</td><td>10</td><td></td></tr>
<tr><td>17</td><td colspan="2">确认两端驾驶室设备柜内各开关位置</td><td>10</td><td></td></tr>
<tr><td colspan="3">合计</td><td>100</td><td></td></tr>
<tr><td>指导老师意见</td><td colspan="4"></td></tr>
<tr><td>完成人签字</td><td colspan="4"></td></tr>
<tr><td>指导老师签字</td><td colspan="4"></td></tr>
</table>

注:本书中考核与评价标准中“失格”表示若未进行此项,直接判定为不及格。

班级：__________ 姓名：__________ 小组：__________ 日期：__________

任务 2.2 实施与评价 实践工作单 3 动态试验

一、实践目标

(1)掌握列车启动作业标准程序；

(2)掌握列车上电后巡视检查重点项目；

(3)掌握列车制动试验标准程序；

(4)掌握列车开关门试验流程；

(5)理解除制动试验和开关门试验外列车动态试验的主要项目和方法；

(6)能在规定的时间内熟练完成列车动态试验；

(7)培养严谨、认真、一丝不苟的工作态度和不怕苦、不怕累的精神。

二、工具与器材

列车模拟驾驶器、400M 电台、800M 电台、手套、手电筒、手持电台、笔等。

三、实操步骤

(1)两人一组，分配列车司机和考核员两个角色。

(2)对列车模拟驾驶器上电。

(3)列车司机进行动态试验，考核员将列车司机试验内容与考核表内容进行核对。列车司机动态试验包含如下内容：

①确认网压表(地铁网压一般为750V 或1500V)和闭合蓄电池(110V)状态；②确认各仪表、指示灯状态；③确认列车 HMI 显示状态；④闭合 SIV 开关；⑤确认 SIV 启动，输出电压为360～399V，输出频率为49～51Hz；⑥闭合空气压缩机启动开关；⑦闭合客室照明、辐流风机开关；⑧锁好驾驶室门，对列车两侧进行上电后巡视(确认车底电气设备箱无异声、异味)；⑨巡视完毕后回到出车辆基地端驾驶室，进行试灯试验；⑩确认 HMI 上空气压缩机运转状态(总风压低于 0.45MPa 时停放制动施加，低于 0.6MPa 时紧急制动施加，低于 0.75MPa 时两台空气压缩机同时工作，压力为 0.75～0.9MPa 时一台空气压缩机工作)；⑪确认 HMI 车门显示状态；⑫确认 HMI 网压电流显示；⑬检查 HMI 牵引/制动级位显示；⑭进行前照灯、电笛试验；⑮检查制动气缸(brake cylinder，BC)压力(除去电制动的纯空气制动压力)显示；⑯确认母线状态、显示；⑰进行强迫泵风试验；⑱操纵手柄进行制动、缓解试验；⑲操纵手柄进行警惕开关试验(参数取牵引 4 级至制动 3 级之间。松开警惕开关列车开始紧急制动)；⑳进行紧急停车按钮试验(按下按钮后顺时针旋转按钮复位，将操纵手柄拉至紧急位再回至其他级位进行紧急制动缓解)；㉑回到出车辆基地端驾驶室后，检查 HMI 显示状态，点击 info 按钮试闸，检查红蓝网状态；㉒分别进行列车两侧车门开关门试验；㉓进行列车广播试验，检查电台状态；㉔锁好驾驶室门，检查客室，进入非出车辆基地端驾驶室进行试验；㉕回到出车辆基地端驾驶室，闭合复位按钮，鸣笛，进行列车牵引试验。

四、考核与评价标准

考核与评价标准见下表。

工作单	动态试验			
说明	教师按考核内容对学生逐一进行考核			
班级		姓名		
学习小组		考核时间		
序号	考核内容		分值	得分
1	按规定着装,领取手电筒		5	
2	确认网压表,启动蓄电池		5	
3	确认各仪表、指示灯状态,HMI 显示状态		5	
4	启动 SIV,确认输出电压为 360 ~ 399V,输出频率为 49 ~ 51Hz		5	
5	开启空气压缩机、客室照明等		5	
6	锁好驾驶室门,对列车两侧进行上电后巡视		10	
7	出车辆基地端驾驶室进行试灯试验		5	
8	确认 HMI 上空气压缩机运行状态、HMI 车门显示状态、网压电流显示情况		10	
9	操纵手柄进行制动、缓解试验		10	
10	操纵手柄进行警惕开关试验		5	
11	进行紧急停车按钮、强迫泵风试验		5	
12	检查 HMI 显示状态,点击 info 按钮试闸,检查红蓝网状态		5	
13	对两侧车门进行开关门试验各两次(观察 HMI 及列车外部两侧门指示灯,确认门开关状态)		10	
14	进行列车广播试验		5	
15	进行非出车辆基地端驾驶室试验		失格	
16	进行列车牵引试验		10	
合计			100	
指导老师意见				
完成人签字				
指导老师签字				

任务 2.3　车辆基地作业

任务导入

城市轨道交通线路越长，客流量越大，需要的车次就越多。城市轨道交通线路上密集运行的列车，它们是从哪里出来的呢？运营结束后它们又将回到哪里去呢？

车辆基地是列车停放、日常保养、检修的所在地，同时还具备列车救援、综合办公、材料供应等重要功能，如图 2-21 所示。当列车结束运营或出现特殊状况时，都会返回车辆基地，进行“体检”或“治疗”，为安全运营做准备。

图 2-21　上海川沙车辆基地
（停放轨道交通 2 号线列车）

车辆基地作业项目包括列车进、出调度，保养，检修，洗车作业等。车辆基地调度员应根据运营时刻表、施工行车通告和调度命令的要求，组织足够数量、状态良好的列车上线运行。

（摘编自：上观网，2022 年 10 月 25 日）

任务准备

引导问题 1　列车司机是如何将列车开出或开入车辆基地的？

引导问题 2　列车在车辆基地运行应注意哪些问题？

引导问题 3　车辆基地有哪些功能呢？

知识准备

2.3.1　列车驾驶模式

一、驾驶模式分类

不同厂家生产的列车在驾驶模式的定义上略有差异。常见的驾驶模式有 ATO 模式、SM 模式、RM 模式、URM 模式和自动折返模式（automatic return mode，AR 模式）5 种。

1. ATO 模式

ATO 模式是级别最高的驾驶模式，也是列车司机使用最多的驾驶模式。列车在该模式下由 ATS 及 ATO 系统控制，并受到 ATP 系统的监督和限制。在列车进路已设置完毕、车门及站台门已关闭、列车接收到推荐速度的条件下，列车司机可操作列车进入 ATO 模式。在 ATO 模式下,列车的加速、惰行、制动、精准停车、开关门及折返等所有运行指令都通过信号系统与通信系统提供给列车牵引和制动系统。

2. SM 模式

SM 模式即 ATP 监控下的人工驾驶模式。SM 驾驶模式的实现条件等同于 ATO 模式的实现条件,优先级仅次于 ATO 模式。列车在该模式下由司机人工驾驶,其最高速度受到 ATP 系统的限制。该模式适用于点式 ATP 系统。在列车进路已设置完毕、车门已关闭、列车接收到推荐速度的条件下,司机可操作列车进入 SM 模式。

3. RM 模式

RM 模式即 ATP 限速下的人工驾驶模式,在该模式下,列车运行速度不能超过 25km/h,一旦超过,将触发列车紧急制动。当正线轨旁信号设备故障时列车将处于 RM 模式;车辆段内列车运行也处于 RM 模式。

4. URM 模式(NRM 模式)

URM 模式即非限制人工驾驶模式,该模式下列车切除了 ATP 监控,列车速度完全由司机人工掌控(但超过列车设计速度时列车会进入紧急状态),司机按地面信号机的显示信号或行车调度员命令驾驶列车。该模式一定要在行车调度员同意后才能执行,一般在车载 ATP 设备故障时采用。

5. AR 模式

AR 模式即自动折返模式,也是在 CBTC 功能下实现的列车无人自动折返驾驶模式。列车在该模式下,终点折返站的折返作业由车载信号负责安全和自动运行。列车在折返前,折返进路已设置完毕、车门及站台门已关闭,司机在驾驶室内设置列车为 AR 模式后,按下安装在站台的无人自动折返按钮(automatic turn-back button,ATB),列车将进行无人自动折返驾驶。AR 模式仅在具备自动折返条件的折返站才能使用。

各种驾驶模式的特性与运用见表 2-8。

某城市轨道交通公司各种驾驶模式的特性与运用 表 2-8

模式	基本特性	运用
ATO	该模式自动控制两站间的列车运行。 列车司机负责监督 ATP/ATO 的显示,列车运行状态,通过的轨道、道岔和信号设备的状态,必要时进行人工干预	地铁正线的正常运营方式
SM/PM	列车运行由列车司机控制,列车的运行速度受 ATP 监控,如果列车的速度超过了 ATP 允许的速度,则会产生紧急制动而停车。 列车司机负责驾驶列车,监督 ATP 的显示	ATO 系统故障(但车载和轨旁的 ATP 设备良好)时降级运营
RM	列车运行由列车司机控制,列车运行速度不能大于 25km/h,如果超过,则会产生紧急制动而停车。 列车司机负责列车运行安全	列车在车辆段范围内运行(试车线除外),或联锁、轨道电路、轨旁 ATP 设备、列车 ATP 天线发生故障及紧急制动后运行

续上表

模式	基本特性	运用
URM/NRM	该模式需要使用 ATP 开关,使用前必须经过批准和登记。 列车运行由列车司机控制,没有限制速度监督	车载 ATP 设备故障或联锁设备故障后采用降级的行车组织办法时
AR	该模式自动控制列车折返,列车司机可以不在列车上及不干预列车折返作业。 列车司机负责检查并确认自动折返前乘客已经下车,车门已经关闭,然后操作位于站台端墙处的自动折返按钮	在设有自动折返功能的折返站计划采用的方式

二、驾驶模式切换

一般情况下,正线行车采用 ATO 模式、SM 模式;紧急情况或者其他导致列车暂时收不到速度码时使用 RM 模式;终点站折返时可使用 AR 模式;ATP 设备或轨旁信号设备故障时,经行车调度员允许后,可以采用 URM 模式。列车司机在运行途中需改变驾驶模式时,必须有行车调度员的授权才能操作。

1. ATO-SM 模式转换

在 ATO 模式下,主控手柄从"0"位置移出,操作模式就从 ATO 模式转变到 SM 模式。ATO 模式条件满足时,在驾驶的任何时候将主控手柄移到"0"位置,按下 ATO 启动按钮,操作模式就从 SM 模式转变到 ATO 模式。

2. RM-SM 模式转换

如果列车接收到有效的与列车有关的 ATP 报文(速度码),则可以从 RM 模式转变到 SM 模式。如果列车因为故障或在车辆基地内无法接收到有效的与列车有关的 ATP 报文(速度码),则可以通过驾驶模式选择开关使列车从 SM 模式转换到 RM 模式。

3. URM-RM 模式转换

URM 模式是当车载 ATP 设备故障或联锁设备故障时采用的故障运营模式,使用前必须经过批准和登记,需要使用 ATP 开关。列车停止,ATP 开关由"关"切换到"开"位置,且 ATP/ATO 模式已成功启动,列车就可以从 URM 模式转变到 RM 模式。

2.3.2 出车辆基地作业

一、出车辆基地时机

(1)列车整备作业完毕后,列车司机在司机报单上填上车组号、列车车号、列车车次等,然后联系信号楼值班员,报告列车整备完毕。

(2)确认停车库门开启到位,在驾驶室等候出车辆基地调车信号机开放。

(3)当出车辆基地调车信号机开放(显示灯光由红灯变为白灯),列车司机手指确认并呼唤出车辆基地调车信号及停车库门开启到位后，使用车载电台与信号楼值班员联系，得到准许后方可出车辆基地。

某地铁列车司机与信号楼值班员联控用语示例见表2-9。

某地铁列车司机与信号楼值班员联控用语示例 表2-9

顺序	角色	口呼内容
1	列车司机	信号楼，××次××车×道×段整备作业完毕
2	信号楼值班员	××次××车×道×段整备作业完毕，车辆段信号楼明白
3	信号楼值班员	（排好进路后）××道××段至CD1/CD2信号好，××次××车司机确认安全后凭地面信号显示动车
4	列车司机	××次××车，××道至CD1/CD2信号好，司机确认安全后凭地面信号显示动车，司机明白

角色扮演

两人一组，分别扮演列车司机和信号楼值班员角色，进行列车出车辆基地时列车司机与信号楼值班员联控的练习。

二、作业流程

(1)列车司机得到车辆基地信号楼值班员出车辆基地的准许。

(2)动车前确认列车两侧无人、无物侵限后，列车司机站在座椅左边，手指口呼确认“出库信号白灯好”“道口安全”。

(3)动车前鸣笛一长声，以RM模式动车，注意车辆基地内运行速度不得超过3km/h。

(4)运行至停车库门前一度停车，手指口呼“库门开启”“道口安全”“出库信号白灯好”。

(5)鸣笛一长声，以RM模式动车，列车尾部未出清库内线路时严禁提速。

知识拓展

人工驾驶模式下，列车司机应凭出车辆基地调车信号机显示的白色灯光，人工驾驶列车出车辆基地。具备ATO系统的车辆基地，一般设置黄-白-红三显示出车辆基地信号机，可以凭借黄灯(列车进路)或白灯(调车进路)信号引导列车以ATO模式出车辆基地。

(6)列车运行至平交道前一度停车。

(7)确认信号显示及道岔位置正确后，鸣笛一长声，以RM模式再次动车出发。

知识拓展

一度停车，又称一旦停车，是指一切机车车辆运行至此时都需要停车，确认道岔和进路没问题后，方可继续运行。

(8)按照规定速度(不超过25km/h)运行，运行中加强瞭望，遇到信号机及道岔需进行手指口呼，发现异常应立即采取紧急措施。

(9)按规定速度运行至转换轨出车辆基地信号机前一度停车，闭合各负载开关(如母线控制开关、电制动开关、客室照明开关、通风空调开关等)。

(10)列车司机将列车驾驶模式升级为正线运行所规定的模式；同时，将车载无线电台调至正线组，将800M电台调至行车组。

(11)观察出车辆基地信号机显示及发车计时器(train depart timer，TDT)时间提示，信号机开放绿灯后，对出车辆基地信号机信号及车载授权速度码进行呼唤确认，启动列车进入正线运营(采用站间自动闭塞法行车时该信号机为闪动绿灯)。

出车辆基地作业流程如图2-22所示。

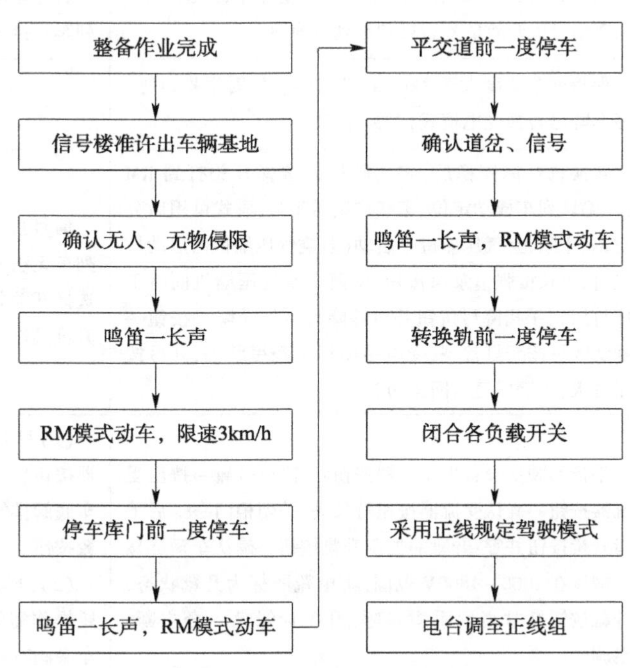

图2-22 出车辆基地作业流程

注意

列车在车辆基地运行或作业时，必须断开母线控制开关(避免列车联通车辆基地内未送电区域)，只闭合SIV开关、空气压缩机开关。

不同城市轨道交通公司列车出车辆基地作业存在差异。表2-10为某地铁公司列车出车辆基地作业程序。

某地铁公司列车出车辆基地作业程序 表 2-10

作业项目	作业步骤	备注
出车辆基地准备	按列车整备作业程序整备完毕,符合上线运营要求→确认驾驶模式选择开关在风险缓解功能(risk mitigation function,RMF)位置→确认门模式开关在“半自动”位→检查平交道口线路状况良好→联系信号楼,使用标准用语:××次××车××道整备作业完毕,制动试验良好,防护已撤除	由B段调车到A段的出车辆基地列车,先在A段对标停车,确认平交道口线路状况良好
车辆基地内动车	接到信号楼通知:××次××车××道往转换轨×道出车辆基地信号黄灯好,可以动车,到转换轨注意降弓升靴,请复诵。 出车辆基地进路已排列好后确认出车辆基地方向,正确复诵并在客车状态记录卡上“出车辆基地方向”打钩,确认列车前方平交道口无人、无障碍物,手指出车辆基地信号机并确认其显示正确后,口呼:车辆基地信号黄灯好。 鸣笛动车→停车库门前一度停车→手指口呼车辆基地信号机并确认显示正确→启动列车→沿途确认道岔正确	车辆基地总发车信号机前的联控用语:×总信号机前的××次司机,×总往转换轨×道出车辆基地信号黄灯好,可以动车,到转换轨注意降弓升靴,请复诵
	列车在XZ1/XZ2信号机前必须一度停车,确认XZ1/XZ2信号机开放信号后再动车到转换轨	若停车场无总发车信号机,列车直接至转换轨停车
	保持列车速度大于3km/h,进入转换轨时手指口呼:停车降弓转换受电模式,对标停车	
转换受电模式	转换轨对标停稳后,将驾驶模式选择开关打到RM位,确认列车成功定位、车载控制器正常、模式可用后分空调、主断、空气压缩机不启动(若空气压缩机需启动打风时,可长按强迫泵风按钮,使两个空气压缩机同时工作打风),手指降弓按钮并口呼降弓→按压降弓按钮→确认降弓按钮灯常亮、受电弓图标为降弓状态,升弓按钮灯灭,车辆屏显示网压为0	信号屏显示模式不可用时列车无法升靴,需将驾驶模式选择开关打RMF位后再执行升靴操作
	手指驾驶室设备柜受流器按钮呼:降弓升靴→按压受流器按钮→确认受流器按钮灯长亮,关闭柜门→8s后手指升靴按钮并呼:升靴→按压升靴按钮→确认车辆屏显示网压在1000~1800V范围,集电靴图标为升靴状态、升靴按钮灯常亮后手指口呼:升靴标绿色→合主断、空调	(1)弓靴转换时:按压受流器按钮后,需隔8s以上或听到车底阀排气声2s后,再操作升靴按钮。 (2)升降靴操作:升靴与降靴操作需间隔8s以上或听到车底阀有排气声2s后,再进行切换操作
	列车司机降弓升靴后关闭通道门、驾驶室照明(避免视频反光影响监控效果),打开手持台拨通对应轮值人员手持台号码进行视频通话	
	建立通话后列车司机将手持台的摄像头调转到后置摄像头,并将摄像头对准车辆屏口呼:××次××车在××车辆基地转换轨×已经降弓升靴,请确认设备状态	

续上表

作业项目	作业步骤	备注
转换受电模式	轮值人员接通视频后确认对应值班人员正确，指引列车司机对焦车辆屏画面，确认车辆屏对应的2个受电弓图标为白色、12个集电靴图标为绿色后复诵：已确认降弓升靴，完毕。对弓靴监控表格进行打钩确认	
	列车司机复诵：完毕	

角色扮演

两人一组，分别扮演列车司机和信号楼值班员角色，利用模拟驾驶器进行列车出车辆基地作业。

三、注意事项

(1)列车出车辆基地过程中，列车司机应认真确认信号显示及道岔位置是否正确，运行线路是否存在侵限的风险。若发现异常，应及时停车汇报。

(2)列车在出车辆基地的转换轨出车辆基地信号机前按规定位置停车，闭合各负载开关(母控制线开关、电制动开关等)，将列车驾驶模式升级为正线默认模式或行车调度员要求的驾驶模式，凭信号屏的目标速度显示及出车辆基地信号机的绿色灯光显示进入正线运行。若列车未收到正线信号或驾驶模式升级失败，及时联系行车调度员，按其指示办理。

(3)在隧道线路驾驶列车时，进入隧道前须鸣笛。

(4)列车进行出停车库门探头作业时(图2-23)，车辆基地内调车进路及调车信号由远及近开放，列车司机须确认信号确为本列车股道所开放。

(5)在地面线路驾驶列车时，列车司机要密切关注线路供电系统情况，若发现异动或异响，应立即停车报车辆基地调度员，并按照其指示执行。

图2-23　列车出停车库门探头作业

(6)列车在出车辆基地信号机前(转换轨处)等待信号时，若在规定时间未开放信号，列车司机应及时联系行车调度员确认情况。人工驾驶列车运行至出车辆基地信号机前时，列车司机应注意停车位置准确，避免影响正线地面信号接收而造成列车驾驶模式升级失败。

(7)列车司机须熟记出车辆基地线路，掌握好列车牵引与制动的时机。

(8)在平交道口、一度停车处，列车再次启动时须先鸣笛再动车。

2.3.3 回车辆基地作业

一、回车辆基地时机

列车回车辆基地表示列车已完成运营任务或因设备故障无法继续投入运营。回车辆基地列车在终点站进行清客。列车司机确认客室无人员遗留后关门、关客室照明及空调，动车前将门模式开关转至“手动”位并手指口呼，手指口呼确认出站信号机开放、道岔位置正确后回车辆基地，按线路允许速度运行至转换轨处一度停车，通过车载电台与信号楼联控。某地铁列车司机与信号楼值班员联控用语示例见表2-11。

某地铁列车司机与信号楼值班员联控用语示例 表2-11

顺序	角色	内容
1	列车司机	信号楼，××车在转换轨××道停稳
2	信号楼值班员	××车在转换轨××道停稳，车辆段信号楼明白
3	信号楼值班员	（排好进路后）转换轨××道至××道××段入场信号好，××车司机确认安全后凭地面信号显示动车
4	列车司机	转换轨××道至××道××段入场信号好，司机确认安全后凭地面信号显示动车，××车司机明白
5	列车司机	（列车停好后）车辆段信号楼，××车在××道（××段）停稳
6	信号楼值班员	××车在××道（××段）停稳，车辆段信号楼明白

角色扮演

两人一组，分别扮演列车司机和信号楼值班员角色，进行列车回车辆基地时列车司机与信号楼值班员联控的练习。

二、回车辆基地流程

（1）在终点站清客作业完毕后，列车司机凭信号屏的目标速度显示驾驶列车回车辆基地，列车运行时应注意观察信号机的显示情况。

（2）列车运行至回车辆基地信号机（转换轨）前一度停车，将主控手柄拉至常用制动位并断开母线控制开关、电制动开关、列车空调或供暖开关等，只保留辅助逆变器及空气压缩机工作。

（3）驾驶模式转为RM模式，将800M电台调至车辆段频率。

（4）与信号楼值班员执行互通制度后，凭地面调车信号机显示的黄色灯光并确认回车辆基地信号机开放后，列车司机站在座椅左侧用左手手指口呼：列车信号黄灯好，回××道××段。

注意

在车辆基地区段列车应以不超过25km/h的速度运行，注意地面调车信号显示和道岔状态，确认无人员及异物侵入限界，发现异常应果断采取措施。

(5)鸣笛动车后,关闭驾驶室灯,以 RM 模式按规定速度运行,沿途遇信号机及道岔需手指口呼。

(6)运行至平交道口一度停车。

(7)确认线路、平交道口无危及行车安全的人或物后手指口呼“道口安全”“库门好”。

(8)鸣笛动车,以 3km/h 的速度通过停车库门,以不超过 5km/h 的速度入停车库,在尽头线 20m 处,将列车速度降至 3km/h 以下,并按规定位置对标停车。

(9)列车停稳后施加停放制动、分高速断路器、报信号楼。

(10)携带好行车备品,下车后锁好驾驶室侧门。

列车回车辆基地作业流程如图 2-24 所示。

图 2-24　列车回车辆基地作业流程

知识拓展

列车司机在停车库对标停稳后,应进行如下操作:

(1)断开列车司机所在端驾驶室各负载开关(SIV、空气压缩机、蓄电池、车头前照灯、客室照明等);

(2)将主控手柄置于“紧急”位,方向选择开关置于“0”位,关闭主控开关并拔出钥匙;

(3)携带随车备品,从驾驶室通道门离开,并锁好驾驶室门;

(4)由车内返回尾端驾驶室,并对客室相关设备设施进行巡查;

(5)在尾端驾驶室插入激活钥匙,激活尾端驾驶室,关闭相关负载开关及客室照明、通风等,关闭 SIV、蓄电池,关闭主控开关并拔出钥匙;

(6)锁好尾端驾驶室门,向相关工作人员申请接触轨(接触网)断电;

(7)回到值班室进行交接工作。

角色扮演

两人一组，分别扮演列车司机和信号楼值班员角色，利用模拟驾驶器进行列车回车辆基地作业练习。

三、注意事项

(1)注意回车辆基地信号机显示颜色是否正确，若不正确，须与行车调度员及信号楼值班员确认进路。

(2)回车辆基地列车在转换轨信号机前一度停车时，列车司机须迅速将列车主控手柄拉至常用制动位，防止溜车产生紧急制动或定位丢失。

2.3.4 调车作业

一、定义及分类

在城市轨道交通运输生产过程中，除列车到达、出发、通过车站及在区间内运行外，凡机车车辆进行一切有目的的移动统称为调车，如出于解体、编组列车(图2-25)，摘挂、转场、整场、调移、取送车辆及机车的对位、转线、出入段等目的而使机车车辆在站线或其他线路上移动的作业。调车分为以下几类：

图2-25 编组列车

(1)转线调车：将列车或车辆从某一条线路转移到另一条线路的作业过程。

(2)编组调车：将单个车辆或单组车通过移动、连挂的方法组成一列车。一般在列车检修作业后运用。

(3)摘挂调车：为列车补轴、减轴、换挂车辆或摘挂车辆。

(4)解体调车：将一列车通过分解、移动的方法分开。一般在列车检修作业前运用。

(5)取送调车：将列车或车辆送到其他接驳的轨道上，或从接驳的轨道将列车或车辆调回本单位停车线的作业过程。

(6)其他调车：如车列或车组转场、车辆基地存车整理及机车放行等。

二、调车指挥及要求

(1)调车作业由车辆基地调度员统一指挥；调车命令分为调车作业单、调车受令单和车辆基地调度员口头命令。

(2)调车作业人员应按调车作业单、调车受令单进行调车作业；车辆基地调度员根据列车、轨道工程车、线路、设备检修计划和现场作业情况，科学、合理地编制调车作业计划，组织调车人员安全、及时地完成调车任务。

(3)信号楼值班员根据调车受令单和现场作业情况及列车、轨道工程车停放股道，正确、及时地排列调车进路、开放调车信号，做到随时监控车辆运行。

(4)进行调车作业的列车、轨道工程车司机应凭信号楼值班员命令、地面信号显示或调车员手信号动车,时刻注意确认信号,并不间断地瞭望。

(5)除收、发车作业外,信号楼值班员办理车辆基地内调车作业时,须排列长进路;若车辆基地内无法排列长进路,信号楼值班员需等待条件具备后,再进行排列操作。

三、调车作业计划

调车作业计划是进行调车作业的依据,包括作业车组号、作业线路、作业调车钩数及作业方法等内容。

知识拓展

调车作业"一钩"是指单机或机车连挂车辆由一股道到另一股道,并变更运转方向的调车作业。简单来说,每完成一个有目的的移动,就是一钩。如:摘车一次,甚至单机转线一次。

---

1. 调车作业计划的布置

通常,调车领导人以"调车作业单"来布置调车计划,但若一批作业(一张调车作业通知单)三钩以下时,允许以口头方式布置(包括使用无线电话传达);若一批作业包括三钩以上(不包括三钩)时,必须给出调车作业通知单。

2. 调车作业计划的交接

调车作业计划必须由调车领导人亲自交接给调车指挥人,若因设备原因亲自交接计划确有困难,或在设有调车作业单传输装置的车站,可按《车站行车工作细则》中对调车作业计划的规定交接。

3. 调车作业计划的传达

调车指挥人接收调车作业计划后,应根据计划内容及要求制订具体的调车作业方案,并将方案与注意事项亲自传达给列车司机及相关岗位人员。若调车指挥人亲自传达有困难时,可指派能胜任的其他调车人员传达,或按《车站行车工作细则》中对调车作业计划的规定传达。

四、注意事项

(1)列车凭自身动力调车时,列车司机需要主动询问客车的车辆状态:气制动阀(B09)是否切除、制动系统状态、车辆悬挂装置的状态、检修股道的线路是否侵限、是否放置了铁鞋(数量及位置)等,并听取车辆基地调度员布置的相关安全注意事项。

(2)列车凭自身动力调车的整备时间原则上为30min。列车司机必须严格按照调车整备作业程序检查、试验列车,特别是制动、牵引试验和B09状态检查;负责对所调动车辆股道线路、车辆走行部进行检查,全面负责车辆在车辆基地内运行的安全。

(3)动车前,确认动车"五要素"(进路、信号、道岔、车门、制动状况),运行中加强瞭望，严格按规定速度行车，确保调车安全。

(4)利用牵出线/转换轨转线时，严格按照三车、二车、一车距离手信号控制速度进入线路终端，调车进入牵出线、尽头线时需在“限速 3km/h”的标志牌前一度停车，将驾驶模式选择开关打到“慢行”位，以限速 3km/h 进行对标，对标停稳后将运行模式恢复“正常”位并与信号楼联控，联控用语为：××车在××停稳，驾驶模式选择开关恢复正常位。

(5)列车在牵出线/转换轨停稳后，列车司机报告车辆基地调度员换端。

(6)换端后列车司机确认车辆停在规定的进路防护信号机内，方可报告信号楼联系下一钩作业计划，得到动车指示，确认信号开放正确、道岔位置正确后方可使用激活开关动车。

(7)列车进出检修股道时，在停车库门前一度停车。列车司机确认线路无人、无物侵限后，以限速 5km/h 进出检修股道。

(8)调车作业中，列车司机在未得到车辆基地调度员“××道待令”的通知时，严禁擅自动车。列车司机动车前必须得到车辆基地调度员的“可以动车”通知，复诵并确认信号、道岔正确后再动车。

五、安全作业要求

(1)调车作业由车辆基地调度员单一指挥。车辆基地调度员应根据调车作业计划单和现场情况、机车车辆停放股道，正确、及时地排列调车进路、开放调车信号，做到随时监控机车车辆运行，干完一钩在调车作业计划单上划去一钩。

(2)调车司机应根据车辆基地调度员的信号准确、平稳地操纵列车，时刻注意确认信号，不间断瞭望，正确、及时地执行信号显示要求，负责调车作业安全。

(3)按调车信号机调车。月白色灯光：准许越过该信号机调车；蓝色灯光：不准许越过该信号机调车。当信号机的灯光熄灭、显示不明显或显示不正确时，应视为列车的停车信号。

(4)遇下列情况禁止调车：

①设备或障碍物侵入线路设备限界；

②列车转向架液压减振器被拆除并且空气弹簧无气；

③禁止两组机车或车辆同时在同一条股道上相对移动；

④机车车辆制动系统故障影响行车安全；

⑤有维修人员正在机车车辆上作业影响行车；

⑥机车车辆底部悬挂装置脱落；

⑦列车停放股道接触轨挂有接地线；

⑧货物装载、加固不符合相关规定；

⑨机车车辆两端车钩处挂有“禁止动车”警示牌。

(5)组织两列车在同一股道作业时，应先通知一列车在指定位置停机待令，向另一列列车司机布置安全注意事项及存车位置情况后，再开放防护信号机放行该列车到指定位置停放。

(6)在带电区段进行调车作业时，原则上作业人员不得下车。

(7)在机车车辆移动过程中，禁止下列行为：在平板车的侧板或端板、支架上坐立;站在车梯上探身过远;骑坐车帮,跨越车辆;进入线路内摘管或调整钩位;在机车前后端坐立;“飞乘飞降”。

(8)进行调车作业时:摘接风管、调整钩位、处理钩销时,应等待车辆、列车停稳,接收防护信号;摘车时,应执行一关前(关折角塞门)、二关后(关折角塞门)、三摘(摘风管)、四提钩的作业程序;调整钩位、处理钩销时,不得探身到两钩之间;须在停车时竖起闸杆,确认方套落下、月牙板关好、插销上好后使用折叠式手闸。注意检查手闸链条是否良好。

(9)禁止提活钩,禁止溜放调车作业。

(10)严禁排列短进路调车作业。

(11)调动无动力列车时,应确认气制动和停放制动全部缓解,运行中保持车辆主风缸风压不低于500kPa,低于500kPa时按规定泵风至定压或切除停放制动,与调车员加强联系,共同确认车辆制动状态。

(12)列车司机在线路上行走时,调车员应在两线路之间显示信号,并注意邻线的机车车辆。严禁在道心、枕木上行走,对有接触轨的线路必须在远离接触轨的一侧行走,禁止脚踏钢轨面、道岔连接杆、尖轨、接触轨等。横越线路时,应一停、二看、三通过,注意左右机车车辆的动态及脚下有无障碍物。横越停有机车车辆的线路时,先确认机车车辆暂无移动,然后在该机车车辆5m外通过。严禁在运行中的机车车辆前面抢越。不准在钢轨上、车底下、枕木上、道心里坐卧或站立,不准跨越地沟。

六、作业程序

(1)听取车辆基地调度员布置有关安全注意事项,确认现场是否出清,领取调车作业单并签名确认。

(2)在车辆基地调度员处理调车作业单后,到相应股道对列车进行整备作业,并报信号楼值班员;整备作业完毕后,与信号楼值班员确认调车进路已排列,动车前确认两侧无异物侵限、信号机开放及平交道口安全,方可鸣笛动车。

(3)进入牵出线进行调车作业时,须严格按照三车、二车、一车距离手信号控制速度,对标停车,停稳后施加停放制动,关主控钥匙并带齐行车备品换端。换端完毕后,联系信号楼确认下一钩作业计划情况,得到允许动车的指示后,激活操纵台,确认调车进路已排列、调车信号机开放后方可鸣笛动车。

(4)在停车库门口一度停车标前停车,确认道口安全后以限速5km/h动车入库。

(5)待列车对标停稳后,报告信号楼值班员,施加停放制动、关闭空调、分高速断路器、降受电弓后收车,带齐行车备品下车并将驾驶室侧门锁闭。

(6)向车辆基地调度员和段/场副队长汇报作业情况,上交调车作业单。

(7)其他规定参照《城市轨道交通行车组织规则》(JT/T 1185—2018)、车辆基地运作手册。

七、常见事故分析

调车作业是城市轨道交通运行的重要环节。调车作业安全是确保城市轨道交通安全运行的重要环节之一,它对提高城市轨道交通运行的效率,做好列车后勤保障,以及顺利实现列车的维修、检查、保养等有着十分突出的作用。

在调车作业中发生的事故称为调车作业事故。一般来说，调车作业事故分为撞、脱、挤、溜四种类型，即冲突、脱轨、挤岔、溜逸。调车作业事故发生的常见原因如下：

(1)调车作业计划不清或传达不彻底。调车作业计划是车辆基地调度员、调车司机等调车作业相关人员统一的行动计划。如果调车作业计划本身不明确，造成调车进路排错，机车车辆进错线路，或调车作业计划传达不彻底，造成车厂调度员及调车司机行动不一致，极易发生事故。

(2)作业前检查不彻底，准备不充分。调车作业前，必须按规定提前排风，摘解风管，核对计划，确认进路，检查线路、道岔和停留车辆情况；手闸制动时要选闸、试闸；铁鞋制动时要准备数量足够、良好的铁鞋。

(3)误排进路或未扳、错扳、临时扳动道岔或错误转动道岔。信号员误排进路或未扳、错扳、临时扳动或错误转动道岔，车辆基地调度员和调车司机不认真确认信号及道岔位置，极易造成冲突、脱轨和挤岔事故。

(4)调车手信号显示不标准。调车手信号显示不标准有三种情况：一是未按规定的要求显示信号，二是错过了显示信号的时机，三是错误地显示信号。上述情况都有可能导致事故的发生。

(5)前端无人引导推进运行或推进车辆不试拉。推进作业时，前端无人引导，使调车司机无法确认线路和停留列车情况，极易造成撞车和挤岔事故。推进车辆不试拉，一旦车辆中有假连接，制动或停车时车辆脱钩发生溜逸，也容易导致撞车、脱轨、挤岔和溜逸等事故。

(6)没按规定采取防溜措施。在线路上停放车辆时，若不按规定采取防溜措施，极易发生车辆溜逸事故。一旦车辆溜逸入区间，后果不堪设想。

2.3.5 洗车作业

一、定义及分类

洗车作业指对列车外部进行清洗，见图2-26，不包括对车厢内部进行清洁。

图2-26 洗车作业

洗车作业有手动和自动模式。正常洗车作业用自动模式，列车司机按洗车线地面信号机的显示和洗车机的信息提示洗车。自动模式分为自动清水洗和自动洗涤剂清洗。根据洗车作业的工作内容，洗车作业分为列车端洗和列车侧洗。

二、作业安全原则

(1)列车在进入洗车线前,列车司机联系洗车机工作人员,明确洗车方式(端洗或侧洗)。

(2)洗车线限速3km/ h(须选“慢行”位),严禁赶点及超速驾驶。

(3)严格按洗车线洗车信号机、调车信号机的显示及行车标志行车。

(4)洗车过程中列车司机须保持精力集中、不间断瞭望,密切留意洗车线路及设备状态,发现异常立即停车,报告信号楼值班员,再次动车前须得到信号楼值班员的同意并确认安全后方可动车。如取消洗车作业时,需联系信号楼值班员,按信号楼值班员指令执行。

(5)洗车过程中严禁后退,严禁反向运行。

(6)在洗车作业的全过程中严禁打开侧门或车窗,严禁探身车外,确保人身及行车安全。

(7)洗车过程中严禁使用刮水器。

知识拓展

列车端洗是指对列车两端驾驶室及两侧车体进行清洗。列车侧洗是指对列车两侧进行清洗。

某城市轨道交通公司的洗车机的主要设备采用室外单向通过式布置方式,列车的移动依靠列车本身动力,列车司机控制列车以3km/h的速度洗车。车辆的清洗分为清水清洗和洗涤剂(碱性)清洗两种,每班8h可清洗列车24列,每日最多可洗144辆四轴车。洗车机能清洗列车首尾车辆的端部和每辆车的外侧;有全自动控制与手动控制两种控制方式;有水循环系统和污水处理系统,能够循环使用清洗列车的水,减少洗车的用水量(每列车的清水耗量约为560mL)。洗车机一般设有多个紧急按钮。在紧急情况下,任何一个紧急按钮按下,整个洗车程序将立即停止。

洗车机的主要设备有预湿喷淋装置、洗涤剂洗刷装置、端头洗刷装置、水洗刷装置、后清洗喷淋装置、使用再生水或清水的最后清洗喷淋装置、控制系统、信息显示系统、水循环和污水处理系统。

三、作业程序

列车端洗作业流程如图2-27所示。

(1)收到列车洗车作业通知后,按规定复诵指令,确认信号、进路、道岔正确,凭信号动车,以规定的速度运行至洗车库外调车信号机前一度停车。

(2)确认列车门窗正常关闭,开启洗车模式。

(3)联系洗车值班员,得到同意进入洗车库通知,确认调车信号机、相应洗车信号机开放后,驾驶列车进入洗车库(限速3km/h)。

(4)驾驶列车至“前端洗停车位置”标志处对标停车,报告洗车值班员。洗车值班员开始进行列车前端清洗作业。

(5)列车前端清洗完毕后,根据信号指示,驾驶列车前行以清洗列车两侧,行至

"后端洗停车位置"标志处对标停车,报告洗车值班员。洗车值班员开始进行列车后端清洗作业。

(6)列车后端清洗完毕后,根据信号指示,驾驶列车行至"洗车结束"标志处对标停车。

(7)联系洗车值班员,待洗车值班员通知洗车结束后,结束洗车模式,联系信号楼值班员,根据列车运行计划及进路信号机显示,驾驶列车到指定地点停放。

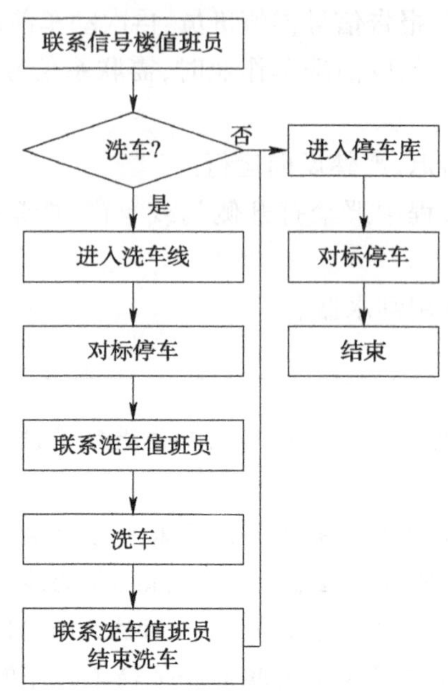

图 2-27 列车端洗作业流程

知识拓展

端洗一般 15 天左右一次,侧洗一般 7 天左右一次,不过不同的城市轨道交通公司对列车洗车作业的频率要求略有不同。此外,随着科技的发展,各城市轨道交通公司所用的洗车机也不同,列车洗车作业的流程及作业时间也存在差异。不过列车洗车作业时间一般在 20min 左右。

四、作业注意事项

(1)洗车作业时应集中精力,严格执行呼唤应答制度,确保洗车作业安全。

(2)在进行侧洗时,正常情况下洗车信号机均显示绿灯。列车司机在 1、2、3 洗车信号机前应一度停车,确认洗车信号机开放和设备无异常后,方可继续动车;若发现前方洗车信号机突变(绿灯变为红灯),应立即停车待令并报信号楼,按照信号楼值班员的指示行车。

(3)列车从进入洗车线至离开洗车机,"三位开关"始终保持在"慢行"位,列车通过洗车线时限速 3km/h。

(4)在洗车过程中,如不能按规定完成洗车作业时(含车头或车尾清洗失败),列车司机必须立即停车,马上联系信号楼,在得到信号楼的同意并确认洗车线无设备侵限后方可动车。

(5)列车进入洗车线后,原则上不得后退,特殊情况需后退时须经信号楼同意。后退时,列车司机必须换端操作列车。

(6)利用洗车线进行调车转线作业时,机车车辆原则上不准进入"禁止进入"防护标志牌防护区域;特殊情况需进入时应经洗车机工作人员同意后,限速 3km/h 进入。

事故案例

某日,一列车司机驾车驶回车辆基地,缓缓将列车开进洗车库内,按相关规定清洗列车。但在洗车过程中,列车司机把驾驶室的窗户摇下来,并将头和身体探出窗外。随后,他被洗车设备击中头部。事发后,该列车司机被甩出驾驶室,落在铁轨道上。不久,急救人员赶到现场,将该司机送至附近医院。经一个多小时的抢救,该列车司机最终不幸死亡。

事故原因分析:列车司机违章操作,未执行洗车作业相关规定,在洗车时未将玻璃窗关好并将头部伸出列车外是造成这次伤亡事故的主要原因。

城市轨道交通列车驾驶

班级:__________ 姓名:__________ 小组:__________ 日期:__________

任务 2.3 实施与评价 理论学习工作单

本工作单中,标“ * ”的题目为选做题。

一、不定项选择题(3 分 ×21 =63 分)

1. 每日运营前,列车出车辆基地需具备(　　)条件。

A. 列车无线电话和广播设备使用功能良好

B. 车载 ATC 设备日检正常、铅封良好

C. 车辆设备良好

D. ATS 表示正常

2. 列车出库时,司机应使列车头部越出车库门时一度停车,确认列车四周以及停车库门前平交道口的安全情况,然后以(　　)km/h 速度行驶出库。

A. 5　B. 10　C. 15　D. 20

3. 停车库内作业应以(　　)优先,其他作业不能影响列车出入停车库。

A. 调车作业　B. 检修作业　C. 接发列车　D. 洗车作业

4. 列车出入车辆基地内的驾驶模式采用(　　)。

A. ATO 模式　B. SM 模式　C. RM 模式　D. URM 模式

5. 列车在车辆基地范围内采用 RM 模式运行时,车载 ATP 系统提供(　　)km/h 的超速防护。

A. 15　B. 20　C. 25　D. 30

6*. 地铁线路中,车场线按照用途不同分为运用线和(　　)。

A. 安全线　B. 渡线　C. 存车线　D. 维修线

7*. 从标志的内容上看,不属于安全标志的是(　　)。

A. 禁止标志　B. 警告标志　C. 服务标志　D. 指令标志

8*. 百米标表示的意义是(　　)。

A. 正线每百米的距离　B. 正线每千米的距离

C. 正线每百米距该线路起点的长度　D. 正线每百米距该线路终点的长度

9*. 关于坡度标的说法,正确的是(　　)。

A. 设在线路坡度和变坡点处　B. 设在线路道心处

C. 标明其所指方向的上下坡坡度值　D. 标明坡道长度

10*. 警冲标应安设在至线路中心线的垂直距离为(　　)m 处。

A. 2　B. 1　C. 3　D. 4

11*. 联锁区分界标属于(　　)标志。

A. 信号　B. 警示　C. 线路　D. 设备

12*. 用以表示线路状态、道岔位置、站界、运行环境等的是(　　)。

A. 线路标志　B. 信号标志　C. 减速标志　D. 停车标志

13*. 下列轨旁指示标志中,属于线路标志的是(　　)。

A. 警冲标　　B. 限速标　　C. 曲线标　　D. 停车标

14*. 下列属于线路标志的有(　　)。

A. 百米标　　B. 曲线标　　C. 圆曲线始终点标

D. 缓和曲线始终点标　　E. 坡度标

15*. 警冲标设于两会合线路间距离为(　　)m 的中间。

A. 3　　B. 4　　C. 5　　D. 6

16*. 关于紧急停车徒手信号的描述,正确的是(　　)。

A. 紧握两拳头高举头上,拳心向里,两拳相碰数次

B. 两手臂高举头上,小臂左右摇动

C. 两手臂高举头上,向两侧急剧摇动

D. 单臂向列车运行方向上弧线做圆形转动

17. 车辆基地内调车作业时,列车司机要认真确认前方(　　),并做好手指口呼。

A. 车载信号　　B. 地面信号　　C. 车辆状态　　D. 运行计划

18. 调试作业遇(　　)情况时,列车司机有权停止作业。

A. 调试、试验指令违反相关安全规定或规章

B. 不具备动车条件

C. 调试、试验项目负责人不在现场

D. 危及行车安全(如有物体侵限、道岔位置不对等)

19. "司机发现邻线发生障碍,向邻线上运行的列车发出紧急停车信号时,邻线列车司机听到后,应立即紧急停车"。其所采用的音响信号描述正确的是(　　)。

A. 一长声　　B. 一长三短声　　C. 连续短声　　D. 三长声

20*. 在使用手信号时,白色灯光上下急剧摇动表示的是(　　)。

A. 减速手信号　　B. 停车手信号　　C. 连挂手信号　　D. 通过手信号

21. 回车辆基地进路上调车信号蓝灯视为(　　)。

A. 无效　　B. 减速运行　　C. 严禁越过　　D. 一度停车

二、判断题(2 分 ×6 = 12 分)

1*. 车辆基地出入线是从车辆基地到运营正线之间的连接线。(　　)

2*. 警冲标设于两会合线路间距离为 4m 的中间。线间距离不足 4m 时,设在两线路中心线最大间距的起点处。(　　)

3*. 列车停车标为白底红字,写有"停车位置"或"数码"的长方形板,其固定于车站线路一侧的墙壁上。(　　)

4*. 在车辆基地范围内指挥列车调车的信号以地面信号和调车专用电台为主,手信号旗(灯)为辅。(　　)

5*. 地下车站昼间使用信号旗,夜间使用信号灯。(　　)

6*. 列车在行驶中遇防护信号(或区间分界点信号机显示灯光)突变时,司机应果断采取停车措施。(　　)

三、思维导图(25 分)

请利用思维导图软件,根据自身学习和领悟绘制本任务思维导图以辅助记忆。

班级：__________ 姓名：__________ 小组：__________ 日期：__________

任务 2.3 实施与评价 实践工作单 1 列车出车辆基地

一、实践目标

(1)掌握列车出车辆基地的操作流程；

(2)掌握列车出车辆基地的安全规定；

(3)遵守列车在车辆基地内运行的一般规定；

(4)能准确、独立完成列车出车辆基地作业；

(5)能以列车司机的标准要求自己；

(6)谨记“安全第一”，培养严格按照标准化作业操作的习惯；

(7)培养严谨、认真、一丝不苟的工作态度和不怕苦、不怕累的精神。

二、工具与器材

模拟驾驶器、司机包、司机手账、操纵台激活钥匙、三角钥匙、四角钥匙、400M 电台、800M 电台、手电筒、轮值表、客车状态记录卡。

三、实操步骤

(1)列车司机按规定巡视、检查列车并进行试验，车辆技术状态应符合列车上线技术标准；

(2)列车出车辆基地前应确认停车库门开启到位并安全，人员处于安全位置；

(3)在规定出车辆基地时间前 10min，列车司机确认平交道口无人、无物侵限，鸣笛一长声，以 3km/h 的速度通过停车库门，将车头探出停车库门外，联系信号楼值班员，等待发车信号；

(4)列车司机确认出车辆基地信号开放后，对信号机进行呼唤确认，与信号楼联系执行互通制度，断开各负载开关(SIV、空气压缩机除外)，确认平交道口无人、无物侵限，鸣笛一长声，驾驶列车出车辆基地；

(5)由停车列检库各股道出车辆基地运行的列车，列车司机应凭出车辆基地调车信号机显示的白色灯光人工驾驶列车出车辆基地运行。具备自动驾驶信号系统的车辆基地，一般设置黄-白-红三显示出车辆基地信号机，列车司机可以凭借黄灯(列车进路)或白灯(调车进路)信号自动驾驶或人工驾驶列车出车辆基地(部分车辆段、停车场调车信号机为白-蓝两显示信号机，蓝灯等同于红灯)；

(6)列车在车辆基地运行应加强瞭望，不得以超过 25km/h 的速度运行，注意信号显示和道岔状态，确认无人、无物侵入限界，发现异常应果断采取措施；

(7)列车在车辆基地运行或作业时，必须断开母线控制开关(避免列车联通车辆基地内未送电区域接触轨)，只闭合 SIV 开关和空气压缩机开关；

(8)列车运行至道口处需停车，手指口呼“道口安全”，再鸣笛动车，不得以超过 25km/h 的速度运行；

(9)列车运行至转换轨绿-红两显示出车辆基地信号机前停车,闭合各负载开关(如母线控制开关、电制动开关、客室辐流风机开关、客室照明开关、通风空调开关、座椅电加热开关等);

(10)将列车驾驶模式升级为正线运行所规定的高级模式,确认车载电台通信区域由车辆基地区域变更为行车调度区域;

(11)观察出车辆基地信号机显示及发车计时器时间提示。信号机开放绿灯后,对信号机信号及车载授权速度码进行呼唤确认,启动列车进入正线运营(站间自动闭塞法行车时该信号机为闪动绿灯)。

四、考核与评价标准

考核与评价标准见下表。

工作单	列车出车辆基地		
说明	教师按考核内容对学生逐一进行考核		
班级		姓名	
学习小组		考核时间	
序号	考核内容	分值	得分
1	按规定着装	5	
2	确认停车库门开启到位,确认平交道口无人、无物侵限	10	
3	鸣笛,探头作业(限速 3km/h)	5	
4	与信号楼值班员联系,申请出车辆基地	10	
5	确认 SIV、空气压缩机开关闭合,母线、电制动、空调开关等断开	5	
6	信号机显示白灯后,手指口呼确认	10	
7	确认平交道口无人、无物侵限,鸣笛动车	5	
8	运行中遇到信号机、道岔进行手指口呼	10	
9	道口、一度停车处停车	10	
10	手指口呼“道口安全”,鸣笛动车	5	
11	超速发生紧急制动	失格	
12	转换轨处停车,闭合各负载开关	5	
13	将车载电台通信区域调至行车调度区域	10	
14	将驾驶模式切换为 ATO(SM/PM)模式	5	
15	凭行车凭证启动列车	5	
合计		100	
指导老师意见			
完成人签字			
指导老师签字			

班级：__________ 姓名：__________ 小组：__________ 日期：__________

任务2.3 实施与评价 实践工作单2 列车回车辆基地

一、实践目标

(1)掌握列车回车辆基地的操作流程；

(2)掌握列车回车辆基地的安全规定；

(3)遵守列车在车辆基地内运行的一般规定；

(4)能准确、独立完成列车回车辆基地作业；

(5)能以列车司机的标准要求自己；

(6)谨记“安全第一”，培养严格按照标准化作业操作的习惯；

(7)培养严谨、认真、一丝不苟的工作态度和不怕苦、不怕累的精神。

二、工具与器材

模拟驾驶器、司机包、司机手账、操纵台激活钥匙、三角钥匙、四角钥匙、400M 电台、800M 电台、手电筒、轮值表、客车状态记录卡。

三、实操步骤

(1)确认车门、站台门关闭，缝隙无异物，客室无乘客；

(2)凭行车凭证动车；

(3)运行中加强瞭望，遇信号机、道岔需手指口呼确认；

(4)在一度停车处停车，转换驾驶模式，将车载电台通信区域调至车辆基地区域；

(5)向车辆段信号楼申请入车辆基地，并复诵信号楼命令；

(6)鸣笛动车，采用 RM 模式以不超过 25km/h 速度运行；

(7)列车运行至停车库门前平交道口处停车。手指口呼“道口安全”再鸣笛动车，不得以超过 25km/h 的速度运行；

(8)库内对标停车；

(9)施加停放制动，断开各负载开关；

(10)联系信号楼，标准用语：××次××车在××道停稳，已做好防溜，门模式开关在“自动”位；

(11)填写客车状态记录卡；

(12)确认车辆屏显示空气压缩机图标为停止状态，关闭蓄电池，收齐备品下车。

四、考核与评价标准

考核与评价标准见下表。

<table>
<tr><td>工作单</td><td colspan="4">列车回车辆基地</td></tr>
<tr><td>说明</td><td colspan="4">教师按考核内容对学生逐一进行考核</td></tr>
<tr><td>班级</td><td></td><td>姓名</td><td colspan="2"></td></tr>
<tr><td>学习小组</td><td></td><td>考核时间</td><td colspan="2"></td></tr>
<tr><td>序号</td><td colspan="2">考核内容</td><td>分值</td><td>得分</td></tr>
<tr><td>1</td><td colspan="2">按规定着装</td><td>5</td><td></td></tr>
<tr><td>2</td><td colspan="2">确认车门、站台门关好，缝隙无异物</td><td>10</td><td></td></tr>
<tr><td>3</td><td colspan="2">运行中遇信号机、道岔需手指口呼确认</td><td>5</td><td></td></tr>
<tr><td>4</td><td colspan="2">一度停车处停车，转换驾驶模式，切换电台</td><td>15</td><td></td></tr>
<tr><td>5</td><td colspan="2">向信号楼申请入库</td><td>10</td><td></td></tr>
<tr><td>6</td><td colspan="2">鸣笛动车，限速 25km/h</td><td>5</td><td></td></tr>
<tr><td>7</td><td colspan="2">停车库门前平交道口处停车，手指口呼确认安全</td><td>5</td><td></td></tr>
<tr><td>8</td><td colspan="2">鸣笛动车，限速 25km/h</td><td>5</td><td></td></tr>
<tr><td>9</td><td colspan="2">停车库内对标停车</td><td>10</td><td></td></tr>
<tr><td>10</td><td colspan="2">施加停放制动</td><td>失格</td><td></td></tr>
<tr><td>11</td><td colspan="2">联系信号楼值班员</td><td>10</td><td></td></tr>
<tr><td>12</td><td colspan="2">填写客车状态记录</td><td>5</td><td></td></tr>
<tr><td>13</td><td colspan="2">确认车辆屏显示空压机图标为停止状态</td><td>10</td><td></td></tr>
<tr><td>14</td><td colspan="2">关闭蓄电池，收齐备品下车</td><td>5</td><td></td></tr>
<tr><td colspan="3">合计</td><td>100</td><td></td></tr>
<tr><td>指导老师意见</td><td colspan="4"></td></tr>
<tr><td>完成人签字</td><td colspan="4"></td></tr>
<tr><td>指导老师签字</td><td colspan="4"></td></tr>
</table>

班级：__________ 姓名：__________ 小组：__________ 日期：__________

任务 2.3 实施与评价 实践工作单 3 手信号展示

本实践工作单为选做内容。学生可在教师带领下复习手信号相关知识，完成实践工作单。

一、实践目标

(1)能够说出手信号的含义和类型；

(2)会用标准的动作表达昼间和夜间不同调车手信号；

(3)知道在不同时机用不同的鸣示方式表达不同的信号；

(4)谨记“安全第一”，培养严格按照标准化作业操作的习惯；

(5)培养严谨、认真、一丝不苟的工作态度和不怕苦、不怕累的精神。

二、工具与器材

地铁列车模拟驾驶器、信号旗、信号灯、音响设备。

三、实操步骤

(1)分组。2 ~4 人一组，一人演示，另一人发布手信号命令，两人观察(若有 4 人)。

(2)带好信号旗和信号灯至室外及室内较暗区域。

(3)根据不同的调车要求在昼间和夜间用不同的手信号表达，主要包含：①停车手信号；②紧急停车手信号；③减速手信号；④发车手信号；⑤通过手手信号；⑥引导手信号；⑦降弓手信号；⑧升弓手信号。

(4)利用地铁模拟驾驶器或其他音响设备，根据不同的列车工作项目正确地鸣笛，主要包含：①启动注意信号；②退行信号；③召集信号；④呼唤信号；⑤警报信号；⑥试验制动机复示信号；⑦缓解信号；⑧紧急停车信号。

四、考核与评价标准

考核与评价标准见下表。

<table>
<tr><td>工作单</td><td colspan="3">手信号展示</td></tr>
<tr><td>说明</td><td colspan="3">教师按考核内容对学生逐一进行考核</td></tr>
<tr><td>班级</td><td></td><td>姓名</td><td></td></tr>
<tr><td>学习小组</td><td></td><td>考核时间</td><td></td></tr>
<tr><td>序号</td><td>考核内容</td><td>分值</td><td>得分</td></tr>
<tr><td>1</td><td>按规定着装</td><td>5</td><td></td></tr>
<tr><td>2</td><td>能够正确说出手信号的含义和类型</td><td>15</td><td></td></tr>
<tr><td>3</td><td>能够正确表达昼间不同调车手信号</td><td>15</td><td></td></tr>
</table>

续上表

序号	考核内容	分值	得分
4	能够正确表达夜间不同调车手信号	15	
5	能够正确用徒手信号动作表达不同调车手信号	25	
6	能够在不同时机用不同鸣笛方式表达不同信号	25	
合计		100	
指导老师意见			
完成人签字			
指导老师签字			

班级：__________ 姓名：__________ 小组：__________ 日期：__________

任务 2.3 实施与评价 实践工作单 4 洗车作业

一、实践目标

(1)能够说出洗车过程及注意事项；

(2)能够按照规定进行列车洗车作业；

(3)能以列车司机的标准要求自己；

(4)谨记“安全第一”，培养严格按照标准化作业操作的习惯；

(5)培养严谨、认真、一丝不苟的工作态度和不怕苦、不怕累的精神。

二、工具与器材

列车模型、信号楼、洗车库。

三、实操步骤

(1)4 人一组，带好行车备品，对列车进行检查，完成列车门窗关好确认、信号绿灯开放确认、慢行模式确认、线路状态确认；

(2)根据信号灯指示完成列车洗车作业。

四、考核与评价标准

考核与评价标准见下表。

<table>
<tr><td>工作单</td><td colspan="4">洗车作业</td></tr>
<tr><td>说明</td><td colspan="4">教师按考核内容对学生逐一进行考核</td></tr>
<tr><td>班级</td><td></td><td>姓名</td><td colspan="2"></td></tr>
<tr><td>学习小组</td><td></td><td>考核时间</td><td colspan="2"></td></tr>
<tr><td>序号</td><td colspan="2">考核内容</td><td>分值</td><td>得分</td></tr>
<tr><td>1</td><td colspan="2">按规定着装</td><td>5</td><td></td></tr>
<tr><td>2</td><td colspan="2">能够全面清楚表述洗车过程中注意事项</td><td>25</td><td></td></tr>
<tr><td>3</td><td colspan="2">能够按规定操作列车回库洗车</td><td>30</td><td></td></tr>
<tr><td>4</td><td colspan="2">能够按照规定进行列车洗车作业</td><td>40</td><td></td></tr>
<tr><td colspan="3">合计</td><td>100</td><td></td></tr>
<tr><td>指导老师意见</td><td colspan="4"></td></tr>
<tr><td>完成人签字</td><td colspan="4"></td></tr>
<tr><td>指导老师签字</td><td colspan="4"></td></tr>
</table>

城市轨道交通列车驾驶

任务 2.4　正线作业

任务导入

列车正线作业包含区间驾驶作业和车站站台作业。列车司机应严格执行、遵守列车操作的各项规章制度,同时,还需要熟练运用各种列车驾驶模式来保证安全、平稳、正点运送乘客。列车进站对标停稳后,列车司机打开车门后出驾驶室,站立在站台黄色安全线以外的地方,以45°方向面向第一扇站台门确认站台门打开,手指口呼:站台门、车门打开(图2-28)。列车司机转身面对站台方向站直,抬头挺胸,观察站台侧站台门头灯亮灯情况、乘客上下车情况;临近发车倒计时时,关闭车门和站台门;确认车门和站台门间缝隙时需要跨半步确认,眼观缝隙,手指确认尾端软管灯显示完整,并手指口呼"缝隙安全"。

（摘编自:搜狐网,2018年6月27日）

图2-28　车站站台作业

任务准备

引导问题1　地铁列车司机站台立岗时需要做哪些动作?

引导问题2　地铁列车司机站台立岗时手指哪些设备?

引导问题3　为什么要进行站台立岗作业?

知识准备

2.4.1　列车运行规定

列车正线运行是列车司机完成运营任务的主要过程,也是列车司机工作内容中非常重要的一部分。安全是地铁运营的第一标准,也是列车运行永恒的主题。列车司机正线驾驶时应严格遵守、执行列车操作的各项规章制度,保证安全、正点、高效地运送乘客。为了减少和消除各类因素造成的不良后果,列车司机作为列车直接操纵者,在执勤时必须时刻牢记"安全第一、预防为主"的运营宗旨,牢记以下行车规定。

一、驾驶模式及列车运行速度

运营期间,正常情况下列车采用ATO模式驾驶,列车司机改变驾驶模式时须征得行车调度员授权后方可进行,同时严格按照《城市轨道交通行车组织规则》(JT/T 1185—2018)中规定的速度运行。

雨天、雾天等恶劣天气条件下进出洞口、高架线路时,列车司机报告行车调度员并确认相关行车凭证，采用 RM 模式驾驶，同时严格按照特殊气象及自然灾害专项应急预案规定速度控制好列车运行，避免列车空转、滑行或冲出停车标。

当需采用降级模式驾驶列车时，列车司机必须报告行车调度员并得到授权，同时严格按照《城市轨道交通行车组织规则》（JT/T 1185—2018）中规定的速度运行。

二、行车凭证

CBTC 模式下运行时，正常情况下列车凭车载信号目标距离、最大速度、发车信号，以 ATO/SM 模式运行。在后备模式下运行时，列车凭地面信号机的信号及车载信号发车信号，以 ATO/ATP 模式运行。两个车载控制器（vehicle on-board controller，VOBC）故障（VOBC 可用数为 0）时，列车司机必须报告行车调度员，凭地面信号机的显示以 URM 模式运行。信号联锁系统故障，采用电话闭塞法组织行车时，列车凭调度命令及路票行车。

三、运行要求

（1）列车司机须严格遵守《城市轨道交通行车组织规则》（JT/T 1185—2018）中相关规定操纵列车，根据运营时刻表掌握各站停车、开车时间及折返时间。

（2）在正线及进/出车辆基地线的运行速度按《城市轨道交通行车组织规则》（JT/T 1185—2018）执行，严格遵循线路允许速度和运营限制速度驾驶列车，在各区间限速标前按规定要求降速，严禁超速。

（3）列车司机要注意观察列车显示屏信息、各指示灯和仪表显示，平稳操纵，准确对标。

（4）列车司机与站台门操作员必须严格执行呼唤应答制度，加强瞭望，确保运行安全。遇危及行车或人身安全时，立即采取紧急停车措施。

（5）列车运行中，列车司机坚持不间断瞭望前方进路状态，发现线路、接触轨故障及其他轨旁设备损坏，须及时采取安全措施（如降速通过或停车确认）并报告行车调度员；当发现有障碍物侵限危及行车安全时，及时采取紧急停车措施（主控手柄拉到快速制动位、拍紧急停车按钮，如上述操作无效则施加停放制动），并报告行车调度员。

（6）列车触发紧急制动时，若为人工驾驶时产生的，列车司机确认安全后可以先动车或对标停车后再报行车调度员，否则待列车停稳后报行车调度员，并经同意后再动车。

（7）列车在区间发生故障时，列车司机应尽可能维持进站处理。遇故障列车需维持运行至终点站时，列车司机必须时刻确认列车运行状态，防止列车故障的进一步扩大。

（8）列车司机必须严格按照《城市轨道交通行车组织规则》（JT/T 1185—2018）规定的驾驶模式运行，严禁擅自改变驾驶模式。若遇特殊情况需要改变时，必须报行车调度员同意后才能操作。

（9）因信号系统故障列车在区间停车时，列车司机须主动与行车调度员联系，若连续 2 次（每次间隔 20 ~ 30s）无法联系行车调度员时，应立即采取紧急呼叫，必要时使用手机联系行车调度员。

（10）列车在后备模式下，越过显示红灯、引导信号的信号机时，列车司机必须得到行车调度员授权，在该信号机前一度停车，确认前方信号机状态及道岔位置正确后，转换成 RM 模式（或行车调度员授权 URM 模式）通过。

(11)列车在 CBTC 模式下，遇前方进路未开通时，列车司机须报行车调度员及车站并按其指示执行。

(12)列车司机须加强与行车调度员和车站联系，对于需经车站中转的行车指示或命令必须执行复诵制度，命令不清不准动车，严禁臆测行车。

(13)列车因故在站间退行时，必须得到行车调度员同意，沿途加强信号凭证及道岔确认，并在进站端墙一度停车，确认引导信号正确后方可进站停车。列车退行时，以牵引方式需限速 35km/h，而推进方式则限速 10km/h，且运行前方必须配备一名具备引导员资格的员工引导。

(14)列车在车站接到调度电话或车站的扣车指令或信号系统的扣车指令时，列车司机应将车门打开，在得到取消指令的通知、确认信号显示正确后按规定关门，并按谁扣停谁放行的原则执行。

知识拓展

“五做到、七禁止”是北京地铁规定的、在列车运行中列车司机应做到的各项标准，每名列车司机都应将其熟记于心。

五做到：

(1)精神集中，不间断瞭望，严格执行呼唤应答制度。

(2)严守速度规定。

(3)按规定鸣示信号。

(4)认真观察仪表和指示灯的显示，遇有显示不正常时，应查明原因，采取适当措施，绝不可贸然行车。

(5)遇有危及行车和人身安全时，应果断停车。

七禁止：

(1)探身车外(车长监护车门及站内运行时除外)。

(2)“飞乘飞降”。

(3)跨越车厢(有防护通道的车除外)。

(4)开门行驶(站内车长监护车门除外)。

(5)处理故障。

(6)往车外抛掷物体。

(7)开启头灯进站。

四、URM 模式注意事项

(1)严格确认有监控资格的人员上车，按照有关规定操纵列车，开关站台门和车门，做好人工广播报站，严禁盲目赶点。

(2)熟练掌握线路纵断面情况及各种线路标志、限速要求，严禁超速驾驶。

(3)列车通过道岔、信号机时，列车司机必须适当降低速度，认真确认其开放、位置正确后再按规定速度运行；在信号较难确认的车站、区间(如在曲线半径小于 400m 区间的信号机前应提前限速 25km/h)，列车司机应提前降低速度，直至能清楚确认信号显示状态后按规定的速度运行，确保采取紧急停车措施后列车可以在瞭望距离内停稳。

(4)严格按照行车凭证或行车调度员命令的要求行车，认真确认信号、进路、道岔。必须每两个区间与行车调度员确认一次进路情况及前方列车的位置。

(5)运行时要集中精力，加强瞭望，注意列车状态(包括操纵台各种指示灯、气压表、显示屏等)，确认线路状况。发现异常或遇到危及人身安全或行车安全的情况时，要立即采取紧急停车措施。

(6)对标停车后，严格执行"一确认、二呼唤，跨半步、再开门"的开关门作业程序，严禁简化开关门作业程序。严格执行与车控室联控并确认进路准备好后再关车门的制度。

(7)列车在站对标停稳，列车司机确认操纵台上的空气制动施加红色指示灯亮后，按规定打开站台侧的车门，开门后立岗站在站台与列车之间。当发生列车前溜、后溜情况时，列车司机停车。

事故案例

某日16:06，某地铁三号线0315次列车以ATO模式在五山站下行对标停稳后，列车司机立岗时，发现站台门实际上并未打开，立即再次按压开门按钮，并操作PSL盘，均无法打开站台门，随后列车司机通知车站人员协助。车站人员操作IBP盘仍无法打开站台门，于是车站人员手动解锁部分站台门上下客。16:09，行车调度员询问司机是否已上下客完毕，并通知司机关门。此时运营控制中心(operation control center，OCC)值班司机再次提醒司机等车站人员提供"好了"信号再关门。由于当时行车调度员手持电台、对讲机都有人在通话，司机误把"好了"信号听成"清客好了"信号，于是播放了清客广播。当广播放到一半时，司机意识到可能是自己听错，于是立即中断了广播，并通知车站不用清客。此时，部分乘客已经下车，随后被车站人员重新引导上车。

事故原因分析：当班的司机为两名刚配班上线的新司机，业务不熟，安全意识薄弱，在未收到清客命令的情况下，误把"好了"信号听成"清客好了"信号，就播放清客广播，是造成此次事件的主要原因。

事故防范措施：接行车调度员命令时，务必做到"四清"，即听清、记清、理解清、复诵清；行车过程中也必须做到看不清就停，听不清就问，严禁臆测行车。

2.4.2 列车运行操作

列车在正线上运行模式主要包含自动驾驶模式和人工驾驶模式。一般情况下，列车司机采用的是自动驾驶模式，当列车出现故障或者线路不具备ATO条件而无法自动驾驶或者在客流低峰期列车司机带新学员时采用人工驾驶。常用的人工驾驶模式有SM模式、RM模式和URM模式，其中RM模式、URM模式属于非正常情况下运行模式。

一、自动驾驶模式操作

1. 坐姿

当列车以自动驾驶模式运行时，列车司机应保持坐姿端正，左手放置于操纵台面的鸣笛按钮处，右手放置于靠近主控手柄右侧，双眼目视前方并不间断观察操纵台上各开关按钮状态，确保行车安全，如图 2-29 所示。

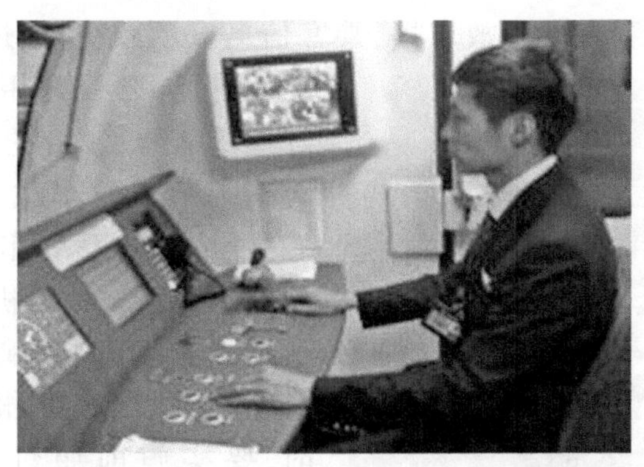

图 2-29 ATO 模式驾驶时列车司机坐姿

2. 启动

启动 ATO 模式时，主控手柄在"0"位，方向手柄在"向前"位，列车司机按下操纵台上 ATO 启动按钮，ATO 启动按钮亮起。ATO 启动按钮必须按下至少 1s，这是为了避免无意识地启动列车。成功启动后，驾驶室的显示屏上就会出现 ATO 指示。当主控手柄离开"0"位时，列车将退出 ATO 模式。

注意

不同线路不同车型，其 ATO 启动操作存在一些差异，有些车型需要同时按下两个 ATO 启动按钮且按钮处于常亮状态则表明 ATO 启动成功；有些车型只需要按下一个 ATO 启动按钮且按钮处于常亮状态则表明 ATO 启动成功。

3. 手指口呼

遇区间信号机及道岔时，左手手指口呼确认信号机显示及道岔位置正确（区间遇信号机和道岔时应按照由近及远的原则，先确认信号显示，后确认道岔位置正确）。列车运行过程中手指口呼内容及时机见表 2-12。

手指口呼内容及时机 表 2-12

呼唤类型		呼唤时机	呼唤内容
信号呼唤	列车进站	车头越过站台尾端时	列车进站，对标停车
	对标停车	列车收到使能信号	开左门（或开右门）
	出站信号机	具备发车条件，启动列车前	出站绿灯
	区间信号机（绿灯）	接近信号机 100m 内	绿灯
	区间信号机（红灯）	距信号机 200m 外	红灯，停车
	区间信号机（黄灯）	距信号机 100m 外	黄灯，注意减速
	出库信号机	一度停车，再次启动前	出库白灯
道岔呼唤	段场道岔	接近道岔 30m 内并看清道岔开通方向	道岔定位（或道岔反位）
	正线道岔	接近道岔 30m 内并看清道岔开通方向	道岔定位（或道岔反位）

4. 运行监测

运行中列车司机要正确开放广播、乘客信息显示系统，通过 CCTV 系统观察车厢内情况，必要时用人工广播对乘客做好宣传解释工作；平视运行前方区域，同时不间断查看车载 ATP/ATO 设备的状态显示，并注意列车运行所经过的线路状况（如道岔、信号机），发现区间内有人员及影响行车的障碍物和其他异常情况时，应立即停车并报告（图 2-30）；会车时，要实施前照灯减光，严禁关闭前照灯。

图 2-30　运行中监测

5. 进站停车

列车即将进站时口呼“（终点站）× × 站到，对标停车，控制速度”，进站过程中注意确认站线及站台门状态和广告灯箱，运行至站台中部时手指确认列车减速制动，并确认列车到站准确对标停稳（图 2-31）。同时，列车进站时要注意瞭望站台情况，危及人身安全时，要果断采取紧急停车措施。每站发车前列车司机根据地面信号机显示的绿色或黄色灯光，以及车辆屏的推进速度确认行车凭证（图 2-32），然后按下 ATO 启动按钮，给出发车指令。进入 ATO 驾驶模式后，如果系统设备正常，没有人工干预，此驾驶模式维持不变。

图 2-31　进站过程监视

图 2-32　发车前行车凭证确认

试一试

借助课桌椅或模拟驾驶器等，练习自动驾驶模式下列车司机坐姿、双手摆放位置以及运行过程中瞭望等步骤。

二、人工驾驶模式操作

1. 坐姿

列车司机应保持坐姿端正，左手放置于操纵台面上，右手紧握主控手柄并按下警惕开关，把控好速度操纵列车运行，双眼平视前方，认真观察前方线路情况，密切注意列车运行状况，不间断瞭望前方进路，确保行车安全，如图 2-33 所示。

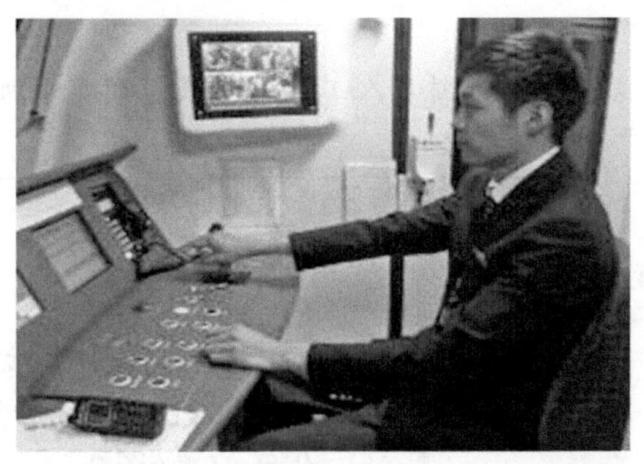

图 2-33　人工驾驶模式下列车司机坐姿

2. 启动

SM 模式下启动列车时，列车司机按下警惕开关后应逐级推动主控手柄，使列车平稳加速。待列车运行平稳并接近目标速度后再根据线路情况适当调速，使列车以接近目标速度运行，保证正点、安全。

注意

在 SM 模式下，当车速接近目标速度后，列车司机须将司机控制器置于牵引位与“0”位之间动态调整车速。严禁将主控器由制动位直接推向牵引位。主控器须先回“0”位稍作停顿后再逐级推向牵引位。在牵引过程中必须将主控器逐级推动至最大牵引位，严禁将主控器直接从“0”位快速推向最大牵引位。

3. 手指口呼

遇区间信号机及道岔时，左手手指口呼确认信号机显示及道岔位置正确（区间遇信号机和道岔时应按照由近及远的原则，先确认信号显示，后确认道岔位置正确）。

4. 运行监测

在运行过程中列车司机监听广播、乘客信息系统播放信息是否正确，通过 CCTV 系统不定时观察车厢内情况；不间断观察列车操纵台各开关、指示灯状态是否正常，并注意列车运行所经过的线路状况（如道岔、信号机），发现区间内有人员及影响行车的障碍物和其他异常情况时，应立即停车并报告。

5. 进站停车

列车进站实施常用制动时，应考虑列车速度、线路情况、列车载重等条件，准确掌握制动时机，保持列车均匀减速，严禁突然使用较大的制动力。列车进入车站减速直至停车的过程中，必须逐级制动，确保准确对标停车。

注意

列车在运行过程中发生紧急情况可能危及行车安全时，列车司机应迅速按压紧急制动按钮进行紧急停车。

试一试

借助课桌椅或模拟驾驶器等，练习人工驾驶模式下列车司机驾驶时坐姿、双手摆放位置以及运行过程中瞭望等步骤。

2.4.3 对标停车

图 2-34 车站停车标

对标停车中"标"是指车站旁的停车标志牌，用于指示列车进入站台时车辆停车位置（图 2-34）。在对标停车过程中要求逐级制动，控制车速实现准确对标。根据当前车站站台门设计，对标停车误差一般需控制在 ±50cm 以内。停车误差控制在允许范围内，列车司机方可按规定开启站台门和车门，进行乘客上下车作业。

在 ATO 驾驶模式下，列车在进站过程中会根据信号系统和距离停车标距离自动减速直至准确对标停车。在人工驾驶模式下，列车进站时需要司机控制车速并通过逐级制动进行平稳对标停车。在对标过程中，列车司机既要瞭望前方和留意站台情况，又要控制车速防止冲标。

想一想

为什么列车在站台对标停车需要将停车误差控制在 ±50cm 以内？

对标停车是一项技术活，对标过程是否平顺，对标误差是否在允许范围内等都是对标停车的一些评价标准。对标停车是地铁列车司机的一项基本技能，许多地铁公司将对标停车作为地铁列车司机技能比武中一项重要的考核内容。对标停车也是城市轨道交通乘务职业技能等级考核的重要内容。

知识拓展

城市轨道交通乘务职业技能等级考核中对正线对标停车要求如下：

假设 d 为列车距离停车标距离，$-20\text{cm} \leqslant d \leqslant 20\text{cm}$，不扣分；$-30\text{cm} \leqslant d < -20\text{cm}$ 或 $20\text{cm} < d \leqslant 30\text{cm}$，扣 10 分；$-50\text{cm} < d < -30\text{cm}$ 或 $30\text{cm} < d < 50\text{cm}$，扣 20 分；$d \leqslant -50\text{cm}$ 或者 $d \geqslant 50\text{cm}$，不通过。

某地铁公司对标停车考核标准如下：

假设 d 为列车距离停车标距离，$-25\text{cm} \leqslant d \leqslant 25\text{cm}$，不扣分；$-35\text{cm} \leqslant d < -25\text{cm}$ 或 $25\text{cm} < d \leqslant 35\text{cm}$，扣 10 分；$-50\text{cm} < d < -35\text{cm}$ 或 $35\text{cm} < d < 50\text{cm}$，扣 20 分；$d \leqslant -50\text{cm}$ 或者 $d \geqslant 50\text{cm}$，不通过。

如果列车司机对标不准确，则需按照下述情况处理：

(1)当未在停车标停车时，列车司机确认运行前方无异常后，迅速以 RM 模式动车对位。

(2)当越过停车标 3 个车门以下时，列车司机先切除 ATP 然后后退对标；同时，列车司机应立即用车厢广播安抚乘客，并使用无线电话通知车站维持好站台秩序。列车在该站开出前恢复 ATP 模式。

(3)当越过停车标 3 个车门及以上时，列车司机须报告行车调度员，按行车调度员的指示执行；车站应及时对站台进行广播，做好乘客服务，如不开门继续运行到前方站时，行车调度员应通知前方站。

(4)末班车进站停车越过停车标 3 个车门及以上时，原则上组织后退对标以上下乘客。

试一试

借助模拟驾驶器等，练习人工驾驶模式下列车进站对标停车。

2.4.4 站台作业

站台作业是列车司机驾驶列车到站停稳后所进行的操作，包括开关车门、监控乘客上下车、监控设备状态等。列车司机站台作业关系到列车在站台的运行安全及乘客在站台上下车安全，在列车运行过程中占有比较重要的地位。

一、ATO 驾驶模式下站台作业程序

(1)列车即将到达车站前，列车司机需手指站名标并口呼“××站，对标停车”。并在进站过程中留意站台情况。

(2)列车以 ATO 模式在车站对标停稳后，打开驾驶室灯，司机观察操纵台上空气制动施加灯亮，右手手指确认列车司机显示屏(train operator display，TOD)显示站台门打开图标后，再用手指确认 HMI 上显示车门图标全部打开，将主控手柄拉至常用制动位，使列车保持在制动状态，携带对讲机，打开驾驶室侧门。

(3)列车司机打开驾驶室侧门，步入站台，到司机立岗处立岗，左手斜向下指站台门中间，确认站台门、车门全部打开，口呼“站台门、车门开启”(图 2-35)，对 PSL 盘确认站台门开启并进行手指口呼“站台门开启”。然后面向站台立岗，观察站台乘客上下车情况，确保站台门及车门完全打开保持 10s 及以上。

想一想

乘坐地铁时请留意一下，地铁进站后车门与站台门开关顺序是怎样的？

(4)乘客上下车完毕、发车计时器显示小于 15s 及以下时，跨立在驾驶室侧门与站台之间，按压关门按钮，并观察关门情况。待车门与站台门均关闭后，通过 PSL 控制盘确认站台门关闭情况；若站台门全关，则滑动门全关灯常亮，此时手指口呼“门全

关”。列车司机通过车尾处灯带完整性或站务员“好了”信号，确认无人或其他影响行车的物品，手指口呼“缝隙安全”。然后关闭驾驶室侧门进入驾驶室，如图2-36所示。

图2-35　车门、站台门开启确认

图2-36　车门与站台门间缝隙确认

(5)进入驾驶室后站在座位旁，分别观察车辆屏和HMI信号屏并手指口呼“车门关好，信号好，道岔好，推荐速度有”。然后坐下，以ATO模式启动列车。

想一想

列车司机是如何对车门与站台门间缝隙进行安全确认的？

知识拓展

站台作业一般指在站台门、车门以及车门与站台门联动功能均正常的情况下，列车已经对标停稳后的司机站台作业。为了保证行车安全和乘客人身安全，ATO模式下对车门的控制采用半自动模式，人工驾驶模式下对车门的控制采用手动模式，无人驾驶模式下采用自动模式。在半自动模式下，ATO控制车门自动打开且列车司机手动关闭车门；在手动模式下，客室车门的打开和关闭全由列车司机人为控制。

二、人工驾驶模式下站台作业程序

(1)列车即将到达车站前，列车司机需手指站名标并口呼：××站，对标停车，控制车速。在进站过程中需留意站台情况，注意控制好车速进行对标停车，防止冲标或欠标。

(2)列车对标停稳后，列车司机需将主控器拉至常用制动位，然后查看车辆屏并用右手手指口呼：“开左/右门”。

(3)列车司机打开驾驶室侧门，跨立在站台与车厢之间(图2-37)，按压开门按钮(至少1s以上)，待车门和站台门打开后，步入站台。对PSL盘(图2-38)确认站台门开启并手指口呼“站台门开启”。然后面向站台立岗，观察站台乘客上下车情况。

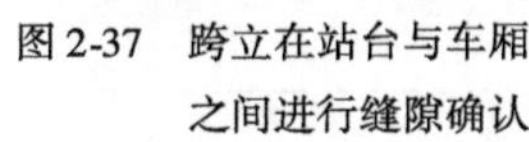

图 2-37　跨立在站台与车厢之间进行缝隙确认

a) 人工驾驶模式下站台PSL盘

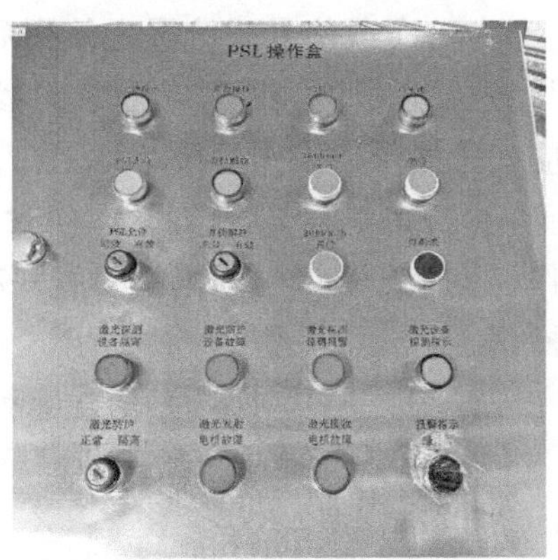

b) 全自动运行系统下站台PSL盘

图 2-38　站台 PSL 盘

(4)乘客上下车完毕、DTI 显示小于 15s 及以下时，跨立在驾驶室侧门与站台之间，按压关门按钮，并观察关门情况。待车门与站台门均关闭后，通过 PSL 盘确认站台门关闭情况。若站台门全关，则滑动门全关灯常亮，此时手指口呼“门全关”。列车司机通过车尾处灯带完整性或站务员“好了”信号，确认无人或其他影响行车的物品，手指口呼“缝隙安全”，然后关闭驾驶室侧门进入驾驶室。

知识拓展

DTI 是 ATS 系统的一个组成部分。DTI 为列车司机提供到站停车时间、发车时间、晚点时间等信息，正常情况下能够接收 ATS 子系统提供的控制命令和信息，当列车在站台停车后，按 ATS 指定的停站时间倒计时，显示距计划时刻表的发车时间，倒计时至零时指示列车发车；正计时为发车晚点时间，以(s)为单位。若 DTI 显示“H”则表示站台扣车。

(5)进入驾驶室后站在座位旁，分别观察车辆屏和 HMI 信号屏并手指口呼“车门关好，道岔好，信号好，推荐速度有”。然后坐下，推动司机主控手柄，平稳启动列车。

提示

不同的地铁公司开车前的行车凭证确认作业标准存在一些差异，一些地铁公司要求列车司机坐下确认，一些地铁公司要求列车司机站立座位旁确认、无行车凭证不允许坐下。

试一试

借助课桌椅或模拟驾驶器等，练习自动驾驶模式和人工驾驶模式下列车司机站台作业步骤。

三、站台作业注意事项

(1)车载信号系统投入使用后,列车与轨旁设备进行通信的情况下,能实现车门与站台门联动的功能。当车门与站台门不能联动,需在 PSL 盘上人工开关站台门时,应安排站台门操作员或车站工作人员协助列车司机操作站台门。

(2)人工开关站台门、车门时,必须严格执行"一确认、二呼唤、跨半步、再开门"的作业程序。站台门与车门不能联动时,必须按照"先开关站台门,后开关车门"的顺序操作。

(3)进、出驾驶室时,应注意列车与站台间的缝隙,避免摔伤。

想一想

(1)列车与站台间为什么会存在缝隙?

(2)这些缝隙有哪些作用呢?

---

(4)关站台门、车门前应先确认进路排列情况或者具备行车凭证,再关站台门、车门。关站台门、车门时,密切注视站台门与车门间的缝隙状态。若发现缝隙灯故障,列车司机应及时报车站,若车站未回应则确认缝隙安全后出站报行车调度员。

(5)关站台门后,应注意确认所有站台门关闭,PSL 盘所有门关闭指示灯亮(站台门关闭过程中出现故障时需及时站在红线外确认站台门上方指示灯状态)。关闭车门后应确认驾驶室内门全关闭指示灯亮,且确认缝隙没有滞留乘客及异物。

(6)当列车在站超过停站时间未开门时,列车的开门使能信号将会取消,若要重新打开车门,则须按压强行开门按钮,关门后恢复强行开门按钮。

(7)站台作业时,列车司机必须保持站台门和车门打开时间至少 10s。

(8)若站台门处于故障或隔离状态,列车进站过程中密切留意站台区域安全,按行车调度员指示限速进站,遇危及列车安全的情况时,立即采取紧急措施。

(9)正常情况下客车门模式开关置于"半自动"位时,载客列车以 ATO 模式正常进站对标停稳(停车误差在 ±50cm 以内),车门及站台门自动打开。

(10)当客车门模式开关置于"手动"位时,列车以 ATO 模式正常进站对标停稳(停车误差在 ±50cm 以内),车门及站台门不能自动打开,需要列车司机按压列车开门按钮,对应的车门及站台门可以联动打开。

(11)当列车以 SM 模式(无论客车门模式开关置于"半自动"位还是"手动"位)正常进站对标停稳(停车误差在 ±50cm 以内),车门、站台门不能自动打开,需要列车司机按压列车开门按钮,对应的车门及站台门可以联动打开。

(12)按压开、关门按钮时,必须确认车门动作后方可松开。

(13)遇乘客向列车司机投诉时,可用"我们正在处理"或"请咨询车站工作人员"等用语,转交车站处理,同时通过对讲机请求车站协助,避免延误时间。

(14)遇非正常情况需要车站人员协助处理的,及时通过对讲机与车控室取得联系,并明确协助处理内容。

知识拓展

在遇到障碍物时，车门、站台门会再次开关。站台门和车门有两次防夹缓冲，反复打开三次后，如再碰到障碍物，站台门会完全打开。只要有一扇门没有关上，列车就不会启动，一直停在站台，直至所有车门、站台门全部关闭。

注意：车门、站台门只有遇到厚度超过限定的被夹物体才会弹开，所以，车门和站台门关好后至列车启动前，列车司机须确认站台门与车门间缝隙无夹人、夹物。

四、呼唤应答制度

(1)看到进站前站名标时需手指口呼"××站到"。

(2)列车进入站台中部，看到停车标时需手指口呼"对标停车"。

(3)列车对标停稳后，手指信号屏，口呼"门控允许"中，根据开门信息，口呼"开左/右门"。

(4)ATO 模式下，待车门及站台门开启后，手指确认车辆屏车门图标显示蓝色，口呼"车门开启"。

(5)步行至站台，面对 PSL 盘，手指确认门关闭且锁紧灯灭，口呼"站台门开启"。

(6)按压关门按钮后，面对 PSL 盘，手指确认门关闭且锁紧灯亮，口呼"站台门关好"。

(7)跨立在车门与站台之间，确认缝隙安全，手指口呼"缝隙安全"。

(8)进入驾驶室后，站立在座位旁，手指确认车辆屏车门图标显示无异常，口呼"车门关好"。

(9)手指车辆屏确认有速度码及发车信息(图 2-39)，口呼"行车凭证有"。

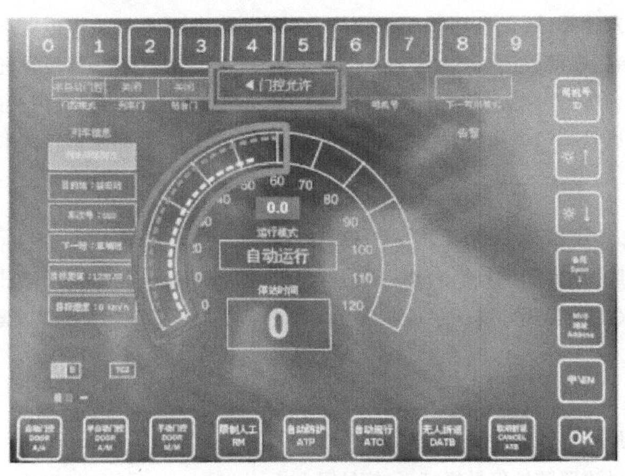

图 2-39　行车凭证确认

注意

不同车型开关门状态图标颜色不一样，有些地铁公司用蓝色表示车门开启，用灰色表示车门关闭；有些地铁公司用白色表示车门开启，用蓝色表示车门关闭。

五、作业标准示例

某地铁公司站台作业标准见表2-13。

某地铁公司站台作业标准　　表2-13

作业项目	ATO模式	人工驾驶模式
进站停车	列车以ATO模式进站对标停稳、停准后，气制动施加红灯亮、气压表制动指针（红针）指示气压上升到180kPa以上，车辆屏显示车门打开（蓝色），信号屏显示站台门打开，口呼“开左/右门”，到站台立岗	列车在车站对标停稳、停准后，确认气制动施加红灯亮、气压表制动指针红针指示气压上升到180kPa以上、开门指示灯亮，列车司机口呼“开左/右站台门、车门”。（URM模式下需按压相应站台侧强行开门按钮才能给出对应侧车门的开门使能信号。） 开驾驶室侧门，到站台操作PSL盘打开站台门（如有站台门操作员，则由其负责在PSL盘上打开站台门），确认站台门打开后，列车司机跨半步，再按压左/右车门开门按钮，车门动作后，侧转身确认车辆屏车门图标显示蓝色
站台作业	确认站台门、车门正常打开后，在站台红线外手指（对着运行方向第一个车门向下斜45°）口呼“站台门、车门已开”	确认站台门、车门正常打开后，在站台红线外手指（对着运行方向第一个车门向下斜45°）口呼“站台门、车门已开”
	立岗观察站台乘客上下车情况，确认乘客上下车完毕后，按照运营时刻表开车时间、DTI显示倒数15s左右，口呼“关左/右门”	立岗观察站台乘客上下车情况，确认乘客上下车完毕后，按照运营时刻表开车时间、DTI显示倒数15s左右，口呼“关左/右门”
关门作业	跨半步探头确认关门按钮位置并按压关门按钮关门，眼观缝隙，听见车门关闭报警声，确认车门与站台门联动关闭，确认驾驶室门全关闭灯绿灯亮，口呼“车门关好”。（按压开、关门按钮时，必须确认车门动作后方可松开）	站台门关好后，口呼“站台门关好”，眼观缝隙，听见车门关闭报警声，车门动作后，确认车门完全关闭后，侧转身确认驾驶室车门全关闭灯绿灯亮，口呼“车门关好”。（按压开、关门按钮时，必须确认车门动作后方可松开）
缝隙确认	确认PSL盘上滑动门/应急门关闭指示灯绿灯亮后，口呼“站台门关好”。确认车门与站台门之间无夹人夹物，手指口呼“缝隙安全”后进入驾驶室	确认车门与站台门之间无夹人夹物，手指口呼“缝隙安全”后进入驾驶室
动车作业	进入驾驶室，确认同机班所有人员全部进入驾驶室，出站进路防护信号机灯灭，信号屏上最大速度已释放、有目标距离，确认发车条件具备“发车YES”（有道岔的车站还需确认道岔开通正确），先手指信号机口呼：“CBTC灭灯，道岔好”，再手指信号屏确认显示正确后口呼：“目标距离有，最大速度××，发车YES”，确认ATO启动按钮灯常亮后按压ATO按钮动车	进入驾驶室，确认同机班所有人员全部进入驾驶室，出站进路防护信号机开放，口呼：“绿灯/黄灯好，道岔好”，以RM模式或URM模式推主控手柄动车

事故案例

某日晚高峰,某地铁车站,一位乘客被夹在了站台门和车门之间,列车启动后该乘客摔下了站台。车站工作人员随即采取了列车紧急停车和线路停电措施,之后将受伤乘客抬上站台并送医院治疗。

事故原因分析:当值列车司机对岗位职责的认识不清晰,站台作业未严格对车门与站台门间缝隙进行安全确认。

城市轨道交通列车驾驶

班级:____________ 姓名:____________ 小组:____________ 日期:____________

任务2.4 实施与评价 理论学习工作单

一、不定项选择题(3 分 ×18 =54 分)

1. 列车在车站停车后,列车司机应监视乘客乘降情况,确认车门关好、车门与站台门间缝隙正常、(　　)后,方可发车。

A. 无乘客乘降　　B. 无夹人夹物

C. 站台无滞留乘客　　D. 有异响

2. 关于列车司机在正线驾驶列车时的要求,以下描述错误的是(　　)。

A. 集中精力,加强瞭望

B. 发生故障时,按要求果断处理

C. 有人添乘时,应无条件做好配合

D. 接到行车调度员命令时,逐句复诵,确认无误后再执行

3. 正线的行车组织一般实行(　　)管理。

A. 行车调度员-列车司机

B. 车站值班员-列车司机

C. 行车调度员-区域调度员-列车司机

D. 车辆基地调度员-车站值班员-列车司机

4. 当列车牵引力等于阻力时,列车处于(　　)运行状态。

A. 加速　　B. 匀速　　C. 减速　　D. 惰性运行

5. 列车司机在地下区间运行中,发现(　　)情况时,应果断停车。

A. 车门指示灯突亮　　B. 车内乘客突发疾病

C. 有乘客紧急呼叫　　D. 影响行车的障碍物

6. 列车司机在驾驶列车时,有其他人员需要登乘列车驾驶室,列车司机应认真查验(　　),并做好记录。

A. 登乘凭证　　B. 施工许可　　C. 调度命令　　D. 上级通知

7. 行车过程中转换驾驶模式需向(　　)申请,得到许可后方可转换模式。

A. 生产调度员　　B. 运转值班员　　C. 行车值班员　　D. 行车调度员

8. 在信号系统正常情况下,列车可采用(　　)模式驾驶。

A. ATO　　B. ATB　　C. RM　　D. URM

9. 列车运行中,当列车主控手柄置于"0"位时,列车处于(　　)工况。

A. 牵引　　B. 制动　　C. 惰性运行　　D. 匀速

10. 根据列车驾驶模式的不同,下列属于行车凭证的是(　　)。

A. 信号机显示的开放信号　　B. 车载信号

C. 调度命令　　D. 路票

11. 列车司机在地下区间运行中,发现(　　)情况时,不一定需要立即停车。

A. 区间有人员　　B. 车内乘客突发疾病
C. 线路有异常情况　　D. 影响行车的障碍物

12. 列车运行中车门指示灯显示异常时,列车司机应(　　)。
A. 降低车速　　B. 维持到前方站处理
C. 紧急停车　　D. 广播通知乘客

13. 列车运行中司机发现线路有异状等异常情况时,应(　　)。
A. 降低车速　　B. 紧急停车　　C. 开启头灯　　D. 鸣笛

14. 列车对标停车精度应达到(　　)cm。
A. ±10　　B. ±15　　C. ±20　　D. ±50

15. 车门状态在(　　)可以查看。
A. ATC 显示屏　　B. 继电器柜
C. 车辆屏　　D. 客室内

16. 列车车门正常开启后,列车司机应(　　),发现问题及时处理。
A. 监视乘客乘降情况　　B. 监视列车系统状态
C. 查看行车命令　　D. 关注车站环境

17. 在曲线半径小于 400m 线路上行车需限速(　　)km/h。
A. 15　　B. 25　　C. 35　　D. 45

18. "车门允许"显示于(　　)。
A. 车辆屏　　B. 信号屏　　C. 操纵台　　D. 继电器柜

二、判断题(2 分 ×4 =8 分)

1. 正线是指供载客列车运行的线路,包括区间正线、车站正线。(　　)
2. 城市轨道交通的正线一般为全封闭线路,按双线设计,采用左侧行车制。(　　)
3. 站台作业中列车司机可以根据乘客上下车情况自行决定关门时间。(　　)
4. 列车在正线区间驾驶过程中遇到信号机和道岔可以不用手指口呼进行确认。(　　)

三、简答题(8 分 ×3 =24 分)

1. 列车司机在正线区间驾驶列车有哪些要求?

2. 请阐述 SM 驾驶模式下列车司机站台作业流程。

3. 作为一名地铁列车司机,该怎样操作才能准确对标停车?

四、思维导图(14 分)

请利用思维导图软件,根据自身学习和领悟绘制本任务思维导图以辅助记忆。

班级：__________　姓名：__________　小组：__________　日期：__________

任务 2.4　实施与评价　实践工作单 1　正线驾驶

一、实践目标

(1)掌握正线驾驶列车的方法；
(2)熟记列车运行的一般要求；
(3)掌握列车正线运行的操作规范；
(4)能正确执行手指口呼确认制度；
(5)能熟练、独立进行列车正线驾驶；
(6)能够熟练在各种驾驶模式间切换；
(7)能以列车司机的标准要求自己；
(8)谨记"安全第一",培养严格按照标准化作业操作的习惯；
(9)培养严谨、认真、一丝不苟的工作态度和不怕苦、不怕累的精神。

二、工具与器材

模拟驾驶器、司机包、司机手账、操纵台激活钥匙、三角钥匙、四角钥匙、400M 电台、800M 电台、手电筒、轮值表、客车状态记录卡。

三、实操步骤

(1)当列车以自动驾驶模式运行时,列车司机应将双手放于操纵台面上,双眼平视前方,认真观察前方线路情况,密切注意列车运行状况。当列车以人工驾驶模式运行时,列车司机应用右手紧握主控器手柄操纵列车运行,左手放于操纵台面上,双眼平视前方,认真观察前方线路情况,密切注意列车运行状况。

(2)人工驾驶模式下,列车启动时,须将主控器逐级增加牵引力,严禁直接将主控器拉至牵引最高级位。

(3)人工驾驶模式下,列车运行过程中应始终将主控器按压下去,否则列车会报警或紧急制动。

(4)列车运行中,列车司机视情况操作,达到平稳制动。

(5)当列车运行中发生紧急情况危及行车安全时,列车司机应迅速采取紧急制动措施。

(6)在驾驶列车时,列车司机应严格执行手指口呼确认制度。

(7)接到行车调度员的命令时,要复诵命令内容,确认日期、时间、车次、内容、受令处所、车站、调度员代号等,确认无误后方可严格执行;若有疑问或命令不清时,须及时提问,核实清楚,严禁臆测。

(8)列车运行中要注意监听列车广播。

(9)列车运行中需转换驾驶模式时,要得到行车调度员的授权才可操作。

(10)列车进站时,要准确对标停车。

四、考核与评价标准

考核与评价标准见下表。

工作单	正线驾驶作业			
说明	教师按考核内容对学生逐一进行考核			
班级		姓名		
学习小组		考核时间		
序号	考核内容		分值	得分
1	按规定着装		5	
2	坐姿正确		10	
3	牵引加速平稳		10	
4	手指口呼(信号机、道岔、站名标、PSL盘、缝隙安全确认等)		5×5	
5	ATO与PM(或SM)模式相互切换		10	
6	模式切换未向行车调度员请示		失格	
7	PM(或SM)与RM模式相互切换		10	
8	运行中发生紧急制动		失格	
9	列车常规制动		10	
10	列车紧急制动		5	
11	运行中广播监听		5	
12	进站对标停车		10	
合计			100	
指导老师意见				
完成人签字				
指导老师签字				

注：车站对标停车要求误差为±0.5m以内。本项目考核对标停车误差±0.2m内10分，-0.3～-0.2m或0.2～0.3m得8分，-0.5～-0.3m或0.3～0.5m得4分，大于0.5m或小于-0.5m得0分。

班级：__________ 姓名：__________ 小组：__________ 日期：__________

任务 2.4 实施与评价 实践工作单 2 站台作业

一、实践目标

(1)正确进行开关门作业；

(2)准确确认列车车门状态；

(3)理解 PSL 盘灯光显示的含义；

(4)掌握列车发车计时器表示的含义；

(5)确认列车是否具备发车条件；

(6)能以列车司机的标准要求自己；

(7)谨记“安全第一”,培养严格按照标准化作业操作的习惯；

(8)培养严谨、认真、一丝不苟的工作态度和不怕苦、不怕累的精神。

二、工具与器材

模拟驾驶器、发车倒计时器、PSL 盘、司机包、司机手账、操纵台激活钥匙、三角钥匙、四角钥匙、400M 电台、800M 电台、手电筒、轮值表、客车状态记录卡。

三、实操步骤

(1)列车在规定位置对标停车后,观察站台在驾驶室左侧还是右侧；观察 TOD 显示,确认列车具备开门条件；按压开左/右门按钮,并手指口呼“开左/右门”。若采用 ATO 模式,列车自动开门,需手指口呼“开左/右门”。

(2)站在驾驶室侧门处等待 HMI 屏显示列车车门打开情况,手指口呼其状态。

(3)列车司机开启驾驶室侧门,在站台面向 PSL 盘站立,确认站台门打开情况,并手指口呼“门灯亮”。

(4)列车司机在驾驶室侧门外立岗,面向站台,注意观察乘客上下车状况。

(5)观察列车发车计时器,列车发车计时器倒计时在 15s 以下时,按压列车驾驶室侧门处关门按钮关闭车门。

(6)车门关闭后,通过 PSL 盘确认站台门关闭情况；若站台门全关,则滑动门全关灯常亮,此时手指口呼“门全关”。

(7)跨立在站台与车厢间,确认车门、站台门关好,缝隙无异物后,手指口呼“车门关好,站台门关好,缝隙安全”。

(8)关闭驾驶室侧门,站立在座位旁,观察操纵台门全关闭指示灯,若灯点亮,代表客室侧门全部关闭。

(9)观察 HMI 屏车门状态指示灯,对应侧灯变为绿色代表客室侧门关闭；若有车屏门没有关闭,则对应车门的指示灯为红色,代表车门故障。HMI 屏显示门关好,且门全关闭指示灯点亮时,手指 HMI 屏及门全关闭指示灯并口呼“门关好”。

(10)观察 TOD 显示屏,显示屏上出现目标速度、距下站距离、离站“YES”等显示情况时,手指 TOD 屏并口呼“发车条件具备”。

(11)再次确认出站信号机绿灯,手指出站信号机并口呼“出站绿灯”。若采用 SM 模式,列车司机操纵主控器驾驶列车出站;若采用 ATO 模式,列车司机按压 ATO 启动按钮 2s 以上,列车自动驶离站台。

四、考核与评价标准

考核与评价标准见下表。

<table>
<tr><td>工作单</td><td colspan="4">站台作业</td></tr>
<tr><td>说明</td><td colspan="4">教师按考核内容对学生逐一进行考核</td></tr>
<tr><td>班级</td><td></td><td>姓名</td><td colspan="2"></td></tr>
<tr><td>学习小组</td><td></td><td>考核时间</td><td colspan="2"></td></tr>
<tr><td>序号</td><td colspan="2">考核内容</td><td>分值</td><td>得分</td></tr>
<tr><td>1</td><td colspan="2">按规定着装</td><td>5</td><td></td></tr>
<tr><td>2</td><td colspan="2">坐姿、站姿正确</td><td>10</td><td></td></tr>
<tr><td>3</td><td colspan="2">开门条件确认(准确对标、速度为 0、停靠显示、车门显示、站台门显示)</td><td>10</td><td></td></tr>
<tr><td>4</td><td colspan="2">手指口呼“开左/右门”</td><td>5</td><td></td></tr>
<tr><td>5</td><td colspan="2">正确打开车门</td><td>5</td><td></td></tr>
<tr><td>6</td><td colspan="2">站台面向 PSL 盘手指口呼</td><td>5</td><td></td></tr>
<tr><td>7</td><td colspan="2">站台立岗,观察乘客上下车</td><td>5</td><td></td></tr>
<tr><td>8</td><td colspan="2">注意关门时机,并正确关门</td><td>10</td><td></td></tr>
<tr><td>9</td><td colspan="2">关门后确认(车门、站台门、缝隙)</td><td>失格</td><td></td></tr>
<tr><td>10</td><td colspan="2">关闭驾驶室侧门</td><td>5</td><td></td></tr>
<tr><td>11</td><td colspan="2">站立确认开车条件(车门状态、停靠状态、目标距离、目标速度)</td><td>20</td><td></td></tr>
<tr><td>12</td><td colspan="2">出站信号确认</td><td>10</td><td></td></tr>
<tr><td>13</td><td colspan="2">启动列车出站</td><td>10</td><td></td></tr>
<tr><td colspan="3">合计</td><td>100</td><td></td></tr>
<tr><td>指导老师意见</td><td colspan="4"></td></tr>
<tr><td>完成人签字</td><td colspan="4"></td></tr>
<tr><td>指导老师签字</td><td colspan="4"></td></tr>
</table>

任务 2.5　折返作业

任务导入

天天坐地铁，你可曾想过，它是怎么“掉头”的呢？地铁把我们送到终点站后，你是否发现列车会再次钻进隧道，过一会儿，从另一端冒出来——车还是那个车，司机却换了个人。还有一种情况，列车到站后，车尾直接变车头，居然反方向开走了。其实，地铁列车是不需要“掉头”的，因为列车两端都是车头，都有驾驶室，具备双向运行能力。列车到达终点站清客完成后驶入折返线，采用司机换端驾驶的方式完成“掉头”，这个过程称为折返。

列车折返是指列车通过进路改变、道岔转换，经过车站的调车进路由一条线路至另一条线路的运营方式，它是列车司机非常重要的工作之一。列车司机折返作业操作熟练程度直接影响列车的折返效率，进而影响列车的发车间隔。

（摘编自：光明网，2021 年 2 月 23 日）

任务准备

引导问题 1　折返作业中列车司机间需要交接哪些内容？

引导问题 2　列车折返有哪些方式？其优缺点分别是什么？

知识准备

2.5.1　折返方式概述

列车折返可使列车由一条线路运行至另一条线路，即列车从原来的方向换到另外一个方向。折返作业根据折返方式不同可分为站前折返和站后折返；根据折返位置可分为终点站折返和中间站折返。

一、列车折返方式

1. 站前折返

站前折返：列车经由站前渡线或折返道岔变更行驶方向，其折返过程在站前完成（图 2-40）。站前折返过程中到达司机和接车司机在站台进行换端操作。其优缺点如下：

优点：折返时间相对较短。因为折返过程在出站后完成，列车无须进入折返线、无须在站台清客，乘客能同时上下车，可缩短列车的停站时间。

缺点：存在一定的进路交叉，对行车安全有一定威胁；由于乘客同时上下车，客流量大时，可能会引起站台客流交叉；折返能力相对于站后折返要差一些。

2. 站后折返

站后折返:列车在站台清客后经站后渡线变更行驶方向。站后折返过程在车站后完成(图2-41)。站后折返过程中到达司机和接车司机在站后渡线上进行换端操作,其优缺点如下:

优点:无进路的交叉冲突,比站前折返更安全;折返效率较高;无乘客上下车的客流冲突。

缺点:列车折返时间相对站前折返长一些。

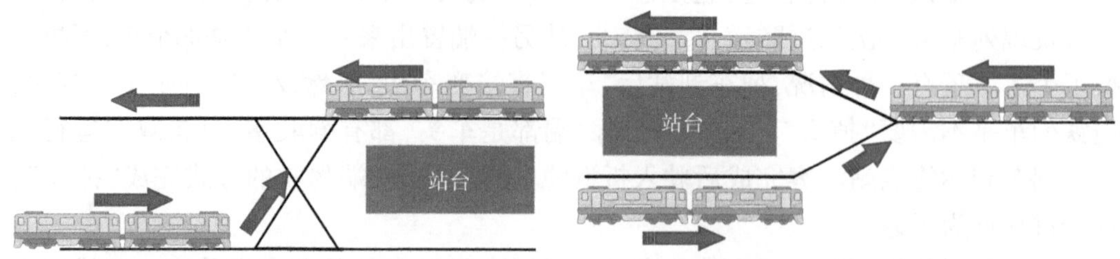

图2-40　站前折返示意图　　图2-41　站后折返示意图

站前折返与站后折返特点,见表2-14。

站前折返与站后折返特点　　表2-14

方式	建设成本	大客流时站台秩序	接发车进路
站前折返	低	无序	有干扰
站后折返	高	有序	无干扰

知识拓展

为了保证满足列车折返作业的需求、行车合理调度及正常运行,折返线布置时应遵循以下原则。

(1)为了提高折返效率,缩短折返所用时间,并保证行车间隔满足要求,折返线的有效长度宜为远期规划的列车长度加40m(信号安全防护距离)。

(2)对于尽头式的折返线,线路末端应配置缓冲车挡,且车挡应按照空载列车运行速度不大于30km/h考虑。

(3)折返线不能作为临时停放故障列车的停车线使用。但是,折返线上若增设检查坑或者相应设施设备时,可以作为夜间停放列车的存车线使用。

(4)终点折返站在配置折返线时,可以延长线路长度并且增设渡线作为折返线使用,但必须按照列车对数和信号要求核算其折返能力。

二、不同驾驶模式下列车折返操作

列车到达折返站后,列车司机完成站台作业凭折返信号将列车驶入折返线,并在折返线上停稳后进行换端作业,然后将列车驶入站台对标停车。列车折返根据列车驾驶模式分为ATO模式下折返、SM模式下折返、RM模式下折返和URM模式下折返。

1. ATO 模式下折返

1) ATO 模式下的有人自动折返

ATO 模式下的有人自动折返的实现条件是列车处于 ATO 模式,且折返过程中列车司机在列车上。其简要操作流程如下:

(1)列车到达折返站,清客完毕,关闭车门及站台门。

(2)列车司机按下 ATO 模式启动按钮,列车驶入折返线并自动停车。

(3)列车停稳后,列车司机拔出当前驾驶室钥匙,到另一端驾驶室插入钥匙,或联控换端,由在另一端驾驶室的列车司机插入钥匙,激活驾驶室。列车司机确认 ATO 模式启动,按下 ATO 发车按钮,列车驶入发车站台。

2) ATO 模式下的无人自动折返

列车 ATO 模式下的无人自动折返的实现条件是列车处于 ATO 驾驶模式,信号系统具备无人自动折返功能,折返过程中列车上无司机。其简要操作流程如下:

(1)列车到达折返站,清客完毕,关闭车门和站台门后,列车司机将驾驶模式转换为 ATB 模式,将主控手柄转换至"0"位,将方向手柄转换至"0"位,按下自动折返按钮,拔出钥匙后锁好驾驶室侧门下车。

(2)列车司机下车后按压站台自动折返按钮,列车自动运行至折返线并折返运行至发车站台,完全停稳后自动打开车门和站台门。列车司机进入驾驶室,激活列车前端驾驶室。

2. SM 模式下折返

列车在终点站进行站后折返时,当停站时间已到,待进入折返线的信号开放,列车司机以 SM 模式驾驶列车进入折返线。列车在折返线停稳后进行换端作业,以 SM 模式运行至发车站台。

3. RM 模式下折返

在轨旁信号系统正常的情况下一般不允许列车司机使用 RM 模式进行折返,如列车司机须使用 RM 模式折返则必须得到行车调度员授权。其简要操作流程如下:

(1)列车到达折返站,清客完毕,人工关闭车门、站台门。

(2)列车司机驾驶列车运行到折返线的停车点对标停车。

(3)列车司机拔出钥匙后,到另一端驾驶室插入钥匙或由在另一端驾驶室的列车司机插入钥匙,激活驾驶室。

(4)列车司机确认进路、道岔、信号均符合发车条件后,驾驶列车运行到发车站台对标停稳,再打开车门、站台门。

提示

RM 模式折返的条件:一是轨旁信号系统故障;二是行车调度员授权命令。

4. URM 模式下折返

在车载信号系统正常的情况下一般不允许列车司机使用 URM 模式进行折返,如列车司机须使用 URM 模式折返,则必须得到行车调度员授权。其简要操作流程如下:

(1)列车到达折返站,清客完毕,人工关闭车门、站台门。

(2)站务员手摇道岔至规定位置并加装钩锁器,通过对讲机与列车司机联控,列车司机确认进路、道岔、信号均符合发车条件后,驾驶列车运行到折返线停车点停车。

(3)列车司机拔出钥匙后,到另一端驾驶室插入钥匙,或联控换端,由在另一端驾驶室的列车司机插入钥匙,激活驾驶室。

(4)站台人员手摇道岔至规定位置并加装钩锁器后,通过手持电台与列车司机联控,列车司机确认进路、信号、道岔均符合发车条件后,驾驶列车运行到发车站台,打开车门、站台门。

提示

URM 模式折返的条件:一是车载信号系统故障;二是行车调度员授权命令。

三、注意事项

(1)严格遵守交接班制度,坚持"有车必有人"。

(2)正线两端终点站交接班做到"二不交,一不接",即接车司机未上车不交班、接车司机未复诵或复诵不清不交班、到达(交车)司机没有交班不接。

(3)接车司机要在所接列车到达车站前,于站台的尾端墙立岗接车。立岗接车时,认真留意列车进站状态,发现诸如异响、异味、火花、冒烟等异常情况,应立即报告驾驶司机采取措施和报告行车调度员处理,并协助处理。

(4)列车在终点站停稳开门后,接车司机进入驾驶室通过通道门确认清客情况并检查驾驶室各设备状态,与到达(交班)司机进行交接班,原则上使用驾驶室对讲机进行交接(接车司机待清客广播完毕后激活驾驶室对讲机进行交接),若遇驾驶室对讲机故障则改用对讲机交接班。交接的内容包括:列车、线路、行车相关设备设施的状态,行车调度员命令,其他行车安全注意事项。

(5)接车司机在交接时注意观察列车指示灯、仪表、显示屏状态及自动开关位置,确认客车状态记录卡内容与交班司机交接内容是否一致。对于调度命令交接要准确、细致,并认真复诵,防止漏交、错交调度命令。

(6)因交路乱或加开车造成列车早到,接班司机无法提前到列车尾端墙处立岗接车时,应在列车关门前进入客室,并迅速前往后端驾驶室,用对讲机与到达司机进行交接班。

(7)严格按折返程序操作,确认现场所有人员均在安全区域,方可操作自动折返开关。确认列车已经启动方可离开。

(8)列车在折返线发生故障无法动车,行车调度员决定换车时,故障车司机应断开主控钥匙阻止列车自动折返,做好列车防护,按行车调度员指示执行。

2.5.2 终点站折返

一、无人驾驶列车折返

列车自动折返(automatic tum-back,ATB)模式仅适用于安装相应信号系统的特定区段。在 ATB 模式下,列车司机确认清客完毕且车门关闭良好后,在站台尾端墙处操作无人驾驶列车折返运行(driverless train reverse operation,DTRO)按钮就可以实现列车自动折返,此时列车司机可以不在车上即不加干预地进行列车折返作业。

以某地铁公司列车 ATB 模式为例,阐述交车司机和接车司机的作业程序,见表 2-15。

某地铁公司列车 ATB 模式折返作业程序 表 2-15

作业项目	接车司机	交车司机
列车进站	(1)比照运营时刻表,在列车进入站台前提前到达尾端墙处立岗接车,看见车头灯后口呼:××次接车司机已到位	(2)列车对标停稳后,通过车辆屏及信号屏确认站台门、车门打开,播清客广播。列车以 SM 模式对标停稳,确认信号屏有开门使能信号后,口呼"开左/右门",打开驾驶室侧门,跨半步,并按压开门按钮。确认站台门、车门已开,播清客广播
交接	(3)确认站台门、车门打开按钮后,从客室通道门进入驾驶室按下司机对讲按钮报"接车司机到位",将 CCTV 监控切换至到达端 A 车客室画面	(4)确认接车司机到位后,取出客车状态记录卡进行交接。让接车司机复诵"接车司机到位"后到站台立岗
清客	(5)接收客车状态记录卡,交接完毕后点击 CCTV 协助确认无乘客滞留,打开通道门确认清客情况及车门关闭情况,做好随时提醒到达司机的准备	(6)接到站台通知清客完毕,发出清客"好了"手信号,确认灭灯、道岔位置正确后口呼"CBTC 灭灯,道岔好,关左/右门"
关门	(8)待车门关好后,点击信号屏及通过 CCTV 监控到达司机作业情况(是否已按压折返按钮及关闭钥匙等)	(7)按照站台作业程序关闭车门、站台门,确认车门全关闭绿灯亮,口呼"车门关好",确认 PSL 盘上滑动门/应急门关闭指示灯绿灯亮,口呼"站台门关好"。确认缝隙无夹人夹物,手指缝隙口呼"缝隙安全"
DTB 启动操作		(9)进入驾驶室,将选择开关打至"OFF"位,按压 DTRO 按钮 2s 以上,关激活钥匙。确认 DTRO 按钮灯亮,进入 DTB 模式,有"发车 YES"信号
到达司机下车		(10)带齐物品打开驾驶室侧门下车,关闭驾驶室侧门反锁
		(11)到站台操作 DTRO 按钮,确认列车启动后,方可到换乘室待令
折返线动车	(12)列车运行到折返线对标停稳后,确认信号机灭灯,口呼"CBTC 灭灯",确认道岔位置正确,口呼"道岔好"	

续上表

作业项目	接车司机	交车司机
站台停稳	（13）列车自动折返到站对标停稳，确认站台侧站台门、车门打开，确认 TOD 模式显示“OFF”后再开激活钥匙，将模式选择开关置 SM 位，按压 ATC 紧急制动复位按钮缓解紧急制动，按规定进行人工开门作业	
站台作业	（14）列车司机到站台立岗，确认站台门、车门完全打开后，手指口呼“站台门、车门已开”	
发车	（15）进入驾驶室，确认值乘车次、运营时刻表发车时间，设置广播	
	（16）在站台立岗监视乘客上下车情况	
	（17）DTI 倒计时 15s 时，按站台作业程序关门及动车	

注意：

（1）列车进站后，车门、站台门不能联动时按“先开关站台门，再开关车门”的顺序操作。

（2）交接内容：列车、线路、行车相关设施设备的特殊状态，行车调度员命令，其他行车安全注意事项。

（3）接车司机上车后严禁提前将主控钥匙插在钥匙孔内，避免误操作导致折返失败。

（4）关激活钥匙后列车不能进入 ATB 模式、无“发车 YES”信号时，接车司机报行车调度员采用人工折返模式。

（5）将 ATB 钥匙旋至“合”位 3～5s 后再旋至“分”位。

（6）运行中发现危及行车安全时立即按压紧急停车按钮；若列车在折返线无法正常启动时，立即报行车调度员并开激活钥匙进行人工折返。

（7）运行中发现危及行车安全的情况时立即按压紧急停车按钮。

1. 交车司机作业程序

（1）列车司机在列车到达终点站前，整理好将要携带的物品并将其放入备品包中。当听到对讲机传出“××次接车司机已到位”后，利用对讲机进行复诵。

（2）列车到站停稳后，确认车门、站台门已开启，出驾驶室确认乘客正常上下车后进入驾驶室与接车司机进行交接。其交接内容主要包括：行车调度员命令、驾驶模式、列车状态、车次等。

（3）交接完成后，到站台立岗。根据发车计时器显示时间进行关门作业。

（4）确认车门关好、站台门关好、缝隙安全后，返回驾驶室进行如下操作：确认车辆屏显示 AR 模式可用；将驾驶模式转换至 ATB 位；按压自动折返按钮并观察车辆屏出现 ATB 图标（黄色）；将主控手柄、方向手柄依次归“0”位；确认车辆屏出现自动折返图标；离开驾驶室并关闭驾驶室侧门。

（5）确认列车司机处于安全位置后，手指口呼“灭灯，道岔好”。然后操作站台 DTRO 按钮，确认列车启动且整列列车出清站台后方可离开。

2. 接车司机作业程序

(1)提前1~2min到站台尾端墙处立岗。待列车进站停稳打开车门和站台门后，打开端门进入驾驶室与交车司机进行对口交接并核查交接内容，主要包括：行车调度员命令、驾驶模式、列车状态、车次等。

(2)列车启动后，注意观察列车状态，确认信号显示及道岔位置是否正确，发现异常时，及时人工干预破坏自动折返程序。

(3)待列车在折返线停稳后，快速经客室到达另一端驾驶室。

(4)列车启动后，注意观察列车状态，确认信号显示及道岔位置是否正确，发现异常时，及时人工干预、破坏自动折返程序。

(5)列车进入站台对标停稳后，打开车门和站台门并进行手指口呼确认，然后进行站台作业，主要包括：站台立岗、监控乘客上车、关车门和站台门等。

二、有人驾驶列车折返

1. ATO或SM模式下站前折返

1)交车司机作业程序

(1)站前折返时到达司机需提前通过无线电台通知终点站队长或副队长，并在列车进入终点站时通过对讲机呼叫接车司机，通知接车司机"××次列车进行站前折返"。

(2)列车以ATB模式到站停稳后，进行正常站台作业，确认站台门、车门开启，回到驾驶室关激活钥匙，将驾驶模式转至ATB位，门模式转至AM位，通过驾驶室对讲与接车司机交接(主要交接车次、行车调度员命令、列车状况等)。

(3)关驾驶室灯，通过驾驶室侧门下车，下车后用对讲机通知接车司机"到达司机已下车"，同时监听接车司机的回复。

2)接车司机作业程序

(1)收到列车采用站前折返的通知，提前1min在下行站台头端司机立岗处接车。列车进站时，注意观察列车运行状态是否正常。

(2)确认站台门、车门打开后，从驾驶室侧门上车，通过驾驶室广播对讲设备与到达司机进行交接。

(3)交接完毕，开激活钥匙，将驾驶模式转至ATO/ATP位，设置广播，确认发车时间、客车状态记录卡，检查驾驶室各指示灯按钮及设备柜开关等，到站台立岗，收到到达司机已下车的通知后，通过对讲机回复。

(4)按运行时刻表，看信号关门动车。

想一想

接车司机是根据哪些信号关门的呢？

2. ATO或SM模式下站后折返

1)交车司机作业程序

(1)列车到站停稳后，进行正常站台作业，确认站台门、车门开启后回到驾驶室做清客广播，与接车司机交接（主要交接车次、行车调度员命令、列车状况等）。

（2）到站台手指口呼确认站台的清客"好了"信号并用对讲机回复"清客完毕，明白"，口呼"关车门"，进行关门作业，然后返回驾驶室。

（3）打开通道门确认无乘客遗留，锁好驾驶室侧门，左手手指口呼"灭灯，道好，推荐速度有"，操作 ATO 启动按钮（ATP 模式需人工驾驶），动车后关驾驶室灯。当列车到达折返线对标停稳，将激活钥匙置于"开"位。

（4）将驾驶模式转至 AR 位（自动折返驾驶模式），门模式转至 AM 位（列车自动运行驾驶模式），通知接车司机"已关钥匙并转换驾驶模式 AR、门模式 AM 位"，待列车折返至站台停稳开门后，通过驾驶室通道门从客室下车，下车后用对讲机通知接车司机"到达司机已下车"。

2）接车司机作业程序

（1）提前 1min 立岗，待列车停稳，车门、站台门打开后，进入驾驶室与到达司机进行对口交接并查看客车状态记录卡。

（2）待交车司机关好站台门、车门后，方可打开通道门并确认客室无乘客遗留。

（3）快速经客室到达对端驾驶室后检查各指示灯按钮及设备柜开关等，接到到达司机"已关钥匙并转换驾驶模式 AR 位、门模式 AM 位"的通知后开激活钥匙转换驾驶模式，手指口呼"CBTC 灭灯，道岔好，推荐速度有"并正常折返至站台。

（4）站台门、车门开启后，手指口呼"站台门、车门开启"并确认"到达司机已下车"，返回驾驶室设置广播，确认发车时间、客车状态记录卡后到站台立岗。

想一想

列车站前折返与站后折返在操作上有哪些异同呢？

3. RM 或 URM 模式下站前折返

1）交车司机作业程序

（1）列车到站停稳后将主控手柄拉至常用制动位，并打开驾驶室灯，确认开门侧方向，通过对讲机联控接车司机开站台门，确认站台门开启，到达司机操作开门按钮后，手指确认 HMI 上显示车门全部打开，到站台立岗处手指口呼"站台门、车门开启"。

（2）回到驾驶室关激活钥匙，将驾驶模式转至 ATB 位，门模式转至 AM 位，通过驾驶室对讲与接车司机交接（主要交接车次、行车调度员命令、列车状态等）。

（3）关驾驶室灯，通过驾驶室侧门下车，下车后用对讲机通知接车司机"到达司机已下车"。

2）接车司机作业程序

（1）收到列车采用站前折返的通知，提前 1min 在下行站台头端司机立岗处接车。列车进站时，注意观察列车运行状态是否正常。

（2）确认站台门、车门打开后，从驾驶室侧门上车，打开驾驶室灯，通过驾驶室对讲机与到达司机进行交接。

（3）交接完毕，开激活钥匙，将驾驶模式转至 ATO/ATP 位，设置广播，确认发车时间、客车状态记录卡，检查驾驶室各指示灯按钮及设备柜开关等，到站台立岗，收到“到达司机已下车”的通知后，通过对讲机回复。

(4)按运营时刻表，看信号关门动车。出站信号开放，使用 RM 模式出站，在越过出站信号机前通过显示屏确认列车已升级到 ATO 或 SM 模式后方可继续运行，如未升级到 ATO 或 SM 模式，应按 RM 模式运行到规定信号机；若仍未升级到 ATO 或 SM 模式，按 ATP 故障处理。

想一想

ATO 模式、SM 模式、RM 模式和 URM 模式下，站前折返、站后折返之间有哪些区别？

---

4. RM 或 URM 模式下站后折返

1)交车司机作业程序

(1)列车到站停稳后，进行正常站台作业，确认站台门、车门开启后回到驾驶室做清客广播，与接车司机交接(主要交接车次、行车调度员命令、列车状况等)。

(2)到站台手指口呼确认站台的清客“好了”信号，并用无线电台回复“清客完毕，明白”，关站台门并操作站台门关门按钮，确认 PSL 盘上门全关锁紧绿灯亮后，将站台门模式开关打至“自动”位，取下 PSL 盘钥匙，口呼“关车门”并跨半步按压关门按钮保持 2s 以上(关门期间，持续观察车门与站台门之间缝隙情况)；一脚跨站台一脚跨驾驶室手指口呼“站台门关好，车门关好，缝隙安全”，站在立岗处手指口呼“黄灯好，道岔好”。

(3)打开通道门确认无乘客遗留，锁好驾驶室侧门，左手手指口呼“黄灯好，道岔好”，动车关驾驶室灯，到达折返线对标停稳，待接车司机通知可以关激活钥匙时，关激活钥匙。

(4)将驾驶模式转至 ATB 位，门模式转至 AM 位，通知接车司机已关钥匙；列车折返至站台停稳开门后，通过驾驶室通道门从客室下车，下车后用 400M 电台通知接车司机“到达司机已下车”。

2)接车司机作业程序

(1)提前 1min 于站后尾端墙处立岗，待列车停稳且车门、站台门打开后，进入驾驶室与到达司机进行对口交接并查看列车状态记录卡。

(2)待交车司机关好站台门、车门后方可打开通道门并确认客室无乘客遗留。

(3)快速经客室到达对端驾驶室，确认信号机开放后通知交车司机关激活钥匙，接到到达司机“已关激活钥匙并转换驾驶模式 ATB 位、门模式 AM 位”的通知后，开激活钥匙转换驾驶模式、门模式，手指口呼确认“黄灯好、道岔好”，再正常折返到站台。

(4)人工打开车门、站台门并手指口呼“站台门、车门开启”，确认交车司机已下车后，返回驾驶室设置广播，确认发车时间、列车状态记录卡、各指示灯按钮及设备柜开关等，到站台立岗。

2.5.3 中间站折返

线路中间站折返即小交路折返，是指因发生特殊情况线路不能满足列车正常运作需要或行车调度员根据客流情况调整列车运行方式而使用的在中间车站站台完成折返的一种行车方式。由于各城市轨道交通公司列车信号系统、车型等有所差异，导致其人工折返作业流程间存在一些差异，但整体原则一样。下文以某地铁公司 ATO 或 SM 模式人工折返为例，介绍中间站折返作业流程。

一、站前折返

1. 交车司机作业程序

(1)交车司机听到对讲机传出“××次接车司机已到位”后，利用对讲机复诵。

(2)列车到站停稳后，确认车门、站台门已开启，出驾驶室确认乘客正常上下车后进入驾驶室，将驾驶模式转至 ATB 位，门模式转至 AM 位，关闭激活钥匙后，通过驾驶室对讲机与接车司机进行交接。交接内容主要包括：行车调度员命令、驾驶模式、列车状态、车次等。

(3)关闭驾驶室灯并通过驾驶室侧门下车，然后利用对讲机通知接车司机“交车司机已下车”，同时监听接车司机的回复。

2. 接车司机作业程序

(1)提前 1 ~2min 到站台端门处立岗。列车进站时，注意观察列车运行状态是否正常。

(2)确认站台门和车门开启后，从驾驶室侧门上车。打开驾驶室灯，并通过驾驶室对讲机与交车司机进行交接。

(3)交接完毕后，打开主控钥匙，将驾驶模式转至 ATO/ATP 位，门模式转至 AM 位，设置广播，核对车次，确认运营时刻表上发车时间，检查驾驶室各指示灯按钮及设备柜开关等设备状态，到站台立岗。

(4)收到交车司机已下车的通知后回复。

(5)根据 DTI 时间，看信号关门动车。

列车司机站前折返作业程序见表 2-16。

列车司机站前折返作业程序 表 2-16

作业项目	接车司机	交车司机
列车进站	(1)比照运营时刻表，在列车进入站台前提前到站台接车位置做好准备。当看见列车头灯时，用对讲机与到达司机联控，用语为“××次接车司机已到位”	(2)列车进入终点站时确认接车司机到位
开门	(3)确认列车到达终点站对标停稳→确认站台门、车门打开后，手指口呼“站台门、车门已开”	(4)站台对标停稳→按站台作业程序开门→到站台手指本端第一个车门确认站台门、车门已打开→口呼“站台门、车门已开”

续上表

作业项目	接车司机	交车司机
换端及交接	(6)从客室的通道门进入驾驶室放置好物品→通过车辆屏确认已关主控钥匙→按下司机对讲按钮报“接车司机到位”→复诵“已关主控钥匙,注意确认信号,注意调频、就绪”→复诵后取出客车状态记录卡与到达司机进行交接→用主控钥匙激活本端操纵台→通过车辆屏确认操纵台已激活(激活主控钥匙后将驾驶模式选择开关打到SM/RMF位,操作ATC紧急制动复位按钮缓解紧急制动)	(5)进入驾驶室→确认车辆屏显示无异常→驾驶模式选择开关回“OFF”位→关主控钥匙,听到接车司机已上车信息,口呼“已关钥匙,注意确认信号,注意调频,就绪”→确认接车司机复诵后取出客车状态记录卡进行交接
到达司机下车	(8)通过车辆屏确认后端驾驶室侧门显示灰色→到站台立岗。接到到达司机下车通知后复诵(关门前未接到到达司机下车通知,用对讲机联系到达司机)	(7)交接完毕后带齐物品打开驾驶室侧门下车,关闭驾驶室侧门→反拉侧门确认锁好→口呼“××次交车司机已下车,侧门、通道门已锁好”→到换乘室待令换乘
关门	(9)确认值乘车次、发车时间,设置广播	
出站	(10)司机转身确认信号机显示正常、道岔位置开通正确,参照发车时间提前40s通知车控室“车控室,往××方向××次列车准备关门”,确认信号机显示开放及道岔位置正确后口呼“CBTC灭灯/绿灯好,道岔好,关左/右门”,再关门动车	

二、站后折返

1. 交车司机作业程序

(1)列车到站停稳后,确认车门、站台门已开启,出驾驶室确认乘客正常上下车后再次进入驾驶室,与接车司机进行口头交接,交接内容主要包括:行车调度员命令、驾驶模式、列车状态、车次等。

(2)交接完后到站台立岗,待清客完毕后,关闭车门和站台门并确认缝隙安全。

(3)进入驾驶室后,手指口呼确认“灭灯,道岔好,推荐速度有”,然后操作ATO启动按钮。

(4)动车后,关闭驾驶室灯。到达折返线对标停车后,关驾驶室钥匙。

(5)将驾驶模式转为ATB位,将门模式转为AM位,通知接车司机“已关钥匙并转换驾驶模式ATB位,门模式AM位”。

(6)待列车驶出折返线,在站台对标停稳后,通过驾驶室通道从客室下车。

(7)下车后用对讲机通知接车司机“交车司机已下车”,同时监听接车司机回复。

(8)待列车驶出站台后方可离开站台。

2. 接车司机作业程序

(1)提前1~2min到站台尾端墙处立岗,列车进站时,注意观察列车运行状态是否正常。

(2)待车门和站台门开启后,进入驾驶室与交车司机进行口头交接。

(3)待车门、站台门关闭后,方可通过客室进入另一端驾驶室。

(4)进入驾驶室后检查各指示灯及按钮、设备柜开关状态。

(5)接到交车司机"已关钥匙并转换驾驶模式 ATB 位,门模式 AM 位"通知后,将驾驶模式转换至 ATO/SM 位,门模式转至 AM 位,手指口呼"灭灯,道岔好,推荐速度有"。

(6)正常启动列车至站台对标停车。

(7)列车停稳后,开启车门和站台门并进行站台立岗。

(8)当听到"交车司机已下车"通知后进行回复,根据 DTI 时间,看信号关门动车。

列车司机站后折返作业程序见表 2-17。

列车司机站后折返作业程序 表 2-17

作业项目	接车司机	交车司机
开门	(1)比照运营时刻表,在列车进入站台前提前到达尾端墙处立岗接车,看见车头灯后口呼"××次接车司机已到位"	(2)若列车以 ATO 模式到达终点站停稳,通过车辆屏、信号屏确认车门和站台门打开,做清客广播。若列车以 SM 模式到终点站停稳,则确认信号屏有开门使能信号后,口呼"开左/右门",打开驾驶室侧门,跨半步,并按压开门按钮打开车门、站台门,确认站台门、车门已开,做清客广播
关门	(3)确认列车到达终点站对标停稳,从客室通道门进入驾驶室,使用驾驶室对讲机报"接车司机已上车"→将 CCTV 画面切换至到达端 A 车客室→通过通道门确认清客完毕,车门关闭→锁好通道门	(4)确认接车司机已上车且监听到接车司机复诵"接车司机已上车",接到站台岗对讲机通知清客完毕,确认清客"好了"信号、信号机灭灯、道岔位置正确后,口呼"清客完毕,CBTC 灭灯,道岔好,关左/右门"。跨半步伸头进入驾驶室确认关门按钮位置→按压关门按钮,眼观缝隙,听见车门关闭报警声,车门完全关闭后,侧转身确认驾驶室门全关闭灯绿灯亮,口呼"车门关好"。确认 PSL 控制盘上滑动门/应急门关闭指示灯绿灯亮,口呼"站台门关好"
空隙确认	(6)注意监听对讲机的呼叫	(5)确认缝隙无夹人、夹物,手指缝隙并口呼"缝隙安全"
动车确认	(8)确认列车进路开放后点击到达端 CCTV 监控到达司机作业,列车启动后通过信号屏监控列车运行模式、运行速度是否正常,做好随时提醒到达司机的准备	(7)进入驾驶室,手指信号机灭灯并口呼"CBTC 灭灯",手指道岔确认开通位置正确,口呼"道岔好",手指信号屏确认最大速度,口呼"目标距离有,最大速度××,发车信号有",确认 ATO 启动按钮灯常亮,按压 ATO 启动列车

续上表

作业项目	接车司机	交车司机
交接	(10)取出接车司机所在端客车状态记录卡进行交接(驾驶室对讲机故障时,用手持对讲机进行交接)	(9)驾驶列车到达折返线停稳,取出客车状态记录卡进行交接。交接内容:列车线路、行车相关设备设施的特殊状态,行车调度员命令,其他行车安全注意事项
	(11)接车司机确认前方站台列车已出清,前方信号机灭灯,道岔位置正确,用驾驶室对讲机报"CBTC 灭灯,道岔位置正确,可以关钥匙"	
换端操作	(13)复诵"已关钥匙,注意确认信号,注意调频、就绪",确认信号机显示、道岔位置正确,用主控钥匙激活接车司机所在端操纵台→确认操纵台已激活→确认已调频	(12)得到接车司机通知后,将驾驶模式选择开关打到"OFF"位,关主控钥匙,并按下司机对讲按钮报"已关钥匙,注意确认信号,注意调频,就绪"
	(14)将驾驶模式选择开关打到 SM 位,操作"ATC 紧急制动复位"按钮缓解紧急制动,手指信号机灭灯,口呼"CBTC 灭灯",手指道岔确认开通位置正确,口呼"道岔好",手指信号屏确认目标距离、最大速度,"发车 YES",口呼"目标距离有,最大速度 × ×,发车 YES",确认 ATO 启动按钮灯常亮,按压 ATO 启动列车	(15)通过 CCTV 监控接车司机作业,列车启动后通过信号屏监控列车运行模式、运行速度是否正常,做好随时提醒接车司机的准备
到达站台下车	(16)驾驶列车在站对标停稳,按站台作业程序打开车门、站台门	(17)列车到站对标停稳,确认接车司机已打开站台门、车门→带齐物品打开驾驶室通道门下车,关闭驾驶室通道门
关门动车	(18)确认值乘车次、发车时间,设置广播。在站台立岗监视乘客上车情况,于运行时刻表发车点前 40s 用对讲机通知车站。DTI 倒计时 15s,按站台作业程序关门及动车	

注意

进行中间站折返时,列车司机需要注意以下事项:

(1)小交路折返时,务必确认客室无乘客滞留。

(2)进入折返线、存车线、渡线时,必须认真确认信号、道岔位置是否正确,发现异常时,及时停车。

(3)需要在折返线、存车线对标停车时,严格执行"三车、二车、一车"限速对标原则。

城市轨道交通列车驾驶

班级:__________ 姓名:__________ 小组:__________ 日期:__________

任务 2.5 实施与评价 理论学习工作单

一、不定项选择题(3 分 ×4 = 12 分)

1. 列车折返方式根据折返线位置布置情况分为( )。

A. 站前折返和站后折返 B. 交叉折返和贯通折返

C. 交叉折返和站后折返 D. 往复式折返和站后折返

2. 目前采用的折返方式有( )两种。

A. 站前折返和自动折返 B. 站后折返和人工折返

C. 站前折返和站后折返 D. 人工折返和自动折返

3. 站前折返根据线路布置的不同可分为( )。

A. 交叉渡线折返和单渡线折返 B. 站后折返和单渡线折返

C. 单渡线折返和复式渡线折返 D. 交叉渡线折返和复式渡线折返

4. 折返作业组织包括( )。

A. 中央控制 B. 车站控制 C. 车辆段控制 D. 停车场控制

二、判断题(2 分 ×8 = 16 分)

1. 站后折返是指列车在终点站或中间站采用平行进路进行折返,该模式可以有效地避免到达列车和出发列车的干扰。( )

2. 站后折返方式的优点是列车进出站的速度较高,有利于提高旅行速度,此种折返是在空车状态下进行的,不会对乘客有任何影响;另外,折返线在行车时间外,还可以兼作列车临时检修线,这种折返方式被广泛运用。( )

3. 站后折返方式的缺点是站线布置距离长,列车折返消耗时间短,车站投资大。( )

4. 折返线是指在线路两端终点站或中间站设置的专供列车改变运行方向的线路。有单折返线、双折返线和多折返线。( )

5. 折返能力是指折返线上 1min 内能够通过的最大列车数。( )

6. 采用站后折返运行的列车,应在折返站清客后才能进入折返线。( )

7. 站前折返方式的优点是,渡线布置在站台的前方,列车走行距离较长;站线兼作折返线使用,站线布置较短,可以减少建设项目的投资;进行折返作业时,乘客上下车可以同时进行,从而缩短停站时间。( )

8. 站前折返方式的缺点也是很明显的。首先,到达列车和出发列车存在敌对进路,安全上得不到保证;其次,列车进出站都要经过道岔区段,列车运行速度受到限制,且影响列车运行的平稳,乘客感觉不舒服,在大客流情况下,乘客上下车秩序比较混乱。最后,列车在折返过程中,会占用区间,影响后续列车的闭塞,为避免到发列车进路交叉,只能在到发列车作业时间上错开,这样对终点站或折返站的折返能力或线路

的通过能力都有影响。 （　）

三、简答题(10 分×4 =40 分)

1. 请阐述站前、站后折返方式的优缺点。

2. 请阐述站前折返作业程序。

3. 请阐述站后折返作业程序。

4. 请阐述无人自动折返方式的优缺点。

四、思维导图(32 分)

请利用思维导图软件,根据自身学习和领悟绘制本任务思维导图以辅助记忆。

班级:__________ 姓名:__________ 小组:__________ 日期:__________

任务 2.5 实施与评价 实践工作单 1 自动折返作业

一、实践目标

(1)能够在站务员配合下清客;

(2)掌握列车折返的条件;

(3)熟练进行自动折返操作;

(4)能以列车司机的标准要求自己;

(5)谨记“安全第一”,培养严格按照标准化作业操作的习惯;

(6)培养严谨、认真、一丝不苟的工作态度和不怕苦、不怕累的精神。

二、工具与器材

模拟驾驶器、司机手账、激活钥匙、司机包、三角钥匙、四角钥匙、400M 电台、800M 电台、轮值表、客车状态记录卡。

三、实操步骤

(1)列车到达折返站之后,确认车门全部开启,列车司机在站台处站立,监护乘客下车情况。

(2)站务员进入车厢内部进行清客,注意让所有乘客均下车,不得载客进入折返线;乘客下车完毕后,给出“好了”手信号;列车司机确认站务员给出手信号之后,进行关门作业。

(3)列车司机按压驾驶室侧门关门按钮 2s 以上,关闭车门及站台门;关门过程中,乘务员注意观察站台状况,若有乘客未下车或在关门过程中上车,及时联系站务员处理;关门时需执行手指口呼制度,步骤与站台作业一致。

(4)列车司机关闭车门后,在车外站立,面向信号机,等待车站出站信号机开放及道岔开通。

(5)信号及道岔开通后,列车司机进入驾驶室,对发车条件进行手指口呼确认(步骤、操作与站台作业一致);手指门全关闭灯及 HMI,口呼“门关好”;手指 TOD,口呼“入库条件具备”;手指道岔,口呼“道岔定位/反位”;手指出站信号机,口呼“出站黄灯/绿灯”(黄灯代表开通侧向,道岔反位;绿灯代表开通正向,道岔定位)。

(6)将驾驶模式选择开关逐级扳至“OFF”位。

(7)按压自动折返按钮 5s 以上松开。

(8)将主控钥匙打至“OFF”位。

(9)观察 TOD 显示模式为 DTB(自动折返)。列车正常启动后,进入自动折返状态。

(10)列车自动到站停稳后,打开对应车门,需确认车门、站台门全部开启,建立安全电路。

四、考核与评价标准

考核与评价标准见下表。

工作单	自动折返作业			
说明	教师按考核内容对学生逐一进行考核			
班级		姓名		
学习小组		考核时间		
序号	考核内容		分值	得分
1	按规定着装		5	
2	终点站开启车门和站台门		5	
3	播放清客广播		5	
4	站台作业		10	
5	凭站务员“好了”手信号关门		5	
6	确认车门、站台门关闭，缝隙安全		失格	
7	将主控器放置在惰行位		5	
8	将驾驶模选择开关打至“OFF”位		5	
9	按压自动折返按钮		10	
10	将主控钥匙扳至“OFF”位		10	
11	列车进站后对列车进行激活并建立安全电路		40	
合计			100	
指导老师意见				
完成人签字				
指导老师签字				

班级:____________ 姓名:____________ 小组:____________ 日期:____________

任务 2.5 实施与评价　实践工作单 2 人工折返作业

一、实践目标

(1)能够在站务员配合下清客;

(2)掌握列车折返的条件;

(3)熟练进行手动折返操作;

(4)能以列车司机的标准要求自己;

(5)谨记“安全第一”,培养严格按照标准化作业操作的习惯;

(6)培养严谨、认真、一丝不苟的工作态度和不怕苦、不怕累的精神。

二、工具与器材

模拟驾驶器、司机手账、激活钥匙、司机包、三角钥匙、四角钥匙、400M 电台、800M 电台、轮值表、客车状态记录卡。

三、实操步骤

(1)列车到达折返站之后,确认车门全部开启,在站台处站立,监护乘客下车情况。

(2)站务员进入车厢内部进行清客,注意让所有乘客均下车,不得载客进入折返线;乘客下车完毕后,给出“好了”手信号。列车司机确认站务员给出手信号之后,进行关门作业。

(3)按压驾驶室侧门关门按钮 2s 以上,关闭车门及站台门;关门过程中,注意观察站台状况,若有乘客未下车或在关门过程中上车,及时联系站务员处理;关门时需执行手指口呼制度,步骤与站台作业一致。

(4)关闭车门后,在车外站立,面向信号机,等待车站出站信号机开放及道岔开通。

(5)信号及道岔开通后,进入驾驶室,对发车条件进行手指口呼确认(步骤、操作与站台作业一致);手指门全关闭灯及 HMI,口呼“门关好”;手指 TOD,口呼“入库条件具备”;手指道岔,口呼“道岔定位/反位”;手指出站信号机,口呼“出站黄灯/绿灯”(黄灯代表开通侧向,道岔反位;绿灯代表开通正向,道岔定位)。

(6)将驾驶模式选择开关逐级扳至相应模式(ATO 或 SM 模式)。

(7)若为 ATO 模式,则按压 ATO 启动按钮 2s 以上,启动列车入库;若为 SM 模式,则操作主控器启动列车入库。

(8)驾驶列车到达渡线停车标处对标停车,恢复驾驶模式选择开关、主控手柄位置,并将主控钥匙转为“OFF”位。

用三角钥匙打开驾驶室后端门,通过客室车厢进入另一端驾驶室,检查列车各开关、保险及按钮正常后激活列车并建立安全回路,将驾驶模式选择开关扳至“ATO”或

"SM"位。

(9)出库信号机开放后,手指口呼"出库绿色/黄灯,道岔定位/反位";若采用 ATO 模式,按压 ATO 启动按钮 2s 以上,列车自动驶出渡线;若采用 SM 模式驾驶,需操纵主控器驶出渡线。

(10)列车在车站对标停车后,ATO 模式下列车自动开门(SM 模式下列车手动开门),开关门、站台立岗、灯操作流程及手指口呼确认程序与站台作业相同。

四、考核与评价标准

考核与评价标准见下表。

<table>
<tr><td>工作单</td><td colspan="4">人工折返作业</td></tr>
<tr><td>说明</td><td colspan="4">教师按考核内容对学生逐一进行考核</td></tr>
<tr><td>班级</td><td></td><td>姓名</td><td colspan="2"></td></tr>
<tr><td>学习小组</td><td></td><td>考核时间</td><td colspan="2"></td></tr>
<tr><td>序号</td><td colspan="2">考核内容</td><td>分值</td><td>得分</td></tr>
<tr><td>1</td><td colspan="2">按规定着装</td><td>5</td><td></td></tr>
<tr><td>2</td><td colspan="2">终点站开启车门和站台门</td><td>5</td><td></td></tr>
<tr><td>3</td><td colspan="2">播放清客广播</td><td>5</td><td></td></tr>
<tr><td>4</td><td colspan="2">站台作业</td><td>10</td><td></td></tr>
<tr><td>5</td><td colspan="2">凭站务员"好了"手信号关门</td><td>5</td><td></td></tr>
<tr><td>6</td><td colspan="2">确认车门、站台门关闭,缝隙安全</td><td>失格</td><td></td></tr>
<tr><td>7</td><td colspan="2">确认行车凭证、启动列车</td><td>10</td><td></td></tr>
<tr><td>8</td><td colspan="2">折返线上对标停车</td><td>10</td><td></td></tr>
<tr><td>9</td><td colspan="2">换端</td><td>25</td><td></td></tr>
<tr><td>10</td><td colspan="2">凭信号启动列车</td><td>10</td><td></td></tr>
<tr><td>11</td><td colspan="2">进站对标停车</td><td>10</td><td></td></tr>
<tr><td>12</td><td colspan="2">开启车门和站台门</td><td>5</td><td></td></tr>
<tr><td colspan="3">合计</td><td>100</td><td></td></tr>
<tr><td>指导老师意见</td><td colspan="4"></td></tr>
<tr><td>完成人签字</td><td colspan="4"></td></tr>
<tr><td>指导老师签字</td><td colspan="4"></td></tr>
</table>

任务 2.6　广播作业

任务导入

地铁车厢内都设有紧急通话装置。当车厢内发生紧急情况或有乘客需要帮助时，可第一时间打开紧急通话装置设备面板，使用该设备联系列车司机，列车司机会根据乘客反映的情况作出判断，并通知相关车站工作人员到对应位置，待列车停站后上车处理或救助。地铁列车车型不同，紧急通话装置安装位置不同，一般位于车厢车门侧立柱上，每节车厢安装 3 ~5 个。注意，紧急通话装置只能在紧急情况下使用，非紧急情况下擅自使用会对地铁列车的运营秩序造成影响，等待你的不仅有罚款还有法律责任哦。

（摘编自：深圳新闻网，2021 年 9 月 8 日）

任务准备

引导问题 1　紧急通话装置属于列车的哪个系统？

引导问题 2　列车广播系统由哪些子系统组成？它们之间的优先级关系是怎样的？

知识准备

2.6.1　系统组成及功能

广播系统是列车司机在驾驶列车运营过程中须密切关注、随时操作的系统，是列车司机与乘客沟通、交流的有效手段。列车司机在列车驾驶过程中须正确掌握播报时机进行自动或人工播报，达到服务乘客的目的。此外，广播系统也是交接班过程中交班司机与接班司机间通信的重要工具。

一、系统组成

列车广播系统主要由驾驶室设备、客室设备和辅助设备构成。两端的驾驶室各有一套设备，两套设备互为热备份。

驾驶室设备主要包括：驾驶室广播系统主控设备、司机控制单元、驾驶室对讲装置，如图 2-42 所示。客室设备主要包括：客室主控设备、电子地图、乘客紧急通话装置、客室噪声检测器、音响等。

二、系统功能

列车广播系统主要包含：自动语音广播系统、半自动语音广播系统、人工语音广播系统、功能优先级系统、乘客紧急报警通话系统和电子地图显示系统。

（1）自动语音广播系统。该系统控制器在收到列车的速度信号、关门信号后，把这些信号作为语音自动播放触发信号,在列车运行过程中进行全自动语音广播。其内容一般包括前方到站信息等。

(2)半自动语音广播系统:根据列车运行的状态,列车司机通过操作驾驶室广播系统控制面板播放预先录制好的语音信息。半自动语音广播内容一般包括临时停车、再次启动列车信息等。

(3)人工语音广播系统:列车司机通过广播系统用话筒向客室乘客播放实时语音信息。

(4)功能优先级系统。不同广播其优先级不一样,高级别广播可以打断低级别广播,待高级别广播播放完后低级别广播自动恢复。广播系统优先级由高到低分别是运营控制中心(operation control center,OCC)对列车广播(紧急广播)、乘客紧急报警、驾驶室对讲、人工语音广播、自动语音广播、实时新闻播放。

(5)乘客紧急报警通话系统。该系统的紧急通话装置用于车厢内出现紧急情况时乘客向驾驶室报警,可以实现乘客与列车司机的双向通话,如图2-43所示。

图2-42 驾驶室对讲装置

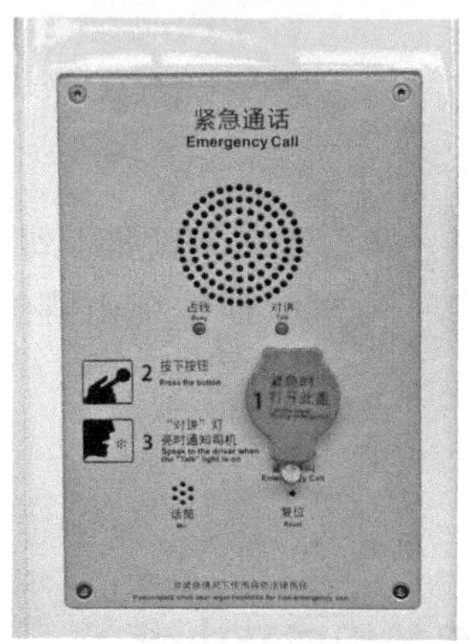

图2-43 紧急通话装置

(6)电子地图显示系统。该系统在客室乘客信息屏幕上进行站名汉字显示或站名地图显示,使广播报站声音与文字或地图显示同步(图2-44)。

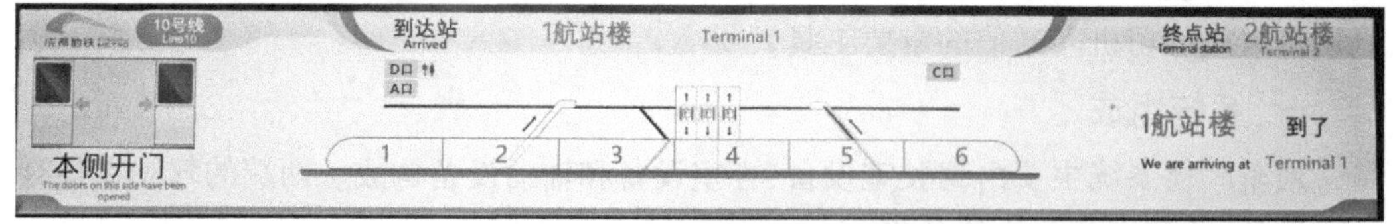

图2-44 电子地图信息显示系统

知识拓展

地铁列车广播报站系统是列车上的智能系统之一。在ATO模式下无须人工干预,便可精准地完成列车报站,也可以实时监测列车状态并采取不同的报站模式完成报站。列车报站时,动态电子地图和LCD电视同步显示站点信息。成都地铁1号线列车广播报站有交通管理系统(transportation management system,TMS)报站、自动报站、手动报站模式(图2-45)。

TMS 报站也叫作 ATO 自动报站，只有在 ATO 模式下才可使用。

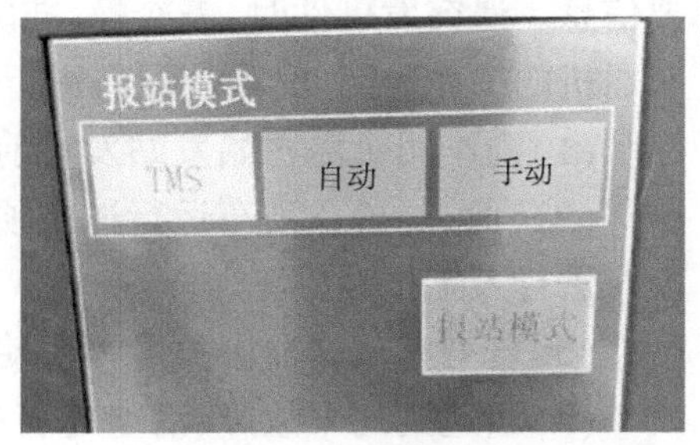

图 2-45　列车报站模式

在 ATO 驾驶模式下，广播系统可根据轨旁设备确定列车所在位置，且当列车速度大于 5km/h，开始报“前方到站……”当列车距离目标站小于 300m 时播放到站广播“……站到了”。

列车在非 ATO 模式下，将首选自动报站。自动报站需要列车司机在始发站设置好起点站、终点站、上下行方向，列车根据车辆速度、开关门信息完成文件调用和报站。列车速度小于 25km/h 时，播放到站广播“……站到了”。列车检测到速度信息和开关门信号后自动加一个站，当列车速度大于 5km/h 时，开始报出站广播“前方到站……”

自动报站故障情况下才会使用手动报站。

手动报站：列车司机每次进、出站时手动点击广播控制器选择站名来调用报站语音。

人工广播报站：在设备故障且无法自动或者手动报站的情况下，列车司机通过广播话筒口播站点。该模式是最原始的报站模式，也是列车广播报站的最后一道“保障”。

2.6.2　作业内容及注意事项

一、作业内容

在列车运营过程中，广播内容可分为常规广播、特殊广播、紧急广播、人工广播、列车服务信息广播和推广信息广播等。常规广播主要指前方到站、到站、列车离站时播放的信息，这些信息一般是事先录制好的。特殊广播是指在列车运营中出现特殊情况时使用的广播信息，例如运营延误、到站清客等。紧急广播是指列车在运营过程中出现紧急情况时播放的信息，例如区间清客、紧急撤离等。在紧急情况下，列车司机通过广播可缓解乘客紧张情绪。

图 2-46　人工广播作业

人工广播（图 2-46）适用于列车在运营中接到需要实时发布的信息或者列车在运营过程中自动广播出现故障时需要人工进行播报的情况，例如列车增加运营时间、列车不停站通过等。列车服务信息广播和推广信息广播用于为乘客提供更好的帮助和遏制乘客乘车时的非正常行为。列车服务信息广播有开门方向提示，推广信息广播有让座提示等。

二、注意事项

列车司机在驾驶室操纵列车必须时刻关注各节车厢中乘客的状态，通过广播系统与乘客进行良好的沟通。列车司机需要积极主动地与车上乘客沟通，正确表达行车必要信息。遇突发事件时，需冷静、准确、恰到好处、流畅地进行广播，使乘客积极配合列车司机的工作。因此，列车司机进行广播作业需注意以下事项：

(1)列车司机需在始发站发车前根据运行交路设置好列车报站器。

(2)列车司机在列车运行途中须注意监听列车报站与显示屏站名，若存在错误需及时进行人工报站更正。

(3)若列车报站器因故障无法使用，列车司机需及时人工广播报站。

(4)当遇到列车故障、清空等特殊情况，列车司机应及时人工广播进行情况说明和乘客安抚工作。

提示

列车司机作为行车组织的最前线执行人员，肩负着安全驾驶列车、快捷运送乘客、保证人身安全的重大任务，必须将乘客服务置于工作的出发点，时刻牢记"安全第一、服务乘客"的运营理念。在执勤过程中，必须时刻关注各车厢中乘客的状态，对乘客真正负起应有的责任，积极主动地与车上乘客沟通，正确表达行车必要信息，使乘客获得良好感受，提高服务质量。

2.6.3 人工广播作业

在人工广播时，应尽量使用文明用语，如"您""请""谢谢""对不起"等。列车司机的广播作业能力不仅体现在人工广播的流畅性上，也表现在突发事件发生时能够冷静、准确、恰到好处地设计广播用语的能力上。表 2-18 列出了一些常用的特殊情况下的应急广播用语。

应急广播用语　　表 2-18

序号	应急场景	广播内容	服务要求
1	临时停车(5min 以内)	各位尊敬的乘客，现在是临时停车。列车设备安全，请您耐心等候。为确保您和他人的安全，请勿触动车上的设备，请勿靠近车门。感谢您的谅解与合作	每 2min 播放一次
2	列车在区间故障持续停车	各位尊敬的乘客，由于临时故障，现正在加急处理，请您耐心等候。请勿触动车上的设备，请勿靠近车门。感谢您的谅解与合作	每 2min 播放一次
3	列车在站内故障持续停车(5min 以上)	各位尊敬的乘客，由于临时故障，现正在加急处理。请勿触动车上的设备，请勿靠近车门。有急事的乘客请改乘其他交通工具。感谢您的谅解与合作	每 2min 播放一次
4	列车清客	各位尊敬的乘客，由于设备故障/运营组织需要，本次列车将退出服务。请全体乘客下车，给您出行带来不便，我们深表歉意	连续播放直至清客完毕

续上表

序号	应急场景	广播内容	服务要求
5	延误 10min 及以上且短时间内不能恢复	各位乘客请注意，由于××故障，本趟列车临时停车。车厢内人多拥挤，请到站台候车。有急事的乘客请改乘其他交通工具。给您带来不便，我们深表歉意	与车控室、站台岗密切联系，列车司机人工广播及时将信息告知车内乘客，每分钟播放1次
6	区间前端疏散	各位乘客请注意，由于发生险情，需要进行紧急疏散，请您不要惊慌，有序地从打开的车门离开车厢，进入疏散平台，往列车前进方向的头部行走。穿高跟鞋的乘客请脱鞋。请听从工作人员的指引，步行前往车站，请注意安全	连续播放直至清客完毕
7	区间后端疏散	各位乘客请注意，由于发生险情，现在需要进行紧急疏散，请您不要惊慌，有序地从打开的车门离开车厢，进入疏散平台，往列车前进方向的尾部行走。穿高跟鞋的乘客请脱鞋。请听从工作人员的指引，步行前往车站，请注意安全	连续播放直至清客完毕
8	区间两端疏散	各位乘客请注意，由于发生险情，需要在列车两端紧急疏散，请您不要惊慌，有序地从打开的车门进入疏散平台，往列车两端方向疏散。穿高跟鞋的乘客请脱鞋。请听从工作人员的指引，步行前往车站，请注意安全	连续播放直至清客完毕
9	列车站内疏散	各位乘客请注意，由于列车发生险情，请全体乘客下车，听从工作人员的指引，迅速离开车站	连续播放直至清客完毕
10	部分车门、站台门打不开	各位乘客请注意，因部分车门/站台门不能自动打开，请从开启的车门/站台门处下车。感谢您的配合	开门前播放一次
11	全部站台门打不开	各位乘客请注意，因站台门不能自动打开，请按照站台门开门指引，打开站台门下车。感谢您的配合	开门前播放一次
12	限速行车	各位乘客请注意，由于运营需要/天气原因，现在实行限速行车。不便之处，敬请原谅	每个区间播放一次
13	运行中车门解锁	请解锁车门的乘客注意，请勿靠近车门，以免发生危险。列车进站后将有工作人员前来处理，谢谢您的合作	发现车门紧急解锁后连续播放直至处理完毕
14	不停站通过	各位乘客请注意，由于运营组织需要，本次列车将不在下一站停靠。需在该站下车的乘客，请在其他站下车。给您出行带来不便，我们深表歉意	列车在前一个站动车前播放一次
15	停车不开门	各位乘客请注意，由于特殊原因，列车将在下一站停车不开车门。需在该站下车的乘客，请在其他站下车，下车后与工作人员联系。不便之处，敬请原谅	列车进站前播放一次

续上表

序号	应急场景	广播内容	服务要求
16	列车再次启动	各位乘客请注意,列车将再次启动,请站好扶稳,请勿扶靠车门	列车启动前播放一次
17	区间故障救援	各位乘客请注意,由于发生临时故障,现正在加紧处理。请您耐心等候,请勿触动车上的设备,请勿靠近车门。感谢您的谅解与合作	连续播放直至救援动车
18	列车在区间发生火灾、爆炸等突发事件	各位乘客请注意,车厢内发生突发事件,大家不要惊慌,我们正在积极处理。请大家协助维护车内秩序。给您带来的不便请您谅解,谢谢合作	每2min播放一次
19	缓解乘客紧张情绪的信息提示	各位乘客请注意,目前情况已完全受到控制,请保持镇定。有进一步的消息,我们会尽快通知大家。谢谢您的配合	每2min播放一次
20	信号设备故障、列车产生紧急制动	各位乘客请注意,由于信号设备故障,列车产生紧急制动。给您带来的不便请您谅解,谢谢合作	连续播放直至处理完毕
21	车门(或站台门)故障	各位乘客请注意,现在列车×号车厢的×号车门(或站台门)不能开启,下车的乘客请从其他车门下车。给您带来的不便请您谅解,谢谢合作	开门前播放一次

角色扮演

两人一组,分别扮演列车司机和行车调度员的角色。列车司机须根据行车调度员设置的场景进行相应的人工广播播报。

班级:__________ 姓名:__________ 小组:__________ 日期:__________

任务 2.6　实施与评价　理论学习工作单

一、不定项选择题(3 分 ×6 = 18 分)

1. 正线列车运行中,列车司机监听到广播报站错误时,正确的做法是(　　)。

A. 调整广播,人工纠正　　B. 通知行车调度员

C. 重启广播系统　　D. 继续运行至终点站处理

2. 列车应设置报警系统,客室内应设置乘客紧急通话装置。乘客紧急通话装置应具有(　　)。

A. 乘务员与乘客间双向通信功能　　B. 乘客与车站综控员的双向通信功能

C. 乘客与公安系统的双向报警功能　　D. 乘客与调度指挥中心的双向通信功能

3. 列车广播可以通过(　　),实现控制中心调度员对运行列车中乘客的语音广播。

A. PIS 系统　　B. 无线通信系统

C. ATS 系统　　D. 通信传输系统

4. 当遇到列车(　　)等特殊情况或需发布其他信息时,列车司机应选取应急广播用语或通过人工广播向乘客说明。

A. 故障　　B. 清客　　C. 跳停　　D. 程序失效

5. 如果运营列车自动报站功能失效,列车司机应(　　)。

A. 不广播,维持运营至终点　　B. 采用人工播报方式报站

C. 报告行车调度员,请求中央广播　　D. 请求车站派人随车广播

6. 紧急广播在(　　)设置。

A. 车辆屏　　B. ATC 显示屏　　C. 继电器柜　　D. 以上均可

二、简答题(10 分 ×6 = 60 分)

1. 列车广播系统包含哪几个部分?

2. 人工广播时需要注意哪些事项?

3. 列车广播系统优先级由高到低分别是什么?

4. 地铁车厢里哪些属于广播系统？

5. 请阐述列车临时停车和清客的广播内容。

6. 请阐述列车不停站通过和车门故障的广播内容。

三、思维导图（22 分）

请利用思维导图软件，根据自身学习和领悟绘制本任务思维导图以辅助记忆。

班级：__________ 姓名：__________ 小组：__________ 日期：__________

任务2.6 实施与评价 实践工作单 广播作业

一、实践目标

(1)能够正确操作广播设备；

(2)能进行人工广播，口齿清晰，内容明确；

(3)能够进行英文人工广播；

(4)能根据具体情况快速有效地组织广播用语，正确进行广播；

(5)能以列车司机的标准要求自己；

(6)谨记"安全第一"，培养严格按照标准化作业操作的习惯；

(7)培养严谨、认真、一丝不苟的工作态度和不怕苦、不怕累的精神。

二、工具与器材

音源输出设备、预录制语音设备、前级放大器、功率放大器、开关控制模块、噪声检测模块、应急广播控制模块、400M 电台、800M 电台等。

三、实操步骤

1. 按照列车司机着装标准着装

2. 正确开启相关设备

3. 根据以下情境，选择正确广播用语播报

(1)常规广播。

在广播时，应尽量使用文明用语，如"您""请""谢谢""对不起"等。

(2)特殊和紧急广播。

特殊和紧急广播内容应首先引起乘客注意，再简单说明情况或原因，最后委婉地提出要求。在实际工作中，列车司机应能根据具体情况快速有效地组织广播用语，正确进行广播。

①临时停车。

各位乘客，因本次列车(或前方列车、线路、设备、供电系统等)故障，现正在积极处理，请大家耐心等待，协助我们维护好车内秩序。

②在站通过。

各位乘客，接调度命令，本次列车在××站通过不停车，有在该车站下车的乘客请您提前一站下车，在站台等候下一次列车。给您带来的不便请您谅解，谢谢合作。

③列车终点站临时清客。

各位乘客，本次列车停止运营服务，请您立即下车，等候下次列车。感谢您的合作。

各位乘客，本次列车将会在前方站退出运营服务，请您携带好随身物品，到站下

车，在站台等候下次列车。给您带来的不便请您谅解，谢谢合作。

④列车区间疏散。

a. 从列车到车站。

乘客您好，因发生车辆故障，本次列车已无法继续运行。为了您的安全，请您按顺序前行到车头方向，按照工作人员的引导前往下一站。请不要拥挤，注意安全，以免发生损伤。给您带来的不便请您谅解，谢谢合作。

b. 从列车到列车。

乘客您好，本次列车无法继续运行，请您按顺序前行到车头（或车尾）方向，按照工作人员的引导转乘另一列车。请不要拥挤，注意安全，以免发生损伤。给您带来的不便请您谅解，谢谢合作。

c. 紧急情况。

乘客您好，因发生紧急情况，请您从驾驶室离开列车，前往下一站或出口。情况已经受到控制，请保持镇定，不要拥挤、奔跑，以免发生损伤。

⑤列车发生突发事件。

乘客您好，因列车发生严重意外事故无法继续运行，为了您的安全，请按秩序由开启的车门下车，请不要拥挤，注意安全，以免造成损伤。请您听从工作人员的指挥，迅速撤离车站。给您带来的不便请您谅解，谢谢合作。

⑥缓解乘客紧张情绪。

各位乘客，目前情况已完全受到控制，请保持镇定。有进一步的消息，我们会尽快通知大家。谢谢您的配合。

⑦列车紧急制动。

各位乘客，由于信号设备故障，列车产生紧急制动。给您带来的不便请您谅解，谢谢合作。

⑧列车晚点。

乘客您好，本次列车晚点，请您协助我们的工作抓紧时间上下车。给您带来的不便请您谅解，谢谢合作。

⑨车门或站台门故障。

乘客您好，现在列车×号车厢的×号车门（或站台门）不能开启，下车的乘客请从其他车门下车。给您带来的不便请您谅解，谢谢合作。

⑩部分车门、站台门打不开。

各位乘客，因部分车门/站台门不能自动打开，请从开启的车门/站台门下车。感谢您的配合。

⑪全部站台门打不开。

各位乘客，因站台门不能自动打开，请按照站台门开门指引，打开站台门下车。感谢您的配合。

四、考核与评价标准

考核与评价标准见下表。

任务工作单考核与评价标准

<table>
<tr><td>工作单</td><td colspan="3">广播作业</td></tr>
<tr><td>说明</td><td colspan="3">教师按考核内容对学生逐一进行考核</td></tr>
<tr><td>班级</td><td></td><td>姓名</td><td colspan="2"></td></tr>
<tr><td>学习小组</td><td></td><td>考核时间</td><td colspan="2"></td></tr>
<tr><td>序号</td><td colspan="2">考核内容</td><td>分值</td><td>得分</td></tr>
<tr><td>1</td><td colspan="2">按规定着装</td><td>5</td><td></td></tr>
<tr><td>2</td><td colspan="2">列车进站人工广播</td><td>5</td><td></td></tr>
<tr><td>3</td><td colspan="2">列车出站人工广播</td><td>5</td><td></td></tr>
<tr><td>4</td><td colspan="2">终点站清客人工广播</td><td>5</td><td></td></tr>
<tr><td>5</td><td colspan="2">临时停车人工广播</td><td>5</td><td></td></tr>
<tr><td>6</td><td colspan="2">不停站通过人工广播</td><td>5</td><td></td></tr>
<tr><td>7</td><td colspan="2">列车区间疏散人工广播</td><td>10</td><td></td></tr>
<tr><td>8</td><td colspan="2">列车再次启动人工广播</td><td>5</td><td></td></tr>
<tr><td>9</td><td colspan="2">区间故障救援人工广播</td><td>10</td><td></td></tr>
<tr><td>10</td><td colspan="2">列车在区间发生火灾、爆炸等突发事件人工广播</td><td>10</td><td></td></tr>
<tr><td>11</td><td colspan="2">缓解乘客紧张情绪的信息提示人工广播</td><td>10</td><td></td></tr>
<tr><td>12</td><td colspan="2">信号设备故障、列车产生紧急制动人工广播</td><td>10</td><td></td></tr>
<tr><td>13</td><td colspan="2">车门(或站台门)故障人工广播</td><td>10</td><td></td></tr>
<tr><td>14</td><td colspan="2">列车站内疏散人工广播</td><td>5</td><td></td></tr>
<tr><td colspan="3">合计</td><td>100</td><td></td></tr>
<tr><td>指导老师意见</td><td colspan="4"></td></tr>
<tr><td>完成人签字</td><td colspan="4"></td></tr>
<tr><td>指导老师签字</td><td colspan="4"></td></tr>
</table>

城市轨道交通列车驾驶

任务 2.7　全自动运行系统典型列车作业标准

任务导入

乘坐上海地铁 10 号线、15 号线、18 号线时，可能会在车厢里看到一位地铁工作人员(图 2-47)。他是列车司机吗？这些线路都采用全自动运行系统，还需要列车司机吗？这位工作人员又是做什么的？其实，在这三条“特殊”线路中，这样的工作人员共超过 600 人。他们原先就是地铁列车司机，而现在因为有了全自动运行系统，他们转型升级成了“多职能列控员”，即“列车司机 + 车厢巡视与服务 + 全自动运行列车紧急排故与应急处置”员。多职能列控员今后有望走出地铁车厢，兼任站控或巡视等多职能岗位，成为综合素质更高的复合型人才。

图 2-47　无人驾驶列车驾驶室

(摘编自上观新闻网，2023 年 2 月 22 日)

任务准备

引导问题 1　无人驾驶列车有哪些驾驶模式？

引导问题 2　无人驾驶状态下，列车如何进行车辆基地作业？

引导问题 3　无人驾驶状态下，如何进行站台作业？

引导问题 4　无人驾驶状态下，列车司机职能有哪些变化？

知识准备

2.7.1　全自动运行系统

一、系统概述

全自动运行系统(fully automatic operation，FAO)是基于现代计算机、通信、控制和系统集成等技术实现列车运行全过程自动化的新一代城市轨道交通系统。全自动运行技术在世界城市轨道交通建设中已被大量应用，在未来轨道交通领域也具有广阔的应用空间。

全自动运行系统可提高城市轨道交通系统可靠性、安全性、可用性、可维护性，提升运营系统应急处置水平，提升系统自动化水平，降低劳动强度。

全自动运行系统相比现有城市轨道交通 CBTC 系统，引入了自动控制、优化控制、人因工程等领域的最新技术，进一步提升了自动化程度。全自动运行系统具有更安全、更高效、更节能、更经济、更高服务水平的突出优点，已成为城市轨道交通的发展方

向。国际公共交通联合会将列车运行的自动化等级(GoA)划分为以下5级:

GoA0:无ATP防护,目视下的人工驾驶;

GoA1:ATP防护下的人工驾驶;

GoA2:半自动列车运行(semi-automatic train operation,STO),司机监督下的ATO驾驶;

GoA3:有人值守的列车自动运行(driverless train operation,DTO);

GoA4:无人值守的列车自动运行(unattended train operation,UTO)。

全自动运行系统包含自动化等级GoA3和GoA4,即有人值守的列车自动运行和无人值守的列车自动运行。

不同等级下的列车运行方式见表2-19。

不同等级下的列车运行方式 表2-19

序号	自动化等级	列车运行方式	驾驶模式
1	GoA0	目视下列车运行(TOS)	无ATP防护
2	GoA1	非自动列车运行(NTO)	ATP
3	GoA2	半自动列车运行(STO)	ATO
4	GoA3	有人值守的列车自动运行(DTO)	FAO
5	GoA4	无人值守的列车自动运行(UTO)	

GoA3和GoA4主要功能配置存在一些差异,其差异体现见表2-20。

GoA3和GoA4功能配置差异 表2-20

<table>
<tr><th colspan="2">基本功能</th><th>场景</th><th>GoA3</th><th>GoA4</th></tr>
<tr><td rowspan="4">保证列车运行安全</td><td>安全进路</td><td>静止状态下确定列车初始位置</td><td>系统</td><td>系统</td></tr>
<tr><td rowspan="2">列车间隔</td><td>时刻表和运行速度调整</td><td rowspan="2">系统</td><td rowspan="2">系统</td></tr>
<tr><td>全自动驾驶模式(fully automatic mode,FAM)/蠕动驾驶模式(crawl automatic mode,CAM)</td></tr>
<tr><td>速度监控</td><td>列车速度防护</td><td>系统</td><td>系统</td></tr>
<tr><td>列车驾驶</td><td>加速制动</td><td>列车自动驾驶(含跳停、扣车)</td><td>系统</td><td>系统</td></tr>
<tr><td rowspan="4">监控轨道</td><td>障碍物监视</td><td>轨道监督(车载系统监督区间与站台轨道异物/障碍物检测)</td><td>系统</td><td>系统</td></tr>
<tr><td rowspan="3">防止碰撞人员</td><td>阻止列车进站</td><td rowspan="3">系统</td><td rowspan="3">系统</td></tr>
<tr><td>轨道上工作人员防护</td></tr>
<tr><td>监督站台端门</td></tr>
<tr><td rowspan="4">监视乘客上下车</td><td rowspan="3">车门控制</td><td>站台门/车门对应隔离</td><td rowspan="2">系统</td><td rowspan="2">系统</td></tr>
<tr><td>站台门/车门开启/关闭的远程控制</td></tr>
<tr><td>站台门/车门关闭的监督(如车门防夹、门打开阻止离站/进站)</td><td rowspan="2">人工或系统</td><td rowspan="2">系统</td></tr>
<tr><td>乘客跌落站台</td><td>站台门/车门缝隙探测</td></tr>
</table>

续上表

基本功能		场景	GoA3	GoA4
监控列车	进入/退出运营	列车进入/退出运营	半人工或系统	系统或控制中心人员
		唤醒列车(含上电自检、静态测试及动态测试)		
		休眠列车		
	监督列车运行	自动化车辆段	系统	系统
		改变列车运行方向		
紧急状态的检测与处理	列车诊断	车辆远程监控(车载系统及列车状态)	系统	设备检测+人工处置
	烟火检测	车辆火灾应急处理(提供烟火报警装置)	人工或系统	
	脱轨检测	脱轨检测	人工或系统	
	紧急情况处理	异常天气应急处理模式(通过控制中心确认进入雨雪模式运行)	人工或系统	
		远程指导疏散	人工	
		车辆故障自动限速运行(例如蠕动模式、制动故障等)	人工或系统	
		车上乘客服务(例如紧急呼叫、紧急拉手等)	人工或系统	

注:列车进入/退出运营,若车辆段/停车场库线安全防护距离不足,可人工驾驶列车至库门前,转人工驾驶回库;若不满足动态测试安全防护距离要求,可人工唤醒列车出库,然后将驾驶模式升级为FAM模式后再投入运营。

知识拓展

全自动运行系统发展及应用情况

全自动运行系统的发展及应用情况分为起步阶段(1971—2004年)和广泛应用阶段(2005年至今),在此过程中,轨道交通系统经历了从人工驾驶、半自动驾驶到全自动运行的转变。轨道交通系统的安全性和自动化程度得到了不断提升。

世界第一条FAO城轨线法国里尔1号线于1983年开通运营。2005年前,FAO技术推广速度比较慢,2005年后发展速度逐渐加快,并开始在中、高运量地铁广泛应用。如新加坡东北线,该线路于2003年6月开通运营,2005年后开通全自动运行。

我国地铁线路应用FAO技术的主要有北京地铁首都机场线、上海地铁10号线、香港地铁南港岛线等。北京地铁机场线连接北京市区与北京首都国际机场,目前开通DTO,2017年试点UTO;上海地铁10号线,于2010年4月开通ATO,2014年8月开通DTO;香港地铁南港岛线,于2016年12月28日按GoA4等级开通运行,车厢最大特点是无驾驶室,增加列车两端开放式空间,让乘客享受特别的乘坐体验。北京地铁燕房线拥有国内第一个自主化全自动运行系统,按照GoA4等级建设,并于2017年12月30日开通。

截至2022年末,我国(不含港澳台)已运营、在建及规划城市轨道交通全自动运行系统的城市有北京、上海、深圳、广州、武汉、成都等29座城市,线路共计88条,线网规模2624.73km,其中已运营线路36条,运营里程为935.17km;在建线路42条,在建里程为1354.76km;规划线路10条,规划里程为334.8km。

二、系统运用场景

针对全自动运行系统特点,设计全自动运行系统特有作业场景,制定设备交互流程具有非常重要的作用与意义。根据每日列车运行的主线,形成全自动运行系统运用场景,其中包含正常和异常的处理情况,共计41项,见表2-21。

全自动运行系统运用场景　　表2-21

序号	类别	场景
1	休眠与唤醒	早间上电、唤醒、休眠
2	正线运营	轨道车运营、进入正线服务、进站停车、站台发车、折返换端、清客、停止正线服务、跳停、扣车、车上设备工作状态远程检测、FAM/CAM相关模式转换、其他远程控制功能
3	车辆基地运营	出车辆基地、入车辆基地、清扫、洗车、车辆基地内自动转线作业、日检与维修
4	车辆故障处理	蠕动模式、车门状态丢失、车辆控制系统故障
5	系统故障应急处理	故障复位控制、雨雪模式、紧急呼叫、列车远程广播、障碍物/脱轨检测、站台门状态丢失处理、车门故障隔离站台门、运行中信号或车辆设备故障后的处理、区间疏散、车辆火灾救援、紧急制动缓解、车站火灾救援、远程紧急制动、站台门故障隔离车门、再关车门控制

与传统的CBTC运行系统相比,全自动运行系统在某些场景的操作上存在一些差异。传统CBTC运行系统与全自动运行系统场景操作对比见表2-22。

传统CBTC运行系统与全自动运行系统场景操作对比　　表2-22

序号	项目	功能	传统CBTC运行系统	全自动运行系统	
				UTO	DTO
1	早间上电	上电操作	人工上电	联动VMS和广播,确认后远程人工上电	同UTO
2	唤醒	上电	司机上车人工合闸上电,开主控钥匙	远程自动唤醒,行车调度员观察是否唤醒成功	(1)同UTO; (2)司机可人工按压唤醒按钮上电
3		自检	司机手动检查列车状态	自动静态测试、动态测试	同UTO
4		空调	司机手动设置空调参数	默认采用本地存储参数,可通过控制中心设置	(1)同UTO; (2)司机本地可设置
5		照明	司机手动打开照明系统	支持控制中心远程控制,通过各工况进行自动控制	(1)同UTO; (2)司机本地可设置
6	休眠	断电	人工断电	远程自动或人工休眠,车辆调度中心显示休眠成功或失败状态	(1)同UTO; (2)司机可人工按压休眠按钮执行本地休眠

续上表

序号	项目	功能	传统CBTC运行系统	全自动运行系统	
				UTO	DTO
7	休眠	库内断电	人工断电或者不断电	电力调度员人工判断该供电分区内所有列车休眠完毕后,选择该供电分区是否断电,对于正线存车库线休眠列车,控制中心不进行供电区断电提示	同UTO
8	进入正线服务	正线服务	司机控制照明、空调	列车进入转换轨停稳,控制中心发送进入正线服务后,自动打开照明、空调	同UTO
9	进站停车	进站停车	司机以ATO模式进站或者司机以SM模式对标停车	列车自动进站停车,控制车门和站台门一一对应打开和关闭。未停车对标时跳跃模式对标	同UTO
10	站台发车	站台发车	司机根据发车指示器倒计时按压ATO启动按钮发车或人工驾驶发车	停站倒计时结束,满足发车条件自动发车	运营人员(值守人员)进行站台安全防护
11	折返换端	折返换端	司机以ATO或SM模式驾驶换端	列车在折返换端区域自动完成换端,控制中心可远程换端	同UTO
12	清客	清客	司机与站台人员人工清客	列车在清客站台打开车门不关闭,远程或站台人员确认清客完成后关闭车门和站台门后自动发车。	同UTO
13	停止正线服务	停止正线服务	司机在转换轨处手动控制	列车回库方向,控制中心发送停止正线服务后,自动关闭照明、空调	同UTO
14	出车辆基地/回车辆基地	断开母线高速断路器	人工	车辆自动根据工况和通信状态断开	同UTO
15		鸣笛	人工触发	自动鸣笛	同UTO
16		关闭空调	人工	车辆自动根据工况执行	同UTO
17	洗车	进入洗车库	人工驾驶列车进入洗车库,人工操作洗车模式	人工为列车设定速度,自动进入洗车库	同UTO
18		洗车	人工操作洗车机洗车	自动按照洗车流程洗车	同UTO
19	车门状态丢失	车门监督	车辆和信号自动切除列车牵引	FAM/CAM模式时,车辆和信号系统均不会自动切除列车牵引,继续运行至站台,由控制中心派遣司机或站台人员处理	运营人员(值守人员)进行站台安全防护

续上表

序号	项目	功能	传统 CBTC 运行系统	全自动运行系统	
				UTO	DTO
20	蠕动模式	蠕动模式	无	车载 VOBC 自动向控制中心行车调度员申请进入蠕动模式运行。蠕动模式时限速 25km/h，运行至下一个站台停车后打开车门，等待司机上车处理	同 UTO
21	车辆火灾	处理方式	司机汇报	车辆火灾报警上报控制中心行车调度员和车辆调度员，由控制中心车辆调度员查看车载 VMS 推送的指定画面，并确认是否发生火灾，进行火灾确认或 FAS 复位	(1)同 UTO； (2)司机车上确认处理
22	雨雪模式	恶劣天气下的自动运行控制	人工驾驶	控制中心设置转雨雪模式自动运行控制	(1)同 UTO； (2)可人工驾驶

三、列车驾驶模式

在全自动运行系统中列车驾驶模式分为全自动运行模式、蠕动模式、自动驾驶模式、ATP 防护下的人工驾驶模式、限制人工驾驶模式、非限制人工驾驶模式、远程限制人工驾驶模式。

1. 全自动运行模式

全自动运行模式是在连续式通信控制级别下由 ATP 监控的列车全自动运行模式。在该模式下，ATP 子系统保证列车的运行安全，ATO 子系统实现在自动化区域内的列车全自动运行。全自动运行模式应在中心运营指挥控制模式下运行，因故障降级至车站控制模式时可维持全自动运行模式。

2. 蠕动模式

蠕动模式为列车以 FAM 模式运行时，在车辆网络检测到故障、车辆网络与车载信号系统通信故障情况下列车进入限速(一般为 25km/h)的自动运行模式。当车载 VOBC 在 FAM 模式下监督到牵引或制动反馈异常，由车载信号系统向控制中心申请，控制中心人工确认后启动蠕动模式。列车以蠕动模式进站停车后，施加紧急制动防止列车移动。

进入 CAM 模式后，列车在控制中心指示的下一站停车，打开车门且不关闭。此时不响应站台 PCB 按钮按下以及远程关门命令。在其他区域(库内停车点、转换轨、站外折返停车点)均不开门。

注意

蠕动模式下不允许进行洗车作业。

3. 远程限制人工驾驶模式

远程限制人工驾驶模式为列车以 FAM/CAM 模式运行，丢失定位或位置有效但移动授权无效时，由控制中心远程授权列车缓解紧急制动以一定限速值继续向前运行一定距离的一种驾驶模式。

想一想

（1）全自动运行系统中，什么时候采用ATO模式、ATP防护下的人工驾驶模式？

（2）蠕动模式下，限速值是多少？是否有车地双向通信？

（3）不同驾驶模式的转换由哪个岗位工作人员执行与操作？

试一试

收集资料，填写以下信息。

截至________年末，中国（不含港澳台）已运营、在建及规划城市轨道交通全自动运行系统的城市有北京、上海、深圳、广州、武汉、成都等________座城市，线路共计________条，线网规模________km，其中已运营线路________条，运营里程为________km，位于世界第________；在建线路________条，在建里程为________km；规划线路________条，规划里程为________km。

截至________年末，中国（不含港澳台）________等城市开通________条无人驾驶线路，线网规模________km，无人驾驶在建及规划线路________条，规划里程为________km。

2.7.2 车辆基地作业

一、早间上电

全自动运行系统投入运营前，根据计划运行图对停车库内及正线牵引供电系统进行上电操作。行车调度员通过停车场信号楼确认是否可以送电，行车调度员与信号楼人员确认所有现场人员已经出清并注销，具备送电条件后，根据行车调度员工作站和电调工作站的上电提示通知电力调度员执行上电操作。

对停车库，系统上电前自动将车辆基地摄像机（以序列的方式）推送到调度员工作站进行辅助确认；同时，自动触发车辆基地预录制广播，以规定的时长（建议2min）播放，建议播放内容为"车辆基地即将送电，请工作人员注意安全"。行车调度员通知电力调度员上电，电力调度员确认上电范围，人工远程进行高压送电。

对场内自动化区域，行车调度员确认是否可以送电。电力调度员（简称电调）启动送电。电调远程送电前，应通过工作站之间发送指令的方式，根据对话框中行车调度员确认状态进行上电操作。特殊情况下，电力调度员也可不经行车调度员确认操作后的软件提示，而在与行车调度员电话沟通确认具备送电条件的前提下，对相关区段人工远程送电。停车库内应设置三轨带电状态指示灯。

正线和场内非自动化区域，由行车调度员确定现场作业人员已经出清后，通知电力调度员进行送电。行车调度员可根据运营需求，人工触发相关区域上电预录制广播。

二、唤醒

列车在投入运营前,控制中心可通过远程自动、远程人工向列车发送唤醒命令,或通过本地人工按压车辆上电按钮对列车进行低压上电。

列车远程唤醒后自动完成上电自检、列车静态测试和动态测试。列车自检失败、静态测试失败或动态测试失败,即认为列车唤醒失败,向控制中心发送唤醒失败告警信息。

若列车唤醒失败,可远程人工或本地人工休眠,由控制中心再次进行远程唤醒。

列车唤醒基本流程:

(1)低压上电。对全列车低压上电有两种方式:远程自动或远程人工向列车发送唤醒命令;本地人工按压车辆上电按钮后,对列车进行上电。

(2)全列车上电后,列车上各设备对自身状态进行自检。

(3)车载控制器(vehicle on-board controller,VOBC)确认列车是否满足列车静态测试和动态测试的基本条件。

(4)若库内列车满足列车静态测试和动态测试的条件,执行列车静态测试和动态测试。

(5)一端完成静态测试和动态测试后,自动换至另一端继续进行列车静态测试和动态测试。

(6)两端静态测试和动态测试完成且通过,车载 VOBC 向控制中心汇报唤醒成功,列车唤醒成功进入 FAM 模式待命工况,唤醒完成。

三、休眠

全自动运行系统应具备远程自动/人工和本地人工休眠模式,控制列车在休眠区域完成休眠。FAM 模式列车应具备远程和本地休眠功能,非 FAM 模式列车应具备本地休眠功能。远程休眠时,控制中心应将远程休眠指令发送至车载信号系统,车载信号系统与车辆交互共同完成休眠。列车司机本地按压车辆断电按钮、控制中心人工或远程自动控制列车在休眠区域完成休眠。FAM 模式列车,车载设备具备休眠条件后,控制中心人工或自动触发休眠指令。控制中心显示休眠状态,若休眠不成功,则报警提示。

1. 远程休眠参考流程

(1)VOBC 实时向控制中心发送当前状态。

(2)控制中心自动或人工向 VOBC 发送休眠指令。

(3)FAM 模式时,VOBC 收到控制中心的休眠指令后,完成自身休眠准备工作。

(4)列车控制与管理系统(train control and management system,TCMS)接收到车载 VOBC 的休眠请求命令,断开高压负载后,向车载 VOBC 发送休眠确认。

(5)VOBC 收到 TCMS 的休眠确认后,向辅助驾驶设备发送休眠指令同时输出休眠允许,FAM 模式时自动取消操纵台激活指令。

(6)辅助驾驶设备向车辆发送该休眠指令。

(7)车辆收到从任意一端 VOBC 发送的休眠指令后,控制整车延时 30s 断电。

(8)辅助驾驶设备检测其与 ATP 的通信状态判断休眠是否成功,将休眠结果及时反馈控制中心。

(9)控制中心显示休眠状态,若休眠不成功,进行报警提示,通知人工处理。

2. 本地休眠参考流程

(1)司机按压车辆断电按钮后,车辆延时30s断开车辆非永久母线。

(2)TCMS采集到按钮按下信息后,完成车辆自身的休眠准备工作。

(3)VOBC采集到按钮按下信息后,完成自身休眠准备工作。

①FAM模式时自动撤销方向及驾驶室激活指令。

②司机钥匙有效时,VOBC完成自身休眠工作后在HMI显示屏上提示司机关闭司机钥匙。

(4)辅助驾驶设备检测其与ATP的通信状态,判断休眠是否成功,将列车休眠状态上传到控制中心。

(5)控制中心显示休眠状态,若休眠不成功,进行报警提示。由司机通过本地观察,向控制中心汇报休眠故障,通知人工检修。

四、洗车

控制中心根据洗车计划及洗车机就绪状态进行洗车作业提示,人工确认后应自动触发至洗车库的进路。全自动运行系统应根据洗车计划及任务,向洗车库库门(若有)发送开门/关门命令。信号系统与洗车机、车辆交互信息,控制车辆运行,按照规定的流程完成自动洗车。洗车完毕后,控制中心可根据洗车计划自动触发回到指定列检库的回库进路。

列车在洗车过程中发生故障,如车地通信故障、洗车机故障、司机打开司机钥匙、司机按下紧急按钮,应退出洗车工况并施加紧急制动,停止自动洗车。

2.7.3 进出车辆基地作业

一、出车辆基地

控制中心在发车前自动为出车辆基地列车设定头码,根据计划提前规定时间自动触发办理出车辆基地进路,列车满足启动条件后自动运行出车辆基地。计划列车唤醒失败,控制中心自动替换备车,按计划出车辆基地运行。接触轨供电时,车辆根据场内运行工况断开车辆母线高速断路器,关闭空调和照明,同时切除电制动。车载防护列车不超过车辆基地内限速运行,运行至转换轨后停车,等待控制中心指令准备进入正线,或不停车分配车次后进入正线。

二、回车辆基地

在FAM/CAM模式下,列车在正线存车线或转换轨停止正线服务后,控制中心根据回车辆基地计划自动或者人工为停止正线服务列车设置头码。列车自动运行至停车位精确停车,宜在回车辆基地时自动鸣笛。

三、轨道车运行

控制中心根据计划远程唤醒首列车作为轨道车,唤醒成功后,在进行相关安全防护操作后,列车司机通过登乘平台登乘列车,开司机钥匙转人工驾驶模式。在正式运营开始前,轨道车以人工驾驶模式出车并进入正线运行,不进行站台停站及开门作业,运行一个完整交路后,列车司机将列车手动升级为FAM模式,开始正线运营。可根据线路特点和运营需求采用不同的轨道车运行方式。

想一想

为什么在正式运营开始前全自动运行系统线路的轨道车以人工驾驶模式出车，并进入正线运行一个完整交路，而不是直接采用 FAM 模式？

2.7.4 正线作业

进入正线服务的列车包括完全进入转换轨的出车辆基地列车或正线存车线唤醒成功后投入运营的列车。控制中心检查到列车从库内运行至完全进入转换轨后，自动根据计划运行图为该列车分配车次号，并自动向列车发送"正线服务"工况指令。VOBC 收到"正线服务"工况指令后，向 TCMS 发送"正线服务"工况指令，TCMS 控制照明、空调打开(信号指令为允许开和允许关，车辆根据光感自动控制)。控制中心自动根据计划运行图为存车线列车自动分配车次号，并自动向列车发送"正线服务"工况指令。VOBC 收到"正线服务"工况指令后，向车辆 TCMS 发送该工况指令，TCMS 控制照明、空调或电热打开(信号指令为允许开和允许关，车辆根据光感自动控制)。

一、进站停车

列车以 FAM/CAM 模式进站精确停车，控制中心应能显示列车停稳状态。车辆在进站、到站、离站时自动触发车辆广播系统。列车到站时，站台自动广播。

当列车以 FAM/CAM 模式进站欠标未超过规定距离(宜设置为 5m)时，VOBC 向控制中心汇报未停稳信息，并向控制中心报警，以向前跳跃方式自动调整对标，控制中心显示列车处于跳跃状态。车辆在进站、到站、离站时自动触发车辆广播系统，列车到站时，站台自动广播。

当列车以 FAM 模式进站过标 1m 自动施加紧急制动，停车后未超过规定距离(宜设置为 5m)时，VOBC 向控制中心汇报未停稳信息，并向中心报警，VOBC 自动缓解紧急制动，并以向后跳跃方式自动调整对标，控制中心显示列车处于跳跃状态。车辆在进站、到站、离站时自动触发车辆广播系统，列车到站时，站台自动广播。

当列车以 FAM 模式进站过标规定距离(宜设置为 1m)自动施加常用制动，停车后超过规定距离(宜设置为 5m)时，VOBC 紧急制动不可缓解，不允许退行，向控制中心行车调度台汇报过标超过规定距离(宜设置为 5m)报警，控制中心显示报警，自动触发车站站台广播，由车辆自动触发车载广播，控制中心行车调度员还可以向车辆进行语音广播，同时进行人工站台广播，并通知列车司机上车救援。

若列车多次跳跃后未对标停车，ATP 系统输出紧急制动，通知人工上车退出全自动运行模式。

二、站台作业

原则上无人驾驶不需要配备列车司机，但是为了运行安全，以及快速处理列车运行中的各种突发事件，当前各地铁公司均会安排随车司机。在列车即将进入车站时，列车司机须站立并注意站台情况，随时做好突发事件紧急停车准备。列车进站后自动对标停车，待列车停稳后自动打开车门和站台门。此时司机须面向车厢观察乘客上下车情况(部分地铁公司也会让司机进入站台观察)。信号系统根据发车倒计时情况自动发出车门和站台门关闭信号,列车接收信号后自动进行车门和站台门关闭操作并进行缝隙安全检查。

三、站台发车

FAM 模式下,控制中心从列车在站台停稳后开始计时,停站时间结束后,检查发车条件,满足以下条件后列车自动从站台发车。

(1)车门、站台门关闭且锁紧。

(2)车门与站台门间缝隙探测无异物。

(3)紧急停车按钮未按下。

(4)出站信号开放。

(5)未设置扣车。

(6)区间人员防护开关(staff protection key switch,SPKS)设置为非防护位。

在列车停站期间,控制中心进行扣车操作时,如果列车车门或站台门已关闭,VOBC 控制列车车门或站台门重新打开,并自动触发站台广播;如果列车车门和站台门已打开,VOBC 控制列车车门和站台门不关闭,取消扣车命令后,列车自动关闭车门和站台门并发车。

想一想

(1)随车司机的工作职责有什么?

(2)站台工作人员的职责发生了哪些变化?

四、清客

对于线路终端的大交路折返站,控制中心自动按站台设置清客。对于线路中间的小交路折返站,控制中心自动按列车设置清客。

1. 列车的清客流程

(1)列车在折返站和终点站停车后,VOBC 向 TCMS 发送清客指令,并同时向车辆维持发送开门指令直到清客完成。

(2)TCMS 接收到车载 VOBC 的清客指令后,自动触发车辆广播,提醒乘客下车,同时联动车载信息系统提示乘客下车。

2. 车站的清客流程

(1)控制中心联动车站广播,提醒站台乘客不能上车;同时,联动站台 PIS 提示本站清客,乘客请勿上车。

(2)站务员确认清客完成后,列车关闭车门和站台门。

五、折返换端

全自动运行系统支持自动折返,信号系统具备远程人工换端功能。

(1)控制中心根据运行时刻表自动触发折返进路,并适时办理折返进路。

(2)VOBC 在 FAM 模式下完成车-地信息交互并自动换端。

(3)VOBC 完成换端后根据控制中心发送的停站时间完成自动关门并发车。

想一想

城市轨道交通线路有哪些折返模式?

六、停止正线服务

在FAM模式下，回车辆基地列车完全进入转换轨时，或者停止正线运营列车进入正线存车线时，列车收到停止正线服务指令后进入停止正线服务模式。

1. 回车辆基地列车停止正线服务

（1）控制中心判断列车完全进入转换轨后，删除车次号，并由系统自动或人工设置头码，向列车发送“停止正线服务”指令。

（2）VOBC收到“停止正线服务”指令后，向车辆发送“停止正线服务”指令，由车辆关闭照明、空调。

（3）接触轨供电时，列车从转换轨向场内运行，在车头进入进场信号机之后，VOBC向TCMS发送运行指令，车辆根据此指令断开车辆母线高速断路器。

2. 进入正线存车线停止正线服务

（1）控制中心自动根据计划运行图检查列车进入存车线后，自动清除头码，向列车发送“停止正线服务”指令。

（2）VOBC收到“停止正线服务”指令后，向车辆发送“停止正线服务”指令，由车辆关闭照明、空调。

七、车站火灾

当车站发生火灾时，车站FAS系统触发车站火灾联动模式，并将车站火灾报警信息传送给目标识别与捕获系统（target identification and accquisition system，TIAS）。

控制中心防灾调度员与车站值班员电话确认火灾情况，环境调度员也可以通过CCTV确认现场火灾情况。行车调度员工作站显示火灾报警提示。环境调度员确认后，电话通知行车调度员该车站是否真实存在火灾情况。

行车调度员应执行相邻上一站站台扣车，扣车后，如列车车门和站台门关闭，则车载VOBC应重新打开车门和站台门，并自动广播。扣车命令取消后，列车应自动关门并发车。乘客调度员通过无线通信调度台向上一站扣车站台发送广播信号，触发预录制的车辆广播，并触发站台广播。

当该火灾站台存在停站列车时，停站列车应关闭车门，行车调度员应立即发车。当该火灾站台前方区间有待进站列车时，控制中心行车调度台应向待进站列车发送车站火灾应急指令，同时发送跳停指令。待进站列车接收到车站火灾应急指令和跳停指令后，若出站信号开放，满足跳停条件，则实施跳停；否则，停在站外。待进站列车若已进入站台区域，则立即实施最大常用制动停车。停车后，车站火灾应急指令有效，出站信号机开放，满足跳停条件，则继续实施跳停；停车后，车站火灾应急指令取消，停站倒计时满足要求则自动开关门发车，否则需要远程开门。

行车调度员发送广播信号，触发预录制的车辆广播。行车调度员触发车辆PIS显示，向车内乘客说明车站火灾情况。在车站火灾情况下，车站广播强制转入消防应急广播状态，自动售检票系统（automatic fare collection，AFC）闸机打开，站务员执行火灾应急预案。

班级：__________ 姓名：__________ 小组：__________ 日期：__________

任务 2.7 实施与评价 理论学习工作单

一、不定项选择题(3 分 ×5 = 15 分)

1. 全自动运行系统是基于现代计算机、通信、控制和系统集成等技术实现列车运行全过程自动化的新一代城市轨道交通系统，英文简称为(　　)。

A. FAO　　B. FAM　　C. ATO　　D. CAM

2. 全自动运行模式(　　)为在连续式通信控制级别下由 ATP 监控的列车全自动运行模式。

A. FAO　　B. FAM　　C. ATO　　D. CAM

3. 列车在投入运营前，可通过(　　)上电。

A. 远程自动　　B. 控制中心 OCC

C. 车辆段控制中心 DCC　　D. 本地人工按压车辆上电按钮

4. 列车远程唤醒后自动完成(　　)。

A. 上电自检　　B. 静态测试　　C. 上电测试　　D. 动态测试

5. FAM 模式下，控制中心从列车在站台停稳后开始计时，停站时间结束后，检查以下发车条件，满足(　　)条件后列车自动从站台发车。

A. 车门、站台门关闭且锁紧　　B. 车门与站台门间缝隙探测无异物

C. 紧急停车按钮未按下　　D. 出站信号开放

E. 未设置扣车　　F. 区间 SPKS 开关设置为非防护位

二、判断题(2 分 ×10 = 20 分)

1. 远程限制人工驾驶模式，是由车载信号系统向控制中心申请，控制中心人工确认后启动蠕动模式。(　　)

2. 蠕动模式，为列车以 FAM/CAM 模式运行，在丢失定位或位置有效但移动授权无效时，由控制中心远程授权列车缓解紧急制动以一定限速值继续向前运行一定距离的一种驾驶模式。(　　)

3. 全自动运行系统投入运营前，需根据计划运行图对库内及正线牵引供电系统进行上电操作，此操作由全自动运行系统自动完成。(　　)

4. 若列车唤醒第一次失败，则无法进行远程唤醒。(　　)

5. FAM 模式列车应具备远程和本地休眠功能，非 FAM 模式列车应具备本地休眠功能。(　　)

6. 首列车作为轨道车，唤醒成功后，在进行相关安全防护操作后，列车司机通过登乘平台登乘列车，启动 FAM 模式。(　　)

7. 全自动运行模式下支持自动折返，信号系统具备远程人工换端功能。(　　)

8. 无人驾驶列车不需要司机。(　　)

9. 站台作业时，信号系统根据发车倒计时时间自动发出车门和站台门关闭信号，列车接收信号后自动进行车门和站台门关闭操作并进行车门与站台门间缝隙安全检查。（　　）

10. 车载 VOBC 收到“停止正线服务”指令后，向车辆发送“停止正线服务”指令，车辆自动关闭照明、空调或电热。（　　）

三、简答题(10 分×5 =50 分)

1. 请概述全自动运行系统的含义。

2. 国际公共交通联会将全自动运行系统划分为几个等级，各个等级是如何规定的？

3. GoA3 和 GoA4 列车自动运行功能配置差异有哪些？

4. 全自动运行系统在车辆基地内包含哪些作业？

5. 请阐述全自动运行系统在世界各国的运用现状。

四、思维导图(15 分)

请利用思维导图软件，根据自身学习和领悟绘制本任务思维导图以辅助记忆。

班级：____________ 姓名：____________ 小组：____________ 日期：____________

任务2.7 实施与评价 实践工作单1 乘务运作流程对比分析

1. 根据课程内容及网络调研结果，填写下表。

序号	常规轨道交通线路			全自动运行线路		
	车辆段工作流程	正线工作流程	其他	车辆段工作流程	正线工作流程	其他
1						
2						
3						
4						
5						
6						
7						
8						
9						
10						
11						
12						

2. 岗位职能变化调研。

(1)列车司机新增工作职能。

(2)调度员新增工作职能。

(3)站务、检修等其他岗位新增工作职能。

3. 你认为无人驾驶列车有哪些不足?

4. 你认为无人驾驶列车会成为城市轨道交通主流制式吗? 为什么?

班级：____________ 姓名：____________ 小组：____________ 日期：____________

任务 2.7 实施与评价 实践工作单 2 事故案例分析

请搜集地铁车站事故案例，进行案例分析。

1. 事故概述。

2. 事故经过。

3. 事故现场图片。

4. 事故原因分析。

5. 事故应急处理方法。

6. 相关应急预案。

7. 事故经验与教训。

8. 全自动驾驶条件下，如何有效避免此类事故发生？

项目3

非正常情况下驾驶

项目引入

非正常情况是相对于正常情况而言，主要指由于特殊天气、火灾、行车事故、突发事件、运行秩序混乱等不能继续采用正常情况下行车组织方法组织城市轨道交通行车的情况。在非正常情况下列车司机要保持沉着冷静，按照相应的应急操作流程采取有效手段处理，防止事态的进一步扩大。在整个驾驶过程中要时刻牢记“我的岗位无差错，我的岗位请放心”的安全责任意识，保障乘客安全，从而实现高效、准点、快捷的运输服务。

榜样学习

“险远之路，身往验之；艰苦之境，身亲尝之。”每当地铁即将开始运行，王兵就会准时拿起手电筒、司机包，开始一天的工作。每一次，他都要进行精细的巡检。从关车门到动车，这几分钟的时间里要执行的动作必须精确无误，才能确保繁忙的地铁运营安全、准时。而这些繁杂的程序，他日复一日地重复着，一丝不苟。“安全才是最近的路，我要对全车乘客的安全负责，必须全力以赴，马虎不得。”

“他就是一本‘活字典’，不管是列车故障处理、乘务培训管理，还是行车作业标准，他都能‘指哪打哪’，一问一个准。”凭借着过硬的业务素质，王兵得到了同事们的认可。在实践中，他和同事们根据《列车故障处理指南》制作了客室车门故障处理、车辆屏复位操作、空气开关（简称空开）故障处理、旁路开关故障处理流程图。这在实际操作中提高了列车司机对列车故障处理的准确性与效率。

多年的磨砺、锤炼，王兵从初来乍到的新手成长为一名优秀的列车长，在 2018 年获得“全国技术能手”“全国青年岗位能手”等荣誉称号，获“2018 年中国技能大赛——第十届全国交通运输行业城市轨道交通列车司机职业技能大赛职业组个人奖二等奖”等竞赛奖项，在 2019 年被评为“第二届深圳国企十大工匠”。

（摘编自：深圳新闻网，2019 年 7 月 12 日）

学习目标

知识目标

（1）了解大风、雨、雪、冰、霜、雾等恶劣天气下列车的运行与处理。

（2）掌握反方向运行、推进、退行等特殊情况下的操作程序与处理方法。

（3）熟悉列车清客的相关规定、作业程序及注意事项。

（4）掌握列车救援作业程序及注意事项。

（5）掌握各种突发事件下的应急处理办法。

能力目标

（1）提升非正常情况下应急处置能力。

（2）提升非正常情况下语言组织能力。

（3）提升非正常情况下正确使用广播系统能力。

（4）利用模拟驾驶器提升非正常情况下列车操纵能力。

（5）培养团队沟通协作能力。

素质目标

（1）养成守时、严谨、认真、负责的工作态度。

（2）养成不怕苦、不怕累的精神。

（3）提升安全责任意识。

（4）养成精益求精的工匠精神。

（5）养成用心服务、细心服务的工作态度。

（6）培养爱岗敬业精神。

建议学时

12 学时。

任务发布

请学习理论知识和技能知识，完成各项目任务后的工作单。

学习分组

建议学习者自行组建学习小组，制订学习计划，共同完成本项目的各项任务。

组长	
成员	
成员分工	
学习计划	

任务 3.1　恶劣天气下驾驶

任务导入

2022 年 8 月 25 日，广州地铁视台风影响情况，对 4 号线石碁至南沙客运港各站采取暂停运营服务措施，以保障乘客出行安全。台风来了，地铁在何种情况下会停运呢？针对台风、高温、暴雨等特殊气象以及洪水、地震等自然灾害，广州地铁有一套完善的应急预案。根据预案，广州地铁将视灾害影响程度采取相应的措施，确保地铁运营及乘客出行安全。一般情况下，当监测到平均风力在 7 级及以上、9 级以下时，组织高架和地面线路列车司机人工驾驶，列车限速运行；当监测风力达 9 级及以上时，高架相关区段立即扣停列车，同时将视情况启动高架、地面线路停运。

（摘编自：羊城派网，2022 年 8 月 26 日）

任务准备

引导问题 1　哪些天气属于恶劣天气？

引导问题 2　恶劣天气下，列车司机行车需要注意什么？

引导问题 3　恶劣天气对列车司机有哪些影响？

知识准备

3.1.1　大风天

大风灾害是一种自然灾害，给人民生活带来诸多不便，严重时还会危及人民的生命和财产安全。大风天气一年四季均有可能发生，且具有频率高、范围广、灾情重等特点。大风可能导致地面或高架线路上的列车摇摆、脱轨等，也可能将异物吹入轨行区而影响行车安全。

在列车运行过程中遇到大风恶劣天气，危及行车安全时，列车司机需及时与行车调度员联系并根据其指示行车。若是突遇大风而未接到行车调度员命令时，列车司机应立即采取减速措施，必要时立即停车并将相关情况及时报告给行车调度员。由于大风给行车带来安全隐患，因此，地铁公司对大风天行车有限速要求。表 3-1 为某地铁公司大风天行车限速要求。

某地铁公司大风天行车限速要求　　表 3-1

风速	运行线路范围	运行限制
8 级以上	风力波及范围或行车调度员通知范围	停止运行
7～8 级	风力波及范围或行车调度员通知范围	不超过 60km/h 运行
7 级以下	风力波及范围或行车调度员通知范围	正常速度运行

事故案例

某大风天，某地铁公司一轻轨列车在某区间运行时，突然发现区间内有异物，列车司机当即停车。经查看，异物为一块被大风吹入轨行区的长 1.4m、宽 0.6m 的木板。事发后，工作人员迅速对轨道上的木板进行处置。木板被移走后，轻轨于 11:49 恢复运营，停运时间为 18min。

知识拓展

风力等级与风速对照

0 级，无风，风速 0.0 ~ 0.2m/s；
1 级，软风，风速 0.3 ~ 1.5m/s；
2 级，轻风，风速 1.6 ~ 3.3m/s；
3 级，微风，风速 3.4 ~ 5.4m/s；
4 级，和风，风速 5.5 ~ 7.9m/s；
5 级，清劲风，风速 8.0 ~ 10.7m/s；
6 级，强风，风速 10.8 ~ 13.8m/s；
7 级，疾风，风速 13.9 ~ 17.1m/s；
8 级，大风，风速 17.2 ~ 20.7m/s；
9 级，烈风，风速 20.8 ~ 24.4m/s；
10 级，狂风，风速 24.5 ~ 28.4m/s；
11 级，暴风，风速 28.5 ~ 32.6m/s；
12 级，台风或飓风，风速 32.7 ~ 36.9m/s。

大风预警信号划分

在陆地上，平均(2min 或 10min)风速≥14m/s(风力达到 6 级以上)，或阵风风速≥17m/s(风力达到 8 级以上)就被称为大风。大风(除台风外)预警信号分为四级，分别以蓝色、黄色、橙色、红色表示。各级划分依据如下：

蓝色：24h 内可能受大风影响，平均风力可达 6 级以上，或者阵风 7 级以上；或者已经受大风影响，平均风力为 6 ~ 7 级，或者阵风 7 ~ 8 级并可能持续。

黄色：12h 内可能受大风影响，平均风力可达 8 级以上，或者阵风 9 级以上；或者已经受大风影响，平均风力为 8 ~ 9 级，或者阵风 9 ~ 10 级并可能持续。

橙色：6h 内可能受大风影响，平均风力可达 10 级以上，或者阵风 11 级以上；或者已经受大风影响，平均风力为 10 ~ 11 级，或者阵风 11 ~ 12 级并可能持续。

红色：6h 内可能受大风影响，平均风力可达 12 级以上，或者阵风 13 级以上；或者已经受大风影响，平均风力为 12 级以上，或者阵风 13 级以上并可能持续。

（摘编自：中国气象局官方网站，2015 年 6 月 9 日）

3.1.2 暴雨天

暴雨天气不仅影响列车司机视线，而且雨水使轨道黏着力变小，造成车轮打滑。另外，暴雨天产生大量的雨水，容易造成正线地势较低地方产生积水，电缆被浸泡，发生电缆断路故障，影响电网正常供电的隐患(图3-1)。列车司机在暴雨天行车时需时刻观察线路情况，保持与行车调度员联系。发现危及行车安全的情况应立即停车并报告行车调度员，听从行车调度员指示行车。若暴雨影响视线，列车司机应通过呼唤应答确认线路情况，保证列车正常运行。

图3-1 暴雨导致积水倒灌进入隧道

雨水造成轨道黏着力变小而出现打滑现象时，列车司机应立即将主控手柄回“0”位，待速度正常后再沿牵引方向逐级推动手柄。列车司机在制动时，也需注意适当延长制动距离，并时刻警惕打滑现象。若出现打滑现象，需使用常用制动挡位将速度控制好，视实时速度并结合实际情况追加制动或缓解，确保在规定位置停车。

列车司机在通过道岔时，需提前减速并观察道岔和信号灯，手指口呼确认道岔位置正确，信号好时方能通过。因水灾造成路基塌陷、滑坡等危及行车安全时，应立即停车，将情况如实报告给行车调度员，按其指示行车。

事故案例

某日，某城市持续遭遇极端特大暴雨。该城市地铁5号线04502次列车行驶至HTS站至SKL站上行区间时遭遇涝水灌入、失电迫停，经疏散救援，953人安全撤出、14人死亡。事故经过如下：

17时左右，涝水冲倒停车场出入场线洞口上方挡水围墙，急速涌入地铁隧道后，因道岔发生故障报警，列车在HTS站被扣停车，在未查清原因、不了解险情的情况下于17:46放行。17:47水淹过轨面后，列车司机按照规定制动停车，OCC主任调度员指令列车退行，约30m后列车失电迫停。也因如此，列车所在位置标高比退行前所在位置标高低约75cm，增加了车内水深，加重了车内被困乘客险情。被困列车内积水不断加深，晚上8时许，消防队员赶到现场，从车厢顶部开洞，砸开车厢的玻璃，让新鲜空气进入被困列车，并不断救援被困乘客。车厢内乘客的救援一直持续到晚上10时。

知识拓展

暴雨预警如何分级?

24h降雨量在50mm以上、12h降雨量在30mm以上为暴雨。暴雨来临之前，气象部门会向社会发布预警信号。按照由弱到强的顺序，暴雨预警信号分为四级，分别以蓝色、黄色、橙色、红色表示。各等级划分标准如下：

蓝色：12h 内降雨量将达 50mm 以上，或者已达 50mm 以上且降雨可能持续。

黄色：6h 内降雨量将达 50mm 以上，或者已达 50mm 以上且降雨可能持续。

橙色：3h 内降雨量将达 50mm 以上，或者已达 50mm 以上且降雨可能持续。

红色：3h 内降雨量将达 100mm 以上，或者已达 100mm 以上且降雨可能持续。

（摘编自中国气象数据网，2020 年 6 月 15 日）

3.1.3 雾天

雾天指能见度低于 100m 时的有雾天气。雾天主要影响列车司机视线，造成瞭望距离不足，影响列车司机的观察和判断。

列车司机在雾天行车时需时刻观察线路情况（图 3-2），保持与行车调度员联系。发现危及行车安全的情况应立即停车并报告行车调度员，听从行车调度员指示行车。列车司机在通过道岔时，需提前减速并观察道岔和信号灯，手指口呼确认道岔位置正确，信号好时方能通过。若看不清信号、道岔时，宁可停车确认也不可盲目臆测行车。

图 3-2 雾天行车

雾天造成瞭望困难时，应及时将情况报告行车调度员，开启前照灯，适时鸣笛，适当降低速度。按标准使用车载电台或手持无线电台与行车调度员或综控员随时保持联络，报告当前的情况，以保证安全运行。在保证安全、正点的前提下，注意行车速度，以不高于规定速度运行。在运行中多鸣笛、鸣长笛进行警示，接近信号机要慢，控制好列车速度，随时准备停车。

雾天对列车司机视线和瞭望距离造成很大影响，不同的地铁公司对列车司机瞭望条件和列车运行速度进行了限制以保障运营安全。表 3-2 为某地铁公司不同瞭望距离的列车运行限速。

某地铁公司不同瞭望距离的列车运行限速 表 3-2

瞭望距离（m）	列车运行限速（km/h）
<100	50
<50	30
<30	15
<5	立即停车，与行车调度员或车站值班员联系，按其指示办理

知识拓展

雾的预警等级划分

根据2014年修订的气象行业标准《雾的预警等级》(QX/T 227—2014),国务院气象主管机构所属的气象台站发布的大雾预警分三级,分别以黄色、橙色、红色表示,大雾红色预警是大雾预警的最高级别。

就中央气象台而言,大雾预警发布需要遵循以下标准:

大雾红色预警发布的标准是,预计未来24h内有3个及以上省(自治区、直辖市)的部分地区可能出现能见度不足200m的强浓雾,且有成片的(覆盖5个及以上相邻的国家基本气象站或国家基准气候站)能见度小于50m的雾;或者已经出现并可能持续。

大雾橙色预警发布的标准是,预计24h内3个及以上省(自治区、直辖市)可能出现能见度小于500m的雾,且有成片的(覆盖5个及以上相邻的国家基本气象站或国家基准气候站)能见度小于50m的雾;或者已经出现并可能持续。

大雾黄色预警发布的标准是,预计24h内3个及以上省(自治区、直辖市)可能出现能见度小于1000m的雾,且有成片的(覆盖5个及以上相邻的国家基本气象站或国家基准气候站)能见度小于200m的雾;或者已经出现并可能持续。

而各省(自治区、直辖市)气象主管机构所属的气象台站发布的雾的预警等级及发布标准遵循所在省(自治区、直辖市)的预警发布规定。

(摘编自:中国气象报社网,2017年1月4日)

3.1.4 雪、霜天

雪天指下雪持续时间过长以致影响正常行车的天气,霜天指轨面结冰厚度已经影响正常行车的天气。雪天和霜天可能会导致尖轨滑床板冰冻,尖轨与基本轨无法密贴,接触轨冰冻无法与集电靴接触造成机车无电,钢轨冰冻造成车辆牵引受影响等。因雪天和霜天光线反射,列车司机视线受阻,能见度下降。另外,雪天和霜天还会使轨道黏着力变小而出现列车打滑现象。

图3-3 雪霜天行车

列车司机在雪霜天行车(图3-3),需时刻观察线路情况并保持与行车调度员联系,发现影响行车时应立即上报,不应贸然行车。

从停车库出车时,列车司机在确认降雪高度不超过接触轨但超过走行轨时,应立即与车辆基地信号楼联系,待轨面出清后方可动车。

列车启动时,列车司机控制牵引各级位按顺序操作,严格遵守“逐级牵引”的要求,防止发生空转;如发生空转,及时将主控器回“0”位,空转结束后方可继续操作运行。

在下坡道或要进站时,提前采用小级位制动以防打滑。

列车从高架站、地面站出站时,平稳启动以免车轮打滑。当看到200m标时,应采取制动措施。当列车到车站尾端墙时速度应控制在35~40km/h,以防冒进信号事故的发生,保证列车平稳准确地停于站内停车标处。

事故案例

某地铁公司发布运营信息,告知公众9号线出现故障,SS至SJDXC区段列车限速运行,发车班次间隔延长,其他区段列车也有所延误。当时,正值早高峰时段,9号线运营客流压力较大。8:16,该地铁公司更新信息:9号线故障经初步排查发现,钢轨霜冻引起车轮打滑,SJN至ZCL区段列车限速运行,发车班次间隔延长,预计晚点20min以上,其他区段列车也有所延误。

知识拓展

降雪量是如何测量的?

将采集到的雪化成水后,再用标准仪器测量得到降雪量。

降雪分为微量降雪(零星小雪)、小雪、中雪、大雪、暴雪、大暴雪、特大暴雪共7个等级。

以24h降水量为划分标准,降水量小于0.1mm为微量降雪(零星小雪),0.1~2.4mm为小雪,2.5~4.9mm为中雪,5.0~9.9mm为大雪,10.0~19.9mm为暴雪,20.0~29.9mm为大暴雪,达到或超过30.0mm为特大暴雪。

以12h降水量为划分标准,降水量小于0.1mm为微量降雪(零星小雪),0.1~0.9mm为小雪,1.0~2.9mm为中雪,3.0~5.9mm为大雪,6.0~9.9mm为暴雪,10.0~14.9mm为大暴雪,达到或超过15.0mm为特大暴雪。

(摘编自:中国气象局官方网站,2022年1月27日)

城市轨道交通列车驾驶

班级:＿＿＿＿＿＿ 姓名:＿＿＿＿＿＿ 小组:＿＿＿＿＿＿ 日期:＿＿＿＿＿＿

任务3.1 实施与评价 理论学习工作单

一、不定项选择题(3 分×7 =21 分)

1. 遇特殊天气无法看清信号、道岔时,列车司机要(　　)。

A. 降低车速　　B. 停车确认　　C. 开启头灯　　D. 鸣笛

2. 列车运行中瞭望距离不足 5m 时,列车司机应(　　)。

A. 继续运行　　B. 按规定限速运行

C. 立即停车　　D. 立即停车,汇报行车调度员

3. 暴雨蓝色预警信号表示(　　)。

A. 12h 内降雨量将达到 40mm 以上　　B. 12h 内降雨量将达到 50mm 以上

C. 6h 内降雨量将达到 10mm 以上　　D. 6h 内降雨量将达到 15mm 以上

4. 城市轨道交通地面及高架线路,风力波及区段风力达 7 级时列车运行速度不应超过(　　)km/h。

A. 40　　B. 50　　C. 60　　D. 70

5. 遇雾、雨、雪等恶劣天气,城市轨道交通地面及高架线路,当瞭望距离不足(　　)时,列车运行速度不应超过 50km/h。

A. 5m　　B. 30m　　C. 50m　　D. 100m

6. 城市轨道交通遇恶劣天气时,行车相关人员可根据情况及时采取(　　)等措施。

A. 加强瞭望　　B. 限速　　C. 停运　　D. 封站

7. 列车遇雾、暴风、雨、雪等恶劣天气并瞭望困难时,列车司机应(　　)。

A. 及时将情况汇报给行车调度员　　B. 适当鸣笛,降低运行速度

C. 必要时进行停车确认　　D. 严禁臆测行车

二、简答题(10 分×6 =60 分)

1. 恶劣天气包含哪些?

2. 大风天对城市轨道交通运营有哪些影响?

3. 地面及高架线路遇到大风天气时,列车的运行速度有何要求?

4. 暴雨天对城市轨道交通运营有哪些影响?

5. 大雾天对城市轨道交通运营有哪些影响?

6. 简述霜、雾、雪天对地面及高架线路的影响。

三、思维导图(19 分)

请利用思维导图软件,根据自身学习和领悟绘制本任务思维导图以辅助记忆。

班级：__________ 姓名：__________ 小组：__________ 日期：__________

任务 3.1 实施与评价 实践工作单 恶劣天气下驾驶

一、实践目标

(1)能够根据天气情况正确选择相应驾驶模式；

(2)能够根据天气情况选择相应应急预案；

(3)能以列车司机的标准要求自己；

(4)谨记“安全第一”，培养严格按照标准化作业操作的习惯；

(5)培养严谨、认真、一丝不苟的工作态度和不怕苦、不怕累的精神。

二、工具与器材

模拟驾驶器、400M 电台、800M 电台、司机包。

三、实操步骤

(1)按照列车司机着装标准进行着装；

(2)4 人一组并分配列车司机、行车调度员、车站人员等角色；

(3)启动模拟驾驶器，设置各种恶劣天气情境；

(4)根据情境设置，各角色分工配合，进行清客演练。

四、考核与评价标准

考核与评价标准见下表。

工作单	恶劣天气下驾驶		
说明	教师按考核内容对学生逐一进行考核		
班级		姓名	
学习小组		考核时间	
序号	考核内容	分值	得分
1	按规定着装	5	
2	大风天列车驾驶	20	
3	暴雨天列车驾驶	25	
4	雾天列车驾驶	20	
5	雪天列车驾驶	15	
6	霜天列车驾驶	15	
合计		100	
指导老师意见			
完成人签字			
指导老师签字			

城市轨道交通列车驾驶

任务 3.2　特殊情况下驾驶

任务导入

行车调度员收到救援申请并下达命令,故障列车司机手持专用钥匙,迅速来到每节车厢内,打开座椅下面装置,依次截断 5 节车厢制动塞门,解除列车刹车。解除列车刹车完成后,编号为 B08 号的救援列车司机驾车驶来,“哐”的一声,救援车和故障车完成连挂(图 3-4)。在故障列车司机的指挥下,两声汽笛响起,救援列车司机退车试拉,两车微微一动,确认两车连挂成功。故障列车司机赶忙来到客室内,把最后一节车厢制动塞门截断,再跑到车头驾驶室,等待推车前行。从设置故障到连挂结束等待推车,整个过程耗时 16min。

图 3-4　列车连挂救援

“呜——”一声清脆的汽笛声再次响起,救援列车司机驾驶 B08 号列车推着故障车前行,缓缓驶离车站,并以不超过 25km/h 的速度驶向就近的 SJG 站存车线,列车故障连挂救援演练圆满成功。

(摘编自:长江网,2017 年 5 月 16 日)

任务准备

引导问题 1　如果故障列车停留在线路上有哪些后果?

引导问题 2　故障列车司机在列车救援过程中需要做哪些工作?

引导问题 3　列车运营中包含哪些特殊情况?

知识准备

3.2.1　反方向运行

一、定义及运行条件

反方向运行是指在双线单向运行的区间因某种需要,按有关规定临时组织列车在线路上与规定方向反向运行的情况。反方向运行通常是在正方向区间发生线路封锁施工、发生自然灾害或因事故中断行车等特殊情况下经行车调度员准许反方向运行的一种非正常情况下的行车组织。

反方向运行必须由行车调度员发布调度命令,相应运行区间变更闭塞方式为电话闭塞办理发车和接车进路;列车司机须确认行车凭证后,根据综控员的发车手信号发车。

二、接发车手续

1. 发车手续

(1)接收调度命令(变更闭塞方式、列车反方向运行、调控权下放),接收控制权。

(2)核对运行计划,确认列车车次及位置。

(3)发车站确认发车区间空闲后,向接车站请求闭塞。

(4)接收电话电报号码及确认时分,填写电话电报登记簿及行车日志。

(5)办理发车进路(按正方向办理)。

(6)确认发车进路道岔位置正确且锁闭。

(7)填写路票,交递路票,按手信号发车(始发站交递调度命令)。

(8)列车出发后,向接车站通报列车车次及发车时分,双方填写行车日志。

(9)接收闭塞解除时分,填写行车日志(只作为前发列车闭塞的结束,不作为下次列车承认闭塞的依据)。

2. 接车手续

(1)接收调度命令(变更闭塞方式、列车反方向运行、调控权下放),接收控制权。

(2)接收发车站的闭塞请求。

(3)确认接车区间、接车线路空闲,办理接车进路(按正方向办理)。

(4)确认接车进路道岔位置正确且锁闭。

(5)向发车站发出电话电报号码及汇报时分,填写电话电报记录簿和行车日志。

(6)接收发车站发车车次及汇报时分,填写行车日志。

(7)待列车到达出站信号机内时,显示引导手信号将列车引导进站。

(8)列车整列到达后,填写行车日志。

(9)向发车站发出闭塞解除时分,填写行车日志(只作为本次列车闭塞的结束,不作为下次列车闭塞的依据)。

三、列车司机操作

列车司机驾驶列车反方向运行时的操作流程如图 3-5 所示。

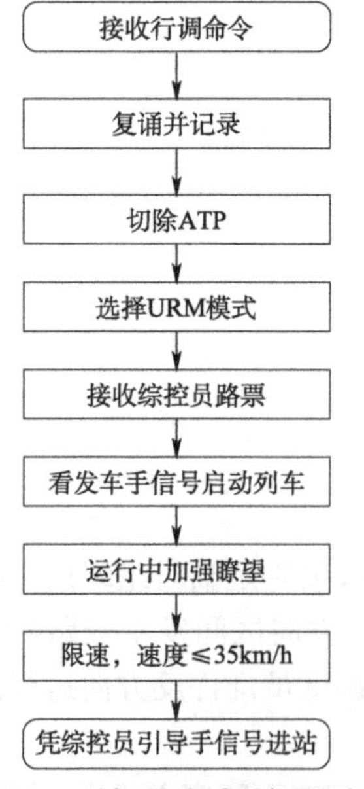

图 3-5 列车司机驾驶列车反方向运行时的操作流程

(1)接收行车调度员的反方向运行命令,注意调度命令的复诵和记录。

(2)反方向运行时,需要切除 ATP 对列车的控制,因此列车发车前,司机应将 ATP 开关置于“分”位,选择 URM 驾驶模式。

(3)列车司机接到综控员发放的行车凭证(路票)后,确认列车启动条件具备,看发车手信号启动列车。

(4)运行中要加强瞭望,按规定鸣示信号,速度不得超过 35km/h。

(5)进站前要适时采取制动措施,凭综控员的引导手信号进站,进站速度不得超过 25km/h,并做好随时停车的准备,无引导手信号时要将列车停于车站外方。

(6)完成反方向行车的运行任务。

图 3-6 列车推进运行示意图

3.2.2 推进运行

一、概述

一般情况下,正线列车要求正向牵引运行,但遇到正向前部驾驶设备故障、列车救援等情况时,需要采用推进运行(图 3-6)。

二、运行条件

列车推进运行,必须得到行车调度员的准许,必须有引导员(一般级别在列车司机或车站值班员及以上)在列车前端驾驶室引导;无人引导时,禁止推进运行。因天气影响,难以辨认信号时,禁止列车推进运行。

三、列车司机操作

(1)列车司机确认列车当前已不能使用前端操纵台时,立即向行车调度员汇报。

(2)得到行车调度员准许后,广播通知清客。

(3)清客完毕后,列车司机关断前端操纵台,切除操纵端 ATP 设备。列车副司机前往尾端驾驶室。

(4)列车司机确认好行车命令、信号后,使用对讲装置通知尾端列车副司机进行列车激活作业。

(5)尾端列车副司机激活操纵台后,通知前端列车司机做好推进准备工作。

(6)前端列车司机在得到尾端列车副司机的通知后,再次确认信号,通知尾端列车副司机开始推进。

(7)尾端列车副司机操纵主控器手柄逐级牵引列车推进运行,速度不得超过 30km/h,列车的牵引、惰行、制动凭前端列车司机的指令操纵。

(8)前端列车司机应认真确认线路、信号、道岔状态,遇有紧急情况,果断采取紧急停车措施。停车后立即向行车调度员说明情况,经妥善处理后方能继续运行。

推进运行的操作须由两名司机合作完成,在推进运行过程中必须严格执行呼唤确认信号制度,前后列车司机保持不间断联系。若列车为单司机运行,前端列车司机的工作由引导员担任。

3.2.3 退行

一、定义及运行条件

列车在区间因自然灾害、线路故障等原因不能继续向前运行而退行至最近车站,或列车部分或全部车厢越过站台需退回站台内办理乘降作业称为列车退行。列车退行可采用推进或牵引运行。退行时列车的运行方向与原运行方向相反,是一种非正常操作,须与行车调度员联系,得到准许后,方可进行。

二、列车司机操作

(1)列车司机判断列车需要退行时,利用车载电台或手持电台与行车调度员联系。

(2)得到准许后,列车司机通过广播向乘客播放关于列车退行的通知。

(3)列车司机将驾驶模式转换至“RM”位,切断地面信号系统对列车的控制,将方向选择开关置于“向后”位,以不超过 15km/h 的速度将列车退行至规定位置。

(4)退行列车到达车站后,列车司机应及时向行车调度员报告,根据行车调度员的命令进行下一步处理。

三、注意事项

(1)退行时列车司机须确认列车性能良好,动车前,确认接收到行车调度员的授权,不可擅自操作。

(2)列车退行进入车站时,车站接车人员应在进站站台端处显示引导手信号,列车在进站站台端外必须一度停车,确认引导手信号正确方可进站(后端推进退回车站难以确认时,车站应做好站台防护工作)。

(3)一般情况下,车载 ATP 系统对列车退行有距离限制,当退行距离接近限定值时,列车会自动启动紧急制动;如果这时列车还未退至规定位置,列车司机需要再次启动列车退行。

知识拓展

退行与反方向运行的区别

1. 定义不同

列车反方向运行是指在双线区间,列车的运行方向与线路规定的使用方向相反;列车退行是指列车运行方向与列车原运行方向相反。

2. 运行区间不同

列车反方向运行是由车站运行至车站;列车退行是由区间运行至车站(或由车站运行至区间)。

3. 闭塞方式不同

列车反方向运行按电话闭塞法办理行车;列车退行不办理任何闭塞手续。

4. 列车进入区间的行车凭证不同

列车反方向运行进入区间的行车凭证为路票及发车手信号;列车退行的凭证为行车调度员发布的调度命令。

5. 运行速度不同

一般列车反方向运行速度不超过 35km/h;一般列车退行的速度不超过 15km/h。

3.2.4 清客

一、定义与分类

清客是指在列车运营过程中,行车调度员向列车司机和车站人员发出指令,强行让某一列车的乘客在非目的地站下车，使乘客在非个人意愿的情况下被迫离开列车，在站台重新等候下一趟列车，或直接离开地铁站改乘其他交通工具以到达目的地。某列车清客通知如图3-7所示。

图3-7 清客通知

清客分为计划性清客和非计划性清客。

计划性清客是指乘客在上车前得知本次列车运行服务的终点站，清客后需要折返或退出服务。特点是乘客事先知情。

非计划性清客是指在列车运行中，由于设备故障或突发事故等，列车无法继续运营需要清客退出服务，或者由于需要使用降级运营而采取的必要调整措施。特点是乘客事先不知情。

知识拓展

一旦在线运营的列车发生故障需要退离正线时，必须采取清客措施。如果乘客坚持留在车上，会延误清客时间，后续列车也无法进站，必将影响全线列车的正常发车间隔。因此当列车无法承担运行任务，需要清空列车退离正线时，应说服输乘客配合工作，及时下车，确保后续列车进站。这样才能最大限度地降低故障对运营的影响，保障乘客搭乘后续列车顺利到达目的地。

二、清客规则

清客作业是运营应急处理和降级运营时的重要调整手段，处理不当不仅会引起乘客的投诉，影响服务形象，更与城市轨道交通“安全第一、准点、高效”等运营宗旨相悖。因此，组织清客必须遵循一些既定规则，以降低该作业中存在的风险概率。

1. 清客授权

清客前必须获得行车调度员的授权，除非在非常紧急的情况下或接触轨（接触网）发生故障导致电力中断，致使乘客安全受到威胁或列车司机与OCC无法联系时可不授权。

2. 清客地点

在条件允许的情况下，列车司机应尽可能将列车行驶到下一站或指定的站台进行清客，避免在区间清客。

3. 牵引电流

若清客作业在站台进行，人员直接在站台疏散，不需要进入轨道区间，则不用关断牵引电流；若在区间清客且线路采用接触轨供电，在清客前行车调度员必须通知电调断开清客区间的牵引电流。

4. 参与人员

没有车站员工协助情况下列车司机不得开始清客。除非情况极度紧急（如乘客安全受到威胁），或牵引电流发生故障导致环境迅速恶化。车站接到行车调度员关于清客的通知后，至少应有两名车站员工协助列车司机清客。

5. 清客装备

协助清客的员工应尽可能带上手提灯、扩音器和手持电台（图 3-8）。任何员工或乘客进入隧道前，必须确保隧道灯是点亮的。

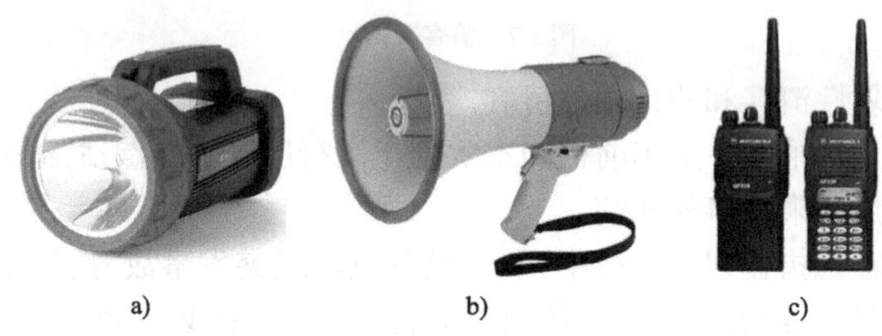

a)　　b)　　c)

图 3-8　协助清客用的部分设备

6. 清客方向

乘客下车后，列车司机或车站人员应指挥乘客利用清客后停稳的列车作为保护，朝正常的行车方向步行前往下一站；除非列车与前方车站距离太远或情况极度紧急，可前往行车调度员指定的其他站台。

7. 乘客指引

为防止乘客偏离清客路线或被障碍物绊倒，必须安排员工驻守在下列地方：道岔及交叉口、隧道口、其他有潜在危险的地方。

8. 闭塞区间

在区间清客时，行车调度员安排以下轨道不得行车：乘客下车后途经的轨道，乘客可经由隧道门或交叉口进入的轨道。这项行车限制持续有效至清客完成，且所有乘客已撤离轨道时。

9. 特殊人群

非情况紧急，伤残人士应留在车厢内，待列车驶到安全位置再下车。列车司机凡得知车上有伤残人士，必须向行车调度员报告。如需立即救出伤残人士，必须迅速通过行车调度员通知紧急救援人员。

提示

针对伤残人士等特殊人士，必要时可调派额外人手或要求自愿协助的乘客陪同伤残人士留在车上。

10. 站台协助

区间清客时，下车乘客抵达指定车站时，须由员工指引沿站台两端的台阶前往站台，以便加快乘客撤离轨道的速度。

11. 清客巡查

列车完成清客后，相关车站必须安排两名车站员工巡查所有下车乘客可能经过的轨道区段。这两名员工必须按正常行车方向，由后方车站走至前方车站，确保区间内已无任何乘客或障碍物，然后向出发车站的值班站长汇报巡查结果。

三、清客时机

何时开始清客是一项非常重要的决定，尤其是在紧急情况及车上环境急剧恶化的情况下，行车调度员与列车司机必须根据当时的情况采取适当行动，以确保乘客及员工的安全。行车调度员需根据列车司机报告的现场情况，慎重考虑以下情况，以决定是否需要清客：

①事故的成因。②车厢内的情况。③列车能恢复行驶的时间。④乘客的安全。⑤任何其他相关的因素，例如乘客恐慌。

倘若停下的列车内情况恶劣，则行车调度员可以授权列车司机在车站人员抵达前紧急清客。

注意

何时开始清客由行车调度员决定。

若列车迫停在两个车站之间且没有空调已达 10min，列车司机必须通过广播指示乘客打开紧急通风窗，改善通风情况。打开紧急通风窗后的列车仍可继续载客，而行车调度员应在某个适合的车站安排车站员工关好紧急通风窗。

四、司机的工作

(1)接到行车调度员关于清客的命令后通过广播系统向乘客播放广播，安抚乘客，观察乘客的状况，有异常立刻向行车调度员报告。

(2)在等待清客开始的过程中，若列车停止在隧道内已达 10min，必须打开紧急通风窗，以改善车厢里的通风情况。(注意：蓄电池能维持约 45min 的紧急通风和照明)

(3)根据当时列车的载客情况，估计清客的疏散速度。经过应急疏散坡道的最快速度是 15 人次/s；当轨道上有照明设备并有人引路时，乘客每分钟可步行约 50m。在照明不足、有障碍或出现恐慌的情况下，疏散时间或许会更长。

(4)列车司机为列车做好清客防护措施后，等候在清客端驾驶室，放下紧急逃生门(图 3-9)，车站派出人员到达后，向乘客发布清客开始的通知，说明清客方向，请乘客有序地通过列车端部的紧急逃生门下到轨道上，在车

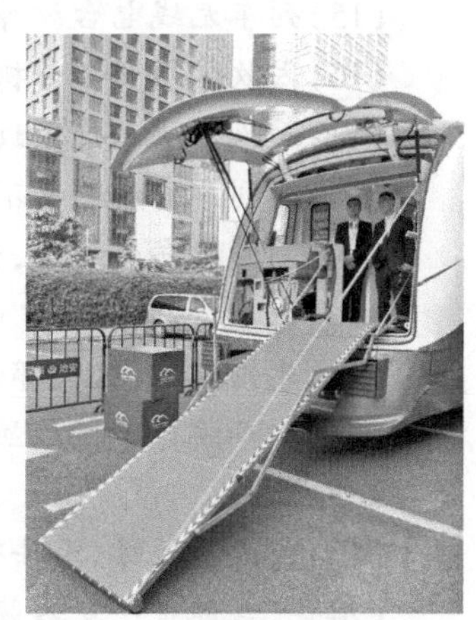

图 3-9　地铁列车紧急逃生门

站员工的带领下,沿着轨道前往站台。

(5)在乘客下车的过程中,列车司机必须随时观察乘客的动态,适时安抚,防止乘客恐慌,保证清客的正常进行。

(6)乘客全部下车完毕后,列车司机穿行列车,确保所有乘客已离开车厢,确认是否有伤残人士留在车上。确认完毕后,收回紧急逃生门。

(7)向行车调度员报告全部乘客已离开车厢,等清客工作完毕、所有乘客疏散至车站、隧道区间畅通无阻后,按照行车调度员的进一步指示,操作列车到指定车站或等待救援列车的到来。

知识拓展

以下以北京地铁各线路的相关规定为例,介绍运营列车清客退出服务的情况。不同城市、各条线路根据实际运营情况,有不同的要求和规范,需具体问题具体分析。

1. 运营列车立即清人退出运营的情况

(1)高、低压导线及电气设备接地、短路发生冒烟或着火。

(2)车辆走行部(包括齿轮箱、轴箱、联轴节、牵引装置、牵引电动机等)故障。

(3)列车发生异味冒烟。

(4)全列无法正常开关门,经处理无法恢复。

(5)车轮擦伤严重,需就近入库。

(6)驾驶室门机械故障无法开启或关闭。

(7)监控显示器及门指示灯同时显示不正常,列车司机无法确认门状态。

(8)列车在运行中车辆与信号监控装置故障,经处理仍无法恢复。

(9)客室车门故障,手动不能关好(门开度大于100mm)且无人监护。

(10)列车发生故障需闭合“门旁路短接”开关维持运行。

(11)全列动车有一半以上失去牵引力,不能恢复,需就近入库。

(12)车辆重要部件脱落,危及行车安全。

(13)机械、电气部件等发生故障,危及行车及人身安全。

(14)列车前、后驾驶室自动广播和人工广播同时发生故障。

(15)列车无线电台故障或复读装置无法记录行车调度员命令。

(16)因故障须列车司机短接紧急旁路维持运行。

(17)总风缸泄漏严重致使列车紧急制动不缓解。

(18)全列车紧急制动不缓解,处理后仍无法正常使用但可缓解,须就近入库。

(19)制动机发生故障,全列(六节编组)失去1/6以上的基础制动。

(20)列车运行中显示“缓解不良”,且无法确认列车制动系统状态。

(21)车轮不转,机械部位疑发生故障。

(22)列车运行中监控显示器故障,无法正常显示车辆运行状况(如黑屏、花屏乱码、网络故障)。

(23)前照灯故障,无法确认线路、信号安全状态。

(24)一台静止逆变器装置故障无法恢复,且扩展供电不能投入工作。

(25)列车发生故障,需要推进运行。

(26)列车发生严重故障，司机认为不能继续载客运行。

2. 须将乘客运送到终点站方能清客退出运营的情况

(1)因列车牵引逆变器故障，全列动车减少动力时。

(2)车载信号设备故障致使列车无法正常运营。

(3)列车控制网络发生故障，但能采用紧急牵引模式运行。

(4)监控显示器、门指示灯有一处显示不正常，但列车司机能确认车门关闭良好。

(5)车门故障，手动不能关门(门开度小于100mm)。

(6)因车门故障，列车单节同侧两个车门封闭。

(7)驾驶室门故障，无法关闭。

(8)列车运行中监控显示器不能正常工作。

(9)一辆车的空气弹簧不充气(弯道运行限速30km/h)。

(10)一节及以上客室灯不亮。

(11)一个台车失去空气制动作用。

(12)主空气压缩机组故障，但能保证列车正常运行的风压。

(13)列车故障，监控显示器显示运行到终点站退出运营。

(14)全列(六节编组)空调系统故障车辆超过1/6。

(15)因列车空调故障，乘客投诉时。

(16)需短接开门旁路开关维持列车车门打开。

(17)车载通信系统故障致使整列站台门不能开启与关闭。

(18)列车发生故障，司机认为列车不能继续完成运行图规定的交路。

城市轨道交通列车驾驶

班级:__________ 姓名:__________ 小组:__________ 日期:__________

任务3.2 实施与评价 理论学习工作单

一、不定项选择题(3 分 ×10 =30 分)

1. 故障车司机请求救援时的汇报内容不包括(　　)。

A. 列车车次、车号　　B. 请求救援事由

C. 迫停时间、地点　　D. 故障车的颜色

2. 救援列车推进运行时,前方进路和停车位置由被救援列车司机负责,推进速度不超过(　　)km/h。

A. 30　　B. 40　　C. 50　　D. 60

3. 当列车发生故障需要救援时,应竭力遵循(　　)救援的准则,以维持其他在线列车正常运行秩序。

A. 就近　　B. 正向　　C. 反向　　D. 行车调度员安排

4. 向封锁区间开行救援列车时,不办理行车闭塞手续,以(　　)的命令作为进入封锁区间的许可。

A. 综控员　　B. 车站值班员　　C. 行车调度员　　D. 乘务主管

5. 救援列车在作业前需向调度中心确认(　　)。

A. 故障车具体停车位置　　B. 救援车驾驶模式

C. 故障车司机姓名　　D. 故障车司机情况

6. 下列故障允许运营列车请求救援的是(　　)。

A. 驾驶端两个前大灯全部故障,视线不足无法确认线路

B. 列车发生异味时

C. 制动系统发生故障致使全列车不能缓解

D. 全列 1/3 以上动车失去牵引力

7. 救援列车与被救援列车需在运营线上进行解钩作业时,行车调度员须会同相关站综控员(　　)后,准许进行解钩作业。

A. 共同确认救援列车解钩完毕退行的区段空闲

B. 关闭相关车站出站信号机

C. 通知救援列车解钩完毕退行位置

D. 确认被救援列车的车载信号开启

8. 使列车运行方向与原运行方向相反的是(　　)。

A. 退行列车　　B. 反方向运行列车

C. 逆向运行列车　　D. 封锁区间开行列车

9. 列车司机进行隧道疏散的应急处理中,以下正确的做法是(　　)。

A. 播放广播,安抚乘客,提醒乘客保持镇定

B. 打开车门,跳下轨道,查看停车的位置,以便向控制中心报告

C. 按行车调度员通知的疏散方向做好疏散准备，并通过广播引导乘客疏散

D. 打开车门，进入隧道，查看列车情况

10. 在对故障列车进行救援连挂时，一般列车限速为(　　)km/h。

A. 1　　B. 3　　C. 5　　D. 15

二、判断题(2 分 ×5 =10 分)

1. 列车推进运行时，前端驾驶室应有司机负责指挥。(　　)

2. 在非正常情况下，列车与原运行方向相反运行为退行，此时可以推进或牵引运行。(　　)

3. 列车司机应尽可能地将列车运行至车站进行清客。(　　)

4. 列车司机无须他人协助，即可就地进行清客操作。(　　)

5. 列车客室无乘客滞留，即为清客完毕。(　　)

三、简答题(10 分 ×4 =40 分)

1. 反方向运行时接发列车手续分别是什么？

2. 推进运行时列车司机如何操作？

3. 退行与反方向运行有什么区别？

4. 清客过程中列车司机需要注意哪些方面？

四、思维导图(20 分)

请利用思维导图软件，根据自身学习和领悟绘制本任务思维导图以辅助记忆。

班级:____________ 姓名:____________ 小组:____________ 日期:____________

任务3.2 实施与评价 实践工作单 清客作业

一、实践目标

(1)能够正确操作广播设备;

(2)熟练掌握清客作业流程;

(3)能以列车司机的标准要求自己;

(4)谨记"安全第一",培养严格按照标准化作业操作的习惯;

(5)培养严谨、认真、一丝不苟的工作态度和不怕苦、不怕累的精神;

(6)培养应急处置能力。

二、工具与器材

模拟驾驶器、扩音器、荧光衣、手电筒、400M电台、800M电台、对讲机、安全帽、绝缘鞋、司机包等。

三、实操步骤

(1)按照列车司机着装标准进行着装。

(2)4人一组并分配列车司机、行车调度员、车站人员等角色。

(3)终点站站台清客:

①列车进站对标停车,列车司机打开车门和站台门;②列车司机播放终点站清客广播;③车站站务员进入车厢进行检查;④车站站务员确认车厢无乘客后,给列车司机"好了"手信号。

(4)列车故障在车站站台清客:

①列车司机接到行车调度员关于车站站台清客命令后复诵;②车站值班站长接到行车调度员关于车站站台清客命令后,安排站务员到站台等候,协助列车司机清客;③列车进站对标停车,列车司机打开车门和站台门;④站务员进入车厢,安抚乘客情绪并协助乘客下车;⑤车站站务员确认车厢无乘客后,给列车司机"好了"手信号。

(5)列车故障在区间清客:

①列车司机向行车调度员报告列车故障状态;②行车调度员接到列车司机汇报后报告值班主任,并确定处理方案;③行车调度员向相关站、列车司机发布封锁某段线路和疏散乘客命令,同时通知电力调度员对封锁区域断电,通知环控调度员对封锁区域进行送风;④列车司机做好车内广播,安抚乘客情绪;⑤列车司机按行车调度员命令打开客车的防护指示灯,按行车调度员通知的疏散方向打开紧急疏散门,并不断广播做好乘客引导工作;⑥车站值班站长接到行车调度员命令后打开区间工作照明,指示站务员做好防护及疏散乘客的工作准备;⑦通知驻站公安到站台协助,并做好进站乘客控制及广播宣传;⑧在车站广播解释有关情况并做好车站内乘客的安抚工作;⑨站务员穿上荧光衣,携带通信工具、应急照明灯、手提广播,带领站台安全员进入隧道,前往

故障客车停车地点，引导车上乘客疏散；⑩站务员手提广播引导乘客跟随站台安全员前往最后车站，在与邻线有通道处派人看守，防止乘客误进；⑪待车站站务员到达后，打开客室通道门，组织乘客有序地从紧急疏散门下轨道沿车站方向疏散；⑫列车司机确认客车上无乘客后，关闭紧急疏散门；⑬站务员与故障列车司机共同确认客车清客完毕，尾随乘客返回车站，沿途仔细检查线路有无遗留乘客及物品，确保线路出清；⑭站务员到达站台后立即通知车控室线路已出清；⑮车站值班站长待故障列车上所有乘客上到站台后，向行车调度员报告隧道清客完毕，线路已出清，等待行车调度员下一步的指示。

四、考核与评价标准

考核与评价标准见下表。

工作单	清客作业		
说明	教师按考核内容对学生逐一进行考核		
班级		姓名	
学习小组		考核时间	
序号	考核内容	分值	得分
1	按规定着装	5	
2	列车在区间故障，无法动车，向行车调度员报告	5	
3	行车调度员给出清客命令	5	
4	行车调度员发布清客命令至车站	5	
5	行车调度员发布区间封闭命令	5	
6	行车调度员发布区间断电、送风命令	5	
7	列车司机播放清客广播、注意观察乘客状态	10	
8	列车司机做清客前准备工作	5	
9	站务员携带清客物品进入隧道协助	10	
10	到达列车位置，开始清客	5	
11	清客结束，列车司机检查各车厢	10	
12	站务员检查整个封闭区间	15	
13	确认无人员滞留后，联系行车调度员	10	
14	列车司机联系行车调度员，按行车调度员指示操作	5	
合计		100	
指导老师意见			
完成人签字			
指导老师签字			

任务 3.3 突发事件处理

任务导入

大风天气时大棚塑料膜、工地上的防尘网、塑料包装袋、风筝线等(图 3-10、图 3-11),容易被风刮到接触网的腕臂上,带来安全隐患。如果是金属性的漂浮物,比如锡箔纸,就可能引起接触网短路,从而造成跳闸。漂浮物如果缠到接触网上,当高速列车的受电弓运行到漂浮物的地方,漂浮物就有可能会缠绕到受电弓上,甚至使这个区段内的接触网拉垮,造成塌网的现象。

a) 大棚塑料膜

b) 鸟窝

图 3-10 接触网异物(1)

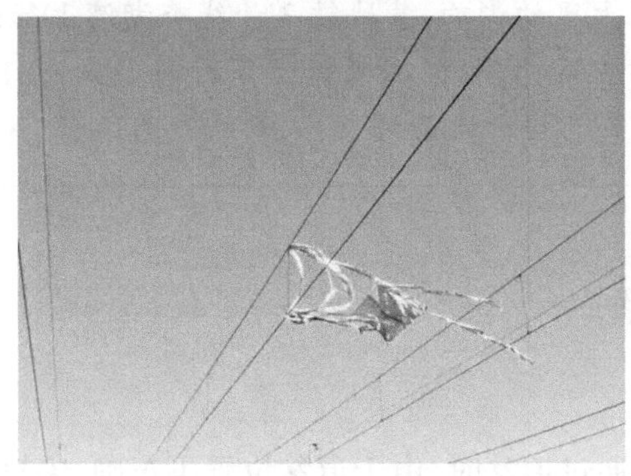

图 3-11 接触网异物(2)

(摘编自:央视新闻,2021 年 5 月 5 日)

任务准备

引导问题 1 哪些情况下会发生接触网悬挂异物?

引导问题 2 面对接触网突然出现异物,列车司机该怎样做?

引导问题 3 面对突发事件,列车司机该如何保障乘客安全?

知识准备

3.3.1 接触网异物

因风或其他原因影响，一些较轻的物体容易被风吹起，悬挂于接触网上。接触网异物按悬挂位置一般可分为承力索处悬挂物、吊弦处悬挂物、接触导线处悬挂物；按异物性质可分为轻飘物体和较大物体；按对行车的影响可分为对列车运行无影响和有影响两种情形。

1. 异物不影响行车

异物悬挂在承力索和吊弦等位置，如果体积较小、长度较短、没有触及接触网导线，不容易缠绕在受电弓上，列车司机在判断接触网异物不影响行车，并向控制中心行车调度员报告后，列车按正常速度通过。

2. 异物影响行车

异物悬挂在承力索和吊弦等位置，如果体积较大、长度较长、自重较重且已触及接触网导线，可能会缠绕在受电弓上，列车司机在判断接触网异物严重影响行车，并向控制中心行车调度员报告后，可采取以下措施：

(1)滑行通过。降弓滑行通过异物悬挂地点，再升弓运行。

(2)如果列车位于长大坡道处，滑行时很容易造成制动失效，使列车失去控制，这时就需要停车待异物清除后再继续运行。

事故案例

某日23:22，受雷电大风的影响，某地铁3号线香湖湾上行出站约300m处接触网上方悬挂长达20m的防尘网，该防尘网横跨上下行接触网。31次列车司机发现该情况后紧急停车。由于当日已接近运营结束，未影响线路运营。

3.3.2 列车挤岔

一、定义

挤岔是指列车直向通过道岔时，由于道岔位置不正确，尖轨未能与基本轨密贴，车轮碾压时，将尖轨与基本轨挤开的过程。此时道岔既不在定位，也不在反位，呈四开状态，极易导致列车脱轨和倾覆。

挤岔主要有顺向挤岔和对向挤岔两种。顺向挤岔是指列车顺向通过道岔，而道岔的开通位置不正确或正在扳动中，列车一侧轮缘挤入尖轨与基本轨之间，使尖轨向线路内侧受力，当作用力大于道岔剪切削最大抗力时，用于连接道岔锁闭机构和动作连接杆的剪切削折断，道岔锁闭机构与转换部分（尖轨）分离，道岔转换部分失去锁闭，发生挤岔。对向挤岔是指列车对向过岔时，道岔正在扳动中并即将到位，列车一侧轮缘正好被尖轨正确导向，但该尖轨与基本轨间还有一点距离，轮缘产生向外的作用力，尖轨被作用力加速密贴，发生挤岔。

二、挤岔处理

1. 列车司机处理

（1）列车发生挤岔事故时，列车司机要马上按压紧急停车按钮停车，严禁动车。

（2）马上将情况如实报告行车调度员。

（3）如车厢内有乘客，列车司机要广播安抚乘客情绪，必要时按照行车调度员的指示清客。

（4）要做好现场情况的保护工作，坚守岗位，直至事故处理主任到达后按照其指示执行。

2. 行车有关人员处理

（1）应确认列车车次、挤岔车辆号和具体轮对、被挤的道岔，特别注意挤岔的列车是否侵入邻线，如果影响邻线应及时扣停邻线接近列车。

（2）了解列车载客量及人员伤亡情况，积极组织乘客疏散，通知邻线列车限速运行并加强瞭望，积极抢修道岔，妥善组织不受影响的区段的列车运营；必须救援时，认真组织救援工作，确保安全。

（3）若挤岔后脱轨，应封锁事故区段，根据具体情况灵活掌握线路使用情况，最大限度地满足行车安全和客运服务的要求。

（4）列车已全部挤过道岔，通知维修部门对道岔进行检查，并根据损坏情况处理。

（5）列车停留在道岔，组织列车顺道岔方向缓缓移动，待全部拉过道岔后，由维修部门处理。不组织列车逆尖轨方向后退，后退易造成脱轨，扩大事故。必须后退时应当将尖轨钉固后再后退。如列车停留在复式交分道岔上，挤岔后禁止移动，应由线路维修部门处理。

3. 维修人员处理

（1）检查道岔尖轨是否损坏。如尖轨经拨动后仍然可以密贴，可以用钩锁器锁闭；如尖轨损坏，应及时更换。

（2）更换转辙机相关设备。根据现场情况，当场或事后更换电动转辙机及其有关装置。

（3）检查试验。修复后，对道岔的动作状态予以检查调试，与车控室内行车值班员共同试验，确保状态良好。

（4）清理现场。检查工具是否齐全，对现场彻底清理，保证轨道及限界内没有遗留任何物料，消除事故隐患。

事故案例

某日 5:11，某地铁 1 号线一列运营前空载列车，在终点站站后折返过程中，第一节车厢掉道，无人员伤亡，该事件对线路正常运行造成局部影响。

事故原因：事件发生的前一天晚上，设备维护人员在进行检修作业时，接错相关线缆，未进行功能检查确认即销点结束施工，造成道岔实际位置和车站、中央等设备信号显示位置不一致；而运营前空载列车运行时，线路道岔开通方向与信号系统显示不一致，导致列车从折返线开出后挤岔掉道脱轨，撞上站台水泥板。

3.3.3 列车脱轨

一、定义

列车脱轨是指列车轮对在列车运行时离开钢轨的现象（图3-12）。此时机车车辆的车轮落下轨面（包括脱轨后又自行复轨），或车轮轮缘顶部高于轨面（因作业需要的除外）。

图3-12 列车脱轨

二、脱轨处理

1. 司机处理

（1）列车发生脱轨事故时，列车司机要马上按压紧急停车按钮停车，严禁动车；

（2）列车司机要马上将情况如实报告行车调度员；

（3）如车厢内有乘客时，列车司机要广播安抚乘客情绪，提醒乘客列车即将清客；

（4）要做好现场情况的保护工作，坚守岗位，直至事故处理主任到达后按照其指示执行。

2. 车站处理

（1）发布列车暂时不能运行的消息；

（2）向乘客提供相关路段公共汽车运行资料；

（3）组织滞留乘客有序离开车站；

（4）车站指派清客负责人率领人员携带无线通信设备、扩音器及信号灯前往事故地点，执行清客任务；

（5）确定乘客全部撤离列车后，协助列车司机收回应急梯；

（6）在清客过程中，做好组织工作，引导乘客有序疏散，保证其全部安全返回站台，抢救伤者脱离现场；

（7）对于道岔、交叉口或其他有潜在危险的地方，应当安排人员驻守，避免乘客偏离清客路线，提醒乘客注意脚下障碍物；

（8）确认所有人员撤离车厢以及轨道，路段上没有人或障碍物后向行车调度员报告。

3. 行车相关人员处理

（1）停止相邻轨道以及乘客疏散可能经过路段的行车；

（2）电力调度员断开牵引供电；

（3）指示就近车站迅速赶赴现场，协助清客；

（4）通知公安部门前往事故地点控制客流并协助疏散。

事故案例

2014年7月15日早晨，莫斯科地铁在斯拉夫大道站发生地铁脱轨事故。共有3节车厢脱轨，其中1节严重变形。根据初步调查，该列地铁是在驶离地铁站200m处脱轨的。

2014年5月2日，开往曼哈顿方向的F线地铁列车有6节车厢脱轨。事故发生后，纽约市消防局和警察局派人迅速赶往现场，在两个小时内紧急将车厢内的1000余名乘客从安全出口疏散。

3.3.4 列车火灾

列车在车站发生火灾或在区间发生火灾时，列车司机或站务员必须迅速将列车所在位置、列车编号（车次）、起火或冒烟的车厢编号、火势大小、是否有人受伤、是否有设备损坏等情况报告给值班站长或行车调度员。火灾发生后，应当快速做出反应，贯彻“救人第一，救人与灭火同步进行”的原则，积极疏散乘客，进行施救。在起火初期采取正确的应急措施，有效扑灭火灾，最大限度地减少人员伤亡和设备损失。

一、列车在站台发生火灾

列车在站台发生火灾时，列车司机应迅速打开站台侧所有车门，使用车内灭火器扑救，对乘客进行广播疏散，并配合车站工作人员引导乘客疏散到安全区域。列车在站台发生火灾时可按表3-3所示程序处理。

列车在站台发生火灾的处理程序 表3-3

处理程序				负责人
事故发生	1	确认火灾的真实性	向值班站长汇报：在站台停靠列车有起火冒烟现象	列车司机 或站台监控人员
			立即通过CCTV查看，确认现场情况	值班站长
	2	向行车调度员汇报	列车的位置、编号（车次）	行车值班员
			列车起火位置或冒烟的车卡编号	
			伤亡情况（大概人数）	
			火情的大小（冒烟、明火等）	
			初步判断火灾性质	
			设备损毁情况	
	3	召唤紧急服务	通过行车调度员召唤紧急服务（119、120等）	行车值班员
火势可以控制				
事故处理	1	确认火警属实，按下紧急停车按钮	在车站控制室按下列车所在站线的紧急停车按钮	行车值班员
			设法阻止另一侧的列车驶进站台或使其尽快开车	
	2	监控、操纵环控设备	监控环控系统的运行	行车值班员
			如设备不能正常运行，及时通知行车调度员	
			确认站台门是打开状态	值班站长 站台员工

续上表

处理程序				负责人
事故处理	3	进行清客作业	通知站务员对起火列车进行清客	值班站长
			对起火列车进行清客，对受伤乘客进行救助，并维护现场秩序，阻止乘客接近火源	站务员
	4	扑救现场火势	就近取用灭火器对列车火源进行扑灭	站务员 列车司机
			站台员工扑灭火势后，向列车司机显示一切妥当手信号	
	5	向行车调度员汇报火警处理结果	列车火势扑灭后，向行车调度员汇报列车损害程度、是否需要救援	值班站长
			等待行车调度员的下一步指示	
	6	做好乘客疏导工作	做好站内人流控制工作，避免乘客受伤	全体人员
火势无法控制				
事故处理	1	对起火列车立即清客	协助列车司机打开车门，立即对起火列车进行清客作业	值班站长 站务员
	2	车站紧急疏散	立即下达车站紧急疏散命令	值班站长
			通过 PA、PIS 通知乘客疏散	行车值班员
			向控制中心请求人力支援	值班站长
			在车站控制室 IBP 盘上启动紧急模式，按压 AFC 紧急按钮，打开所有闸机扇门	行车值班员
			引导乘客离开站台	站务员
			接到紧急疏散的通知后，收好钱款与票卡，关闭客服中心电源，将应急疏散门打开，疏导乘客出站	票务岗员工
	3	阻止乘客进站	立即引导乘客从各出入口出站，并阻止乘客进站	站务员
	4	关闭车站	确保所有乘客安全离开后，关闭车站出入口并张贴“车站关闭”通知	站务员
	5	等待救援人员抵达现场	担任临时事故处理负责人	值班站长
			在指定出入口等待救援人员，并带他们到达事发地点	站务员
			撤离后，检查站台、站厅是否还有乘客，并将结果上报给事故处理负责人	站务员 值班站长
	6	火灾扑灭后，恢复运营	火灾扑灭后，根据上级命令，及列车、车站的毁损情况，经消防部门同意后全部或局部重新开站	值班站长

二、列车在区间发生火灾

列车在区间发生火灾时，地下线路运行的列车应尽一切可能运行到前方车站，列车司机应及时向行车调度员报告，请求前方车站协助；若无法运行到前方车站，列车司机应及时向行车调度员报告并进行初期灭火扑救，同时将起火车厢的乘客疏散到其他车厢，确认灭火器无法控制火灾时，请求行车调度员将接触网（轨）停电，就地疏散乘客。列车在区间发生火灾时可按表3-4所示程序处理。

列车在区间发生火灾的处理程序 表3-4

<table>
<tr><th colspan="4">处理程序</th><th>负责人</th></tr>
<tr><td rowspan="7">事故发生</td><td rowspan="6">1</td><td rowspan="6">接到行车调度员的通知，列车在区间起火，向行车调度员确认</td><td>列车的位置、编号（车次）</td><td rowspan="6">行车值班员</td></tr>
<tr><td>列车起火位置或冒烟位置</td></tr>
<tr><td>伤亡情况</td></tr>
<tr><td>疏散的大概人数</td></tr>
<tr><td>初步判断火灾性质，估计起火的原因，火情的大小（冒烟、明火等）</td></tr>
<tr><td>设备损毁情况</td></tr>
<tr><td>2</td><td>召唤紧急服务</td><td>通过行车调度员召唤紧急服务（119、120等）；当无法与行车调度员取得联系时，则通过外线电话直接拨打119、120等急救电话</td><td>行车值班员</td></tr>
<tr><td colspan="5">火势可以控制</td></tr>
<tr><td rowspan="9">事故处理</td><td rowspan="2">1</td><td rowspan="2">监控、操纵环控设备</td><td>监控环控系统的运行</td><td rowspan="2">行车值班员</td></tr>
<tr><td>如设备不能正常运行，及时通知行车调度员，执行隧道起火模式</td></tr>
<tr><td>2</td><td>准备进行清客作业</td><td>与行车调度员确认列车是否可以继续运行至车站，若可以，则立即做好到站列车清客准备工作</td><td>值班站长</td></tr>
<tr><td rowspan="3">3</td><td rowspan="3">现场扑救火势并清客</td><td>立即到达站台，对到站起火列车进行扑救</td><td rowspan="3">值班站长
站务员</td></tr>
<tr><td>进行列车清客工作，对受伤乘客进行救助</td></tr>
<tr><td>等待行车调度员的下一步指示</td></tr>
<tr><td rowspan="2">4</td><td rowspan="2">做好乘客疏导工作</td><td>引导乘客远离起火列车，维持站台秩序</td><td rowspan="2">站务员</td></tr>
<tr><td>做好站内人流控制工作</td></tr>
<tr><td colspan="5">火势无法控制</td></tr>
<tr><td rowspan="4">事故处理</td><td>1</td><td>接到行车调度员指示：在区间协助列车司机急救疏散</td><td>如果列车在区间无法继续运行，接到行车调度员指示，在区间协助列车司机急救疏散</td><td>值班站长</td></tr>
<tr><td rowspan="3">2</td><td rowspan="3">与行车调度员确认下车安排</td><td>确认列车准确的停车地点</td><td rowspan="3">值班站长</td></tr>
<tr><td>确认接触网（轨）已停电</td></tr>
<tr><td>做疏散准备</td></tr>
</table>

续上表

<table>
<tr><th colspan="4">处理程序</th><th>负责人</th></tr>
<tr><td colspan="5">火势无法控制</td></tr>
<tr><td rowspan="5">事故处理</td><td>3</td><td>监控环控系统的运行</td><td>提醒行车调度员相关运行模式是否运行</td><td>行车值班员</td></tr>
<tr><td rowspan="4">4</td><td rowspan="4">做好车站紧急疏散准备</td><td>立即通过手持电台向所有人员下达车站紧急疏散命令</td><td rowspan="4">值班站长</td></tr>
<tr><td>在车站控制室 IBP 盘上启动紧急模式，按压 AFC 紧急按钮，打开所有闸机</td></tr>
<tr><td>通过 PA、PIS 通知乘客疏散</td></tr>
<tr><td>向相邻车站值班站长请求人力支援</td></tr>
</table>

列车在区间发生火灾并且停在区间时，列车司机需报告行车调度员并根据行车调度员命令进行乘客疏散。特别是当列车因火灾停在区间隧道时，环境调度员还需要配合行车调度员进行送风等操作。

事故案例

某日晚上，某城市 1 列 5 节编组的地铁列车刚驶出站台进入 200m 远的隧道内，高压电线短路、产生火花进而引燃了车厢。仅 1min，车厢内乘客就被烈火浓烟包围。乘客敲打着车窗玻璃，但厚厚的双层玻璃纹丝不动，车门的开启系统和橡胶条在高温下熔化，堵住了逃生出路。8min 后当地的消防队和救护人员赶到现场，但狭小的隧道和翻滚升腾的浓烟烈火，令这些救援人员束手无策。

据事后统计，只有 70 人有幸逃脱，300 多人受伤，5 节车厢全部烧毁，车窗玻璃被烧化，由于不知道实际的乘客人数，最终估计的死亡人数超过 600 人。

事故教训：

(1)处置措施错误。地铁列车司机在突然着火的情况下错误地把列车停在了隧道内，这样不仅严重影响了消防人员的灭火救援行动，而且燃烧产生的浓烟和毒气无法快速扩散而使被困者吸入大量有毒气体窒息而亡。

(2)车厢老化易燃。车厢设备已严重老化破损，车厢内部的装修材料又大多采用的是易燃材质，着火后火势迅速蔓延。

3.3.5 列车救援

列车在正线上因故障而无法动车时，可能会导致后续列车行车堵塞，造成运营晚点和客流积压。如果不及时处理，有可能影响整条线路的运营秩序。高效地恢复行车秩序是有效开展列车救援工作的根本目的。

一、定义

列车救援是指当列车因故障在正线上迫停且无法动车，为了尽快恢复线路运行，需要开行救援列车前往故障列车迫停点进行连挂作业(图3-13),然后以牵引或推进的方式将故障列车运送到行车调度员指定地点的过程。

图3-13　连挂作业

救援列车是指故障车与担当救援任务的列车连挂完毕后,所组成的列车。

知识拓展

列车在区间救援时,必须将相关线路封锁,救援列车凭行车调度员命令或综控员手信号进入封锁区域。

二、救援方式分类

救援方式按救援类型可分为工程车救援和列车救援两类。因工程车救援会打乱正常的行车组织且效率较低,所以原则上采用列车救援。

救援方式按救援形式可分为推进救援和牵引救援两类。列车救援一般遵循正向救援的准则,多采用推进救援。

救援方式按救援地点可分为车站救援和区间救援两类。列车在车站救援时,凭综控员的调车手信号引导进入车站。列车在区间救援时,凭行车调度员命令和综控员手信号进入封锁区间。

三、救援条件

列车司机驾驶列车突遇故障或事故时,应根据当时情况及时判明故障部位和判定自己能否处理,如在规定时间内无法修复或不能自行处理时,应申请救援;或是判明故障可以自行修复但在规定时间内无法修复时,应立刻停止工作并处理好现场,请求救援。

一般来说,遇到下列几种情况时,列车司机可以请求救援:

(1)列车发生故障,处理后前方驾驶室仍不能牵引全列车维持运行时。

(2)制动系统发生故障,致使全列车不能缓解制动时。

(3)列车发生火灾,处理后无法运行时。

(4)发生严重故障有危及行车安全的可能,列车司机认为须救援时。

四、救援准备

列车司机发出救援请求,得到行车调度员关于救援的指示后,应当为列车救援做好准备。具体工作包括如下几点:

(1)列车司机应尽量将列车停放在平直道上，并靠近车站停车，在等待救援期间不得动车。

(2)故障列车若在坡道迫停，应做好制动防溜措施，如安放防溜铁鞋（图3-14）防止后溜。

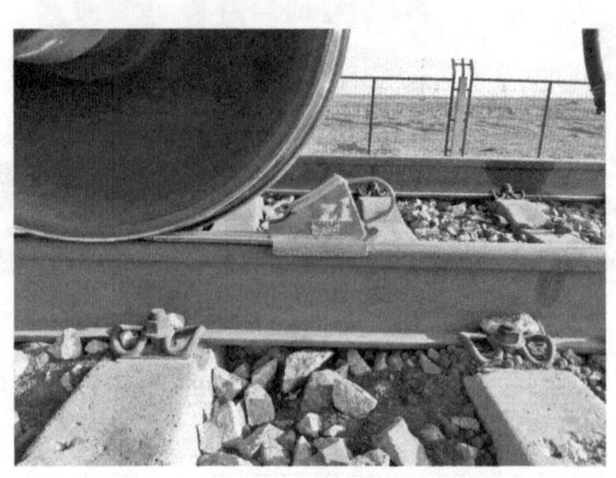

图3-14　防溜铁鞋

(3)使用列车广播设备向乘客进行广播，做好安抚乘客的工作，根据行车调度员的命令决定是否清客。

(4)列车司机将列车制动，按规定穿戴好防护用品，携带通信设备、驾驶室钥匙，必要时带好照明用品，迅速到达救援列车开来方向的驾驶室，打开前照灯进行防护，做好引导接车准备。

(5)在弯道上迫停且瞭望距离不足50m时，列车司机应在距离救援列车开来方向50m处向救援列车显示停车手信号，并引导救援列车与被救援列车（即故障列车）连挂。

五、司机作业程序

1. 故障列车司机作业流程

(1)汇报。列车司机根据车辆故障情况认为不能继续运行时，应立即通过手持电台等向行车调度员汇报，请求救援。联控用语：××站上/下行（××站至××站区间）××次司机呼叫行车调度员，××车××故障。

知识拓展

故障列车司机向行车调度员汇报并请求救援时，其报告内容应包括：

(1)列车车次、车号。

(2)请求救援的事由。

(3)迫停的时间、地点（以百米标为准）。

(4)是否妨碍邻线。

(5)是否需要救援。

(6)有无人员伤亡及其他有必要说明的事项。

(2)清客。若故障发生在车站，按行车调度员命令清客（与站务员做好联控）；若故障发生在区间，做临停广播，按行车调度员命令要求执行。

(3)设置通信。接到行车调度员发布的救援命令后(确认来车方向)，列车司机自行将手持电台转至救援对应频道进行通话。

(4)施加制动。方向手柄及主控手柄回“0”位，关闭操纵台钥匙，门模式开关置“手动开/手动关”位。

(5)来车防护。有电情况下，列车两端尾灯及运行标志灯红灯会点亮，作为防护信号。列车无电情况下，需在连挂端风窗玻璃右侧放置红闪灯，状态设置为“红色闪烁”。

(6)切除制动。切除除连挂端一节车辆外的所有 B05 阀，在车辆屏上确认已切除车的制动缸压力为 0。

(7)连挂。接到救援列车司机要求连挂的通知，使用联控用语：已做好防溜，可以连挂。无电状态使用红闪灯时，故障车司机撤除红闪灯后联控救援车司机连挂。

(8)缓解制动。配合试拉完成后，切除剩余 B05 阀，人机界面确认常用制动压力为 0，总风压力大于 500kPa，通知救援列车司机，联控用语：故障列车全部制动已缓解。当总风压力不足，不能缓解停放制动时，需下车操作停放制动手动缓解拉环。注意，列车司机下车前需先降下受电弓，做好个人防护。

(9)救援运行。接到行车调度员下达的救援命令，故障列车司机与行车调度员确认调度命令。与救援列车司机联系动车，联控用语：故障车准备完毕，具备动车条件，可以动车。推进运行时由故障车司机确认进路、道岔、信号，指挥救援列车司机动车，运行中不间断地瞭望，加强与救援列车司机联系。持续盯控车辆屏“维修-制动装置”总风压力，如总风压力下降至 500kPa，立即联系救援列车司机停车，到对应车车下操作停放制动手动缓解拉环，缓解该车转向架停放制动。牵引运行时由救援列车司机负责确认列车进路。

(10)站台对标。若区间救援，需在站台对位清客。推进运行时故障列车司机按三车、二车、一车距离手信号限速(8km/h、5km/h、3km/h)指挥救援列车对标停车；距停车标低于“一车”时，故障列车司机及时通知救援列车司机 5m、3m、停车等指示；故障列车司机关门后通知救援列车司机动车。标准用语：故障列车车门已关闭，可以动车。

知识拓展

列车推进连挂前，调车人员必须向司机预告停留车位置。列车前端调车人员确认停留车位置后，应适当提前展示十车、五车、三车、一车距离手信号。连挂车辆的十车距离为 110m，五车距离为 55m，三车距离为 33m，一车距离为 11m。在连挂作业中，当推进列车与被连挂列车距离不足十车时，显示五车信号；距离不足五车时，显示三车信号；距离不足三车时，呼叫实际距离。

十车、五车、三车距离手信号：昼间展开绿色信号旗(夜间为绿色灯光)，单臂平伸，在距离停留车十车时连续下压三次、五车时连续下压两次、三车时下压一次。

---

(11)停车解钩。运行至指定地点对标停车后，恢复就近一节车 B05 阀，通知救援

列车司机解钩;解钩后恢复所有 BO5 阀及盖板。报告行车调度员,按行车调度员指示执行。

2. 救援列车司机作业流程

(1)接行车调度员命令。司机接到行车调度员救援命令:××次列车因运营组织需要,到××站上行/下行进行清客。

(2)清客。根据行车调度员命令在指定车站清客,清客完毕后报行车调度员,列车司机复诵行车调度员救援命令。

(3)设置通信。司机自行将手持电台转至救援对应频道进行通话。

(4)转换驾驶模式。清客后驾驶列车运行到目标为零(允许以 ATO 或 SM 模式运行区间终点)后报行车调度员,向行车调度员申请切断信号并转非限制人工模式。

想一想

(1)救援列车在清客后为什么需要将驾驶模式转换为非限制人工模式?

(2)非限制人工模式驾驶有哪些需要注意的地方?

(5)URM 模式运行。在得到行车调度员允许后,列车司机以 URM 模式,限速 25km/h 运行至故障车前 15m 一度停车。

(6)联系故障列车司机。联控用语:故障列车是否做好防溜,是否可以连挂?得到允许连挂的回复后,限速 5km/h 运行至距故障列车前 1m 一度停车。

(7)连挂。无电情况时确认故障列车红闪灯撤除,以不超过 3km/h 的速度平稳连挂。

(8)试拉。确认车钩连挂后,进行试拉,试拉良好后,通知故障列车司机。

(9)动车。得到故障列车司机具备动车条件的汇报后向行车调度员申请动车。联控用语:××次列车具备动车条件,申请动车。接到行车调度员允许动车指令后,通知故障列车司机运行方向等注意事项,得到故障列车司机允许后动车。推进运行时,听从故障列车司机指挥;牵引运行时不间断瞭望,加强与故障列车司机联系,发现异常立即采取停车措施。

(10)对位清客。若是区间救援,在站台清客时,按三车、二车、一车距离手信号限速对标停车,对标确认后主控手柄拉至 EB 位,不得再动车,得到故障列车司机可以动车的指示后继续运行。

(11)运行。在故障列车的指示下以推进运行速度 35km/h(牵引运行速度为 45km/h)限速运行。

(12)停车解钩。到达指定位置停稳后,故障列车做好防溜并同意解钩后,进行解钩。离钩退行约 30cm 后停车,通知救援列车司机已解钩。解钩后按行车调度员指示执行。

列车救援主要由故障列车司机和救援列车司机根据行车调度员命令进行相应的操作。某地铁公司列车救援作业程序如图 3-15 所示。

六、注意事项

在整个救援过程中,故障列车司机和救援列车司机需注意以下事项:

（1）救援列车全列进站后，司机得到行车调度员赋予救援车次后，方可继续运行。

（2）已请求救援的故障列车不得擅自移动，故障列车司机在等待救援列车过程中需打开故障列车两端标志灯作为防护。若故障排除不再需要救援时，应及时与行车调度员联系，得到准许后方可继续运行。

（3）列车推进运行至前方车站进行清客，故障列车司机须先施加停放制动，以防误动车。

（4）连挂后解钩灯亮，操作任一驾驶室的停放制动按钮（除故障列车连挂端）对两列车均有效，救援列车连挂端启用拖动模式（列车增大牵引力）后，操作任一驾驶室的紧急停车按钮对两列车均有效。

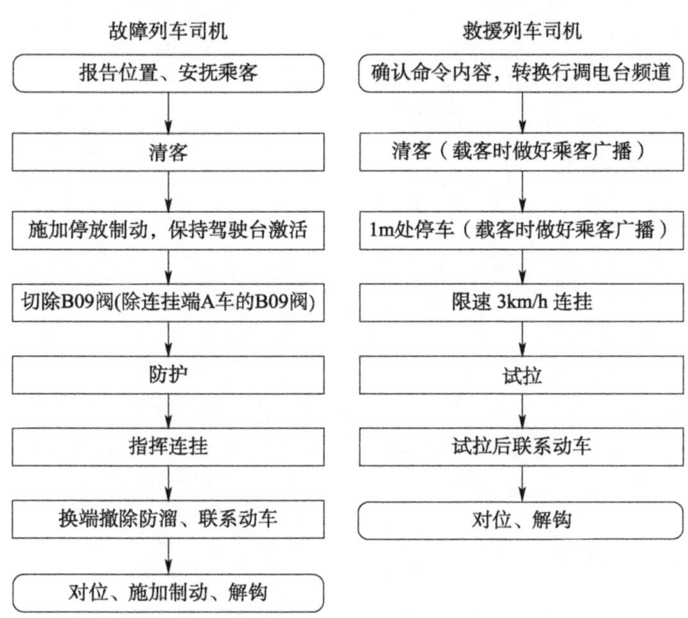

图 3-15　某地铁公司列车救援作业程序简图

城市轨道交通列车驾驶

班级：__________ 姓名：__________ 小组：__________ 日期：__________

任务3.3 实施与评价 理论学习工作单

一、不定项选择题(3分×7=21分)

1. 当遇到火灾时,要迅速向(　　)逃生。

　A. 着火相反的方向　　B. 人员多的方向

　C. 安全出口的方向　　D. 顺风吹来的方向

2. 列车在区间发生重大火灾,且无法前行时,乘务员应当(　　)。

　A. 切断外部高压电源,启动列车应急电源

　B. 切断所有电源

　C. 无须切断电源

　D. 切断外部高压电源

3. 干粉灭火器扑救可燃、易燃液体火灾时,应对准(　　)扫射。

　A. 火焰中部　B. 火焰根部　C. 火焰顶部　D. 火焰中下部

4. 引发火灾的交通环境因素主要包括城市轨道交通(　　)。

　A. 内部潮湿　B. 高温　C. 粉尘大　D. 鼠害

5. 列车发生故障时,列车司机应(　　)采取措施。

　A. 按相应故障处理指南

　B. 按行车调度员指令

　C. 自行立即

　D. 按《城市轨道交通行车组织规则》(JT/T 1185—2018)规定

6. 当列车在区间发生火灾时,列车司机应按(　　)原则处置。

　A. 发现火灾立即汇报行车调度员,视火情进行先期处置

　B. 将列车尽可能运行到前方站处理

　C. 对无法运行到前方车站的列车,应立即停车,及时做好车内广播工作,稳定乘客情绪

　D. 根据行车调度员命令,按疏散预案对乘客进行疏散

7. 当列车在车站发生火灾时,列车司机应按(　　)原则处置。

　A. 迅速打开站台侧所有车门,对乘客进行广播,通知所有乘客迅速下车

　B. 立即汇报行车调度员,视火情进行先期处置

　C. 听候行车调度员进一步指示

二、判断题(2分×5=10分)

1. 列车在车站发生火灾时,列车司机应迅速打开站台侧所有车门疏散乘客。(　　)

2. 火灾逃生时,如果烟雾浓重,可采用低姿态或匍匐逃离。(　　)

3. 列车发生突发事件时,列车司机应及时使用广播疏散乘客。(　　)

4. 列车在地下隧道发生火灾被迫停车后，如果火灾发生在列车中部，应采取前后两端同时疏散乘客的措施，列车司机打开车辆前端疏散门，并通过列车广播指引乘客打开后端疏散门，或在确保自身安全前提下到后端疏散乘客。（　　）

5. 城市轨道交通列车发生挤岔时严禁擅自动车，行车值班员应通知设备维修人员现场确认安全，具备动车条件后方可组织该列车动车。（　　）

三、简答题(10 分×5 =50 分)

1. 接触网上出现异物时，列车司机该如何处置？

2. 列车发生挤岔时，列车司机该如何处置？

3. 列车发生脱轨时，列车司机该如何处置？

4. 列车发生火灾时，列车司机该如何处置？

5. 简述救援列车司机在救援过程中的作业程序。

四、思维导图(19 分)

请利用思维导图软件，根据自身学习和领悟绘制本任务思维导图以辅助记忆。

班级：__________ 姓名：__________ 小组：__________ 日期：__________

任务 3.3 实施与评价 实践工作单 1 列车火灾应急处置

一、实践目标

(1)能够正确运用各种驾驶模式；

(2)能进行清客作业；

(3)能够正确汇报应急事件情况；

(4)火灾情况下能根据情况冷静分析、快速处理；

(5)能以列车司机的标准要求自己；

(6)谨记“安全第一”,培养严格按照标准化作业操作的习惯；

(7)培养严谨、认真、一丝不苟的工作态度和不怕苦、不怕累的精神。

二、工具与器材

模拟驾驶器、扩音器、荧光衣、手电筒、400M 电台、800M 电台、司机包、对讲机、安全帽、绝缘鞋等。

三、实操步骤

(1)按照列车司机着装标准进行着装。

(2)4 人一组,分配行车调度员、列车司机、值班站长、站务员等角色。

(3)列车在车站内发生火灾,按照表 3-3 所示列车在站台发生火灾的处理程序进行演练。

(4)列车在区间发生火灾,按照表 3-4 所示列车在区间发生火灾的处理程序进行演练。

(5)演练结束后各成员间互换角色进行演练。

四、考核与评价标准

考核与评价标准见下表。

工作单	列车火灾应急处置		
说明	教师按考核内容对学生逐一进行考核		
班级		姓名	
学习小组		考核时间	
序号	考核内容	分值	得分
1	按规定着装	5	
2	确认火灾的真实性	5	
3	向行车调度员汇报	5	
4	召唤紧急服务	5	

续上表

序号	考核内容	分值	得分
5	车站内火势可控： (1)确认火警属实，按下紧急停车按钮； (2)监控、操纵环控设备； (3)进行清客作业； (4)扑救现场火势； (5)向行车调度员汇报火警处理结果； (6)做好乘客疏导工作	20	
6	车站内火势不可控： (1)对起火列车立即清客； (2)车站紧急疏散； (3)阻止乘客进站； (4)关闭车站； (5)等待救援人员抵达现场； (6)火灾扑灭后，恢复运营	20	
7	区间内火势可控： (1)监控、操纵环控设备； (2)准备进行清客作业； (3)清客并现场扑救火势； (4)做好乘客疏导工作	20	
8	区间内火势不可控： (1)接到行车调度员指示：在区间协助列车司机急救疏散乘客； (2)与行车调度员确认清客安排； (3)监控环控系统的运行； (4)做好车站紧急疏散准备	20	
合计		100	
指导老师意见			
完成人签字			
指导老师签字			

班级：____________ 姓名：____________ 小组：____________ 日期：____________

任务3.3 实施与评价 实践工作单2 列车救援

一、实践目标

(1)能够正确运用各种驾驶模式；

(2)能进行清客作业；

(3)能够对故障列车进行连挂作业；

(4)能根据具体情况进行牵引或推进救援作业；

(5)能以列车司机的标准要求自己；

(6)谨记“安全第一”，培养严格按照标准化作业操作的习惯；

(7)培养严谨、认真、一丝不苟的工作态度和不怕苦、不怕累的精神。

二、工具与器材

模拟驾驶器、扩音器、荧光衣、手电筒、400M 电台、800M 电台、司机包、对讲机、安全帽、绝缘鞋等。

三、实操步骤

(1)按照列车司机着装标准进行着装。

(2)2～4 人一组，分配故障列车司机、救援列车司机、行车调度员等角色。

(3)汇报。故障列车司机报告行车调度员故障列车的停车位置[联控用语：××站上/下行(××站至××站区间)××次司机呼叫行车调度员，××车××故障]。

(4)清客。若故障发生在车站，按行车调度员命令清客(与站务员做好联控)；若故障发生在区间，做临停广播，按行车调度员命令要求执行。

(5)施加停放制动。方向手柄及主控手柄回“0”位，关闭操纵台钥匙，门模式开关置“手动开/手动关”位。

(6)来车方向做好防护。

(7)切除除连挂端一节车外的所有 B05 阀，在车辆屏上确认已切除车的制动缸压力为 0。

(8)行车调度员呼叫救援车，并要求救援车清客，执行清客指令：××次列车因运营组织需要，到××站上行/下行进行清客。清客完毕后报行车调度员，司机复诵。

(9)行车调度员发布救援命令：××车改开×××次，连挂××站上/下行故障车，救援车/故障车在××站清客，清客完毕后推进/牵引至××站，允许越过沿途信号机红灯(蓝灯)。

(10)运行到目标位置后报行车调度员，向行车调度员申请切断信号并转非限制人工模式。

(11)以非限制人工驾驶模式，限速 25km/h 运行至故障列车前 15m 处一度停车。

(12)联系故障列车司机，联控用语：故障列车是否做好防溜，是否可以连挂？得到允许连挂的回复后，限速 5km/h 运行至距故障列车前 1m 处一度停车。

(13)接到救援列车司机要求连挂的通知，使用联控用语：已做好防溜，可以连挂。

(14)以不超过 3km/h 的速度平稳连挂。

(15)配合试拉良好后，切除剩余 B05 阀，人机界面确认常用制动压力为 0，总风压力大于 500kPa，通知救援列车司机，联控用语：故障列车全部制动已缓解。

(16)与救援列车司机联系动车，联控用语：故障列车准备完毕，具备动车条件可以动车。

(17)若是区间救援，需在站台对位清客。推进运行时，故障列车司机按三车、二车、一车距离手信号限速(8km/h、5km/h、3km/h)指挥救援列车对标停车，距停车标低于“一车”时，故障列车司机及时通知救援列车司机 5m、3m、停车等指示。关门后通知救援列车司机动车。标准用语：故障列车车门已关闭，可以动车。

(18)列车到达救援目的地，停车，解钩。

(19)两列车司机分别报告行车调度员，按行车调度员指示执行。

四、考核与评价标准

考核与评价标准如下表。

工作单	列车救援			
说明	教师按考核内容对学生逐一进行考核			
班级		姓名		
学习小组		考核时间		
序号	考核内容		分值	得分
1	按规定着装		5	
2	故障列车司机汇报		5	
3	故障列车司机播放广播，安抚乘客		5	
4	故障列车司机施加停放制动、关闭主控钥匙		5	
5	故障列车司机向来车方向做好防护		5	
6	故障列车司机切除制动		5	
7	行车调度员呼叫救援列车		5	
8	救援列车司机站台清客		5	
9	行车调度员发布救援命令		5	
10	救援列车司机申请非限制人工驾驶模式		5	
11	救援列车以非限制人工驾驶模式，限速 25km/h 运行		5	
12	救援列车司机联系故障列车司机		5	
13	连挂		15	
14	试拉		5	
15	确认动车条件		5	

续上表

序号	考核内容	分值	得分
16	牵引或推进运行	5	
17	目的地停车	5	
18	解钩	5	
合计		100	
指导老师意见			
完成人签字			
指导老师签字			

城市轨道交通列车驾驶

项目 4

列车驾驶故障处理

项目引入

列车是一个非常复杂的系统，零部件很多，经过一段时间的使用后，随着车辆设备的老化等因素，不可避免地会出现各种各样的故障，影响列车的正常运行。为了保持列车具有良好的技术状态，充分发挥车辆的技术性能，列车司机应熟悉车辆的构造，努力掌握科学的检验技术和合理的检查顺序，具备认真的工作态度和强烈的责任心，在整个驾驶过程中要时刻以“专于职、勤于工、敬于业、精于技”的工匠精神激励自己不断进步，在所掌握内容和经验积累的基础上，及时正确地判断和处理车辆故障，以确保列车高效、正点、快捷运行。

榜样学习

从苹果园到四惠东，全长31km的线路，单程要花50多分钟。就在这条长长的隧道里，列车"掌舵人"阮卫方来回跑了30多年，安全行驶超过94万km，相当于绕地球圈数超过22圈。

1983年，阮卫方从地铁技校毕业，成为一名地铁司机。每天，阮卫方走进不足$3m^2$的驾驶室，面对着一个个仪表盘和指示灯，外面的晴天阴天、雨雪风霜，都与他无关。隧道里永远是一成不变的灰色水泥。

行车工作看似简单，其实非常复杂烦琐，任何一点失误都会带来严重的后果。有一次，列车运行至万寿路车站且关门确认后，站务员举牌示意发车。但是在探头瞭望时，阮卫方忽然发现中间车厢有一个蓝色衣角似的东西时隐时现，这让他警觉起来。"如果不是乘客衣服被夹住，就很有可能是车门传动皮带脱落或折断造成一扇门在移动，必须停车确认。"他立即按下紧急停车按钮。经过检查，是车门没有关好。这样的细心观察，防止了开门走车事故的发生。

在工作中，列车司机不仅要保证列车平稳运行，还要熟悉客车的构造和原理，面对应急故障和突发事件，要独当一面，及时处理，避免更大的损失。有一次，阮卫方在操纵列车过程中听到，列车底部传来了细微的异响。阮卫方判断，列车可能出了问题。"声音很明显有问题，又不敢确定，只能先停车看一看。"趁着列车进站停靠的工夫，阮卫方打开地板盖，发现1号车牵引电机异常，电机轴承极有可能已经出现塌架。他果断与行车调度员联系回库，发现检查结果与判断相符，防止了重大事故的发生。

自2003年至2015年，阮卫方连续13年被评为地铁公司优秀共产党员，还曾获得"列车先锋""首都劳动奖章""金手柄奖""北京大工匠"等荣誉称号。

（摘编自：新华网，2022年9月9日）

学习目标

知识目标

（1）了解车辆故障产生的原因，熟悉车辆故障处理的思路、原则与方法。

（2）了解车门故障的原因、处理原则，掌握常见车门故障的处理方法。

（3）了解站台门的作用、控制方式，熟悉站台门的故障处理原则，掌握常见站台门故障的处理方法。

（4）掌握ATS、ATP、ATO等信号设备故障的处理方法。

（5）熟悉牵引类、制动类、辅助系统、空气压缩机、列车广播故障等的处理方法。

能力目标

（1）能根据故障处理流程在模拟驾驶器上熟练进行简易故障处理。

（2）在故障处理过程中能借助模拟驾驶器熟练进行不同角色间呼唤应答。

（3）提升车门类故障判断能力。

（4）提升制动类故障判断能力。

（5）提升牵引类故障判断能力。

(6)提升车门类故障处理能力。
(7)提升制动类故障处理能力。
(8)提升牵引类故障处理能力。

素质目标

(1)养成守时、严谨、认真、负责的工作态度。
(2)养成不怕苦、不怕累的精神。
(3)提升安全责任意识。
(4)养成精益求精的工匠精神。
(5)养成用心服务、细心服务的工作态度。
(6)培养爱岗敬业精神。

建议学时

24 学时。

任务发布

请学习理论知识和技能知识,完成各项目任务后的工作单。

学习分组

建议学习者自行组建学习小组,制订学习计划,共同完成本项目的各项任务。

组长	
成员	
成员分工	
学习计划	

知识准备

任务 4.1　故障诊断与处理常用方法

任务导入

某日早高峰期间，北京地铁 10 号线因信号故障，全线各次列车运行缓慢。8:49，北京地铁发布微博表示，相关故障已排除，运营秩序逐步恢复。不过有网友反映，自己乘坐的列车仍旧走走停停，不少人担心会因上班迟到受到处罚。在地铁工作人员的提醒下，许多乘客领取了地铁延误说明（图 4-1）。地铁延误说明标明了车站及日期，写有“对于您在乘坐地铁过程中遇到的延误，我们深表歉意”，并加盖了企业公章。

地铁延误说明

尊敬的乘客：

您好！对于您在乘坐地铁过程中遇到的延误，我们深表歉意。感谢您对我们工作的理解和支持！

车站 33#

日期

北京地铁服务热线
96165
北京地铁网站
http://www.bjsubway.com
北京地铁微博
http://weibo.com/bjsubway0528

图 4-1　地铁延误说明

（摘编自：中国交通新闻网，2023 年 3 月 14 日）

任务准备

引导问题 1　你在乘坐地铁过程中遇到过列车故障吗？

引导问题 2　列车发生故障时司机会做哪些事呢？

4.1.1　故障处理原则

列车在运营过程中出现故障导致无法继续行驶，不仅影响本列车乘客出行，而且也影响后续列车运行，甚至可能会导致出现其他运营事故。因此，列车司机需基于以下故障处理原则，及时、快速地进行故障处理。

（1）处理列车故障时，应严格按照排除故障手册的操作流程，并在规定的处理时间内判断故障能否排除，根据列车的实际技术状态，向行车调度员明确终点站退出运营、立即清客退出运营或申请救援的行车作业要求。

(2)车辆设备故障时,按照《城市轨道交通行车组织规则》(JT/T 1185—2018)中关于故障处理的原则处理,处理故障应避免“等、靠”的思想,应在第一时间对故障进行初步判断,了解判明故障,及时处理并向行车调度员汇报。离开驾驶室处理故障前,须得到行车调度员同意,并将主控手柄拉到制动位。

(3)列车故障无法动车时,应秉承先检查判断,再作处理的原则,即按检查顺序对驾驶室各指示灯、仪表、开关、故障显示器、断路器状态等进行检查,综合判断故障后再根据故障处置预案要求处理。

(4)操作旁路开关无须得到行车调度员授权,动车前需将操作过的旁路开关报告行车调度员,操作关门旁路前需确认条件满足,操作常用制动旁路、停放制动旁路后需按要求做溜动试验。

(5)操作非操纵台上的开关或按钮必须在停车状态下进行。

(6)操作设备旁路后,加强监控相关设备状态,换端前需要恢复本端操作的相关旁路,按《列车故障处理指南》要求限速,发现异常及时采取措施。操作关门旁路后,关门完毕加强确认空隙安全,防止夹人夹物动车。

(7)正线运营发生 ATP 故障时须切除 ATP,必须报告行车调度员并得到同意后方可切除。

知识拓展

列车故障初步判断主要看“三灯、两屏、一针、一柜”有无异常情况。

“三灯”是指两侧关门灯、主台气制动缓解灯、副台的受电弓高速断路器及停放制动灯。判断故障时主要看它们的显示有无异常。

“两屏”指车辆屏和信号屏。要确认车辆屏的运行屏、联锁屏、清单屏和浏览屏有无异常;信号屏主要看有无 ATP 设备故障,如有则重启 ATP 设备,否则切除 ATP 设备。

“一针”指的是驾驶室气压表的红针对应值,以此判断气压是否正常。

“一柜”指的是驾驶室的设备柜。要查看设备柜里是否有开关跳闸。

4.1.2 故障处理方法

为了减少列车故障发生的频率,除了按时做好维修保养以外,列车司机要规范驾驶列车,合理使用各项功能,最重要的是掌握各类车型的故障排除技能,一旦列车发生故障能快速处理,恢复运营秩序。通常列车发生故障后,都有一定的表象,列车司机可以根据表象来进行故障诊断,判断故障原因和部位,从而快速正确地处理,处理故障的基本方法有以下几种。

一、重试法

重试法即再试一次或换端重试的方法。如一节车同一侧有一个或两个车门故障,列车司机可再次按下开/关门按钮,故障车门会尝试再开/关一次;如车门仍没有打开/关闭,则重复上述动作一次。又如列车到站后,车门未正常打开时,可按下操纵台开门按钮重新开门。

想一想

生活中我们用指纹解锁手机或门锁时，有时候指纹未正确识别。此时，我们会重复进行手指指纹识别。这就是重试法的一种体现。想一想，生活中还有哪些场景体现了重试法呢？

二、复位法

通过驾驶室显示屏或仪表盘指示灯显示内容，确定故障发生部位并检查相关设备有无异常。例如检查电气柜里的空气断路器是否落下。若落下，进行复位处理；若未落下，则重新断合一次。

想一想

空气开关，又名空气断路器，是我们生活中比较常见的一种电源保护设备（图4-2）。只要电路中电流超过额定电流它就会自动断开。生活中有时可能因某些原因造成空气开关跳闸，此时，我们检查用电安全后，再次将空气开关复位就可以为线路供电。想一想，生活中还有哪些场景用到了复位法呢？

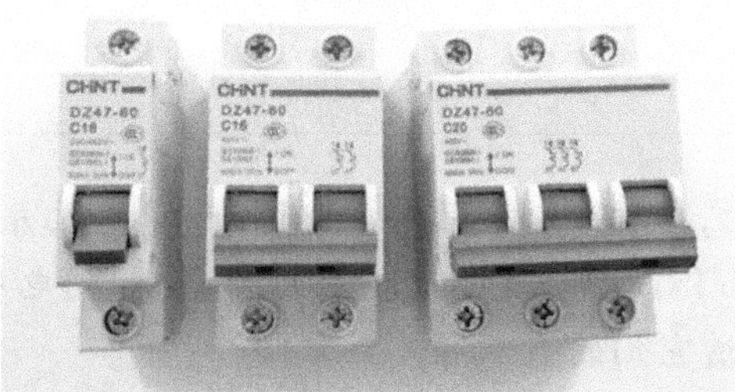

图4-2　空气开关

三、切除法

有些设备发生故障会直接影响列车的驾驶性能及安全性能，因此列车对重要部件安装了监控系统，该设备一旦发生故障，遵循设备故障导向安全这一设计原则，车辆控制系统会采取限速运行或停止运行等手段来保障列车安全。列车司机必须通过故障现象准确查找故障原因，通过切除故障设备不让其工作以减小故障对运营的影响。如牵引电动机出现接地故障时，可利用显示屏找到故障电动机将其切除。又如车门关闭不到位时，列车司机可以切除该车门继续载客运行。

知识拓展

在我国城市轨道交通列车广泛使用的EP2002制动系统中，每个转向架附近安装的EP2002阀（网关阀、智能阀）向该转向架提供供风管路，并控制着该转向架的制动、缓解。为了维修和切除故障基础制动装置，每个EP2002阀均设有一个带电触点的强迫缓解截断塞门，通过操作该塞门可以将EP2002阀的供风切断，从而切除该阀对应的转向架的空气制动，使该转向架的基础制动装置处于缓解状态。

四、转换法

当列车某系统或设备发生故障时，列车司机可转换或切换车辆的备用系统或设备运行。如微机控制系统Ⅰ发生故障，可转换微机控制系统Ⅱ工作；又如空气压缩机Ⅰ发生故障，可转换空气压缩机Ⅱ工作，以维持列车运行。

知识拓展

在网络系中有双机热备系统。双机热备系统是集群的最小组成单位，就是将中心服务器安装成互为备份的两台服务器，并且在同一时间内只有一台服务器运行。当其中运行着的一台服务器出现故障无法启动时，另一台备份服务器会迅速地自动启动并运行（一般为数分钟左右），从而保证整个网络系统的正常运行。

五、旁路法

车辆某些设备或系统发生故障时，会影响列车驾驶功能，导致列车无法牵引，此时列车司机需要区分是否是监控系统本身发生故障。在这种情况下，列车司机可尝试使用旁路相关设备维持列车运行。如车门、紧急疏散门、停放制动、气制动或门锁故障时，经行车调度员同意后可进行旁路处理。

知识拓展

旁路是设置在原电路旁边与原电路具备相同起点和终点的另外一条回路。城市轨道交通列车的牵引电路、控制电路中一般都设有旁路开关，当故障导致某项功能无法实现时，列车司机必须按照故障现象严格分析故障原因。可以尝试采取短接旁路开关的方法，实现必要的功能，维持列车运行。城市轨道交通列车旁路众多，主要涉及车门、警惕开关、列车完整性、安全回路、零速及制动等。

六、重启法

从20世纪90年代末开始，计算机控制系统被引入列车。控制信号或通信信号发生误差，会造成信息显示紊乱或显示屏黑屏，严重的还会影响列车某些设备的正常使用，在这种情况下最好采用重新启动列车或重新启动相关设备的方法来激活故障设备，使设备功能恢复。如出现黑屏或等故障时，可按规定步骤对列车司机操纵台进行重启。

想一想

生活中我们在使用手机或电脑等电子产品时，有时候会因为某个应用程序无法响应用户操作导致电子产品“卡顿”。此时，我们会通过关机再开机操作来实现设备正常工作。这就是重启法的一种体现。想一想，生活中还有哪些场景体现了重启法呢？

4.1.3 故障处理要点

列车在运行中发生常见故障时,列车司机不仅需要应用列车构造原理知识和列车故障应急处理知识,更需要通过“看、听、辨”等方法综合诊断,循序渐进地分析和排查故障。列车故障司机处理要点见表4-1。

列车故障司机处理要点 表4-1

序号	处理过程	所需时间	处理要点
1	向行车调度员汇报	40s	五要素:司机代号、车次、车号、地点、故障现象
	做好故障广播		向乘客说明停车原因
2	按《列车故障处理指南》检查各断路器(含设备柜、二位端处断路器)或进行换端处理	40s~3min	按照《列车故障处理指南》逐一排除故障
3	汇报行车调度员后降弓,将设备休眠、重启	4min	降弓(15s),关闭主控钥匙开关,按休眠按钮(10s),(等20s后)唤醒列车,自检(3min),打开主控开关,升弓,信号自检(15s)
	将设备休眠、重启前做好客室广播		吐字清晰,节奏平稳,避免造成乘客恐慌
4	申请旁路	30s	得到行车调度员批准后实施
	做好清客广播		态度诚恳,用语礼貌

班级：__________ 姓名：__________ 小组：__________ 日期：__________

任务4.1 实施与评价 理论学习工作单

一、不定项选择题(3 分 ×7 =21 分)

1.( )是指当列车出现故障时重新操作一次。

A. 复位法 B. 旁路法 C. 切除法 D. 重试法

2. 列车进站后，车门未正常打开时，列车司机可按下操纵台开门按钮重新开门，该方法属于( )。

A. 复位法 B. 旁路法 C. 切除法 D. 重试法

3. 空气开关跳闸导致断电，通过重新闭合开关接通电路，该方法属于( )。

A. 复位法 B. 旁路法 C. 切除法 D. 重试法

4. 车门因故障关闭不到位时，列车司机可以通过( )操作该车门后继续载客运行。

A. 复位法 B. 旁路法 C. 切除法 D. 重试法

5. 车辆某些设备或系统发生故障时，会影响列车驾驶功能，导致列车无法牵引，列车司机可尝试使用( )操作相关设备以维持列车运行。

A. 复位法 B. 旁路法 C. 切除法 D. 重试法

6. 出现 MMI 黑屏或 ATP"打叉"等故障时，可按规定步骤对司机操纵台进行重启，该方法属于( )。

A. 转换法 B. 旁路法 C. 切除法 D. 重启法

7. 车辆某系统或设备发生故障时，司机可转换或切换至车辆的备用系统或设备进行，该方法属于( )。

A. 转换法 B. 旁路法 C. 切除法 D. 重启法

二、简答题(15 分 ×4 =60 分)

1. 列车司机在进行故障处理时应遵循哪些原则?

2. 怎样理解故障处理方法中的旁路法和切除法?

3. 列车司机在进行故障处理时应遵循什么样的程序？

4. 请利用生活中的案例分别解释重试法、复位法、切除法、旁路法、转换法和重启法。

三、思维导图(19 分)

请利用思维导图软件,根据自身学习和领悟绘制本任务思维导图以辅助记忆。

知识准备

任务 4.2　车门故障

任务导入

某日，某地铁 9 号线因车门故障，曹路往金海路方向列车限速运行，发车班次间隔延长，造成列车延误，晚点 15min 以上。

城市轨道交通站间距短、站点多，列车在运营服务过程中车门开关频率高，因此车门故障是列车运营过程中发生率较高的故障之一。车门故障给乘客上下车、列车运营安全和客运服务质量造成较大影响，因此，一旦车门发生故障，必须立即采取措施确保乘客安全和运营工作顺利进行。

任务准备

引导问题 1　根据所学知识以及平时乘坐地铁经验，思考列车车门故障原因一般有几种？

引导问题 2　列车司机运行过程中遇到车门类故障，在处理过程中须遵循哪些原则？

引导问题 3　车门类故障包含哪些具体故障？它们对列车运行有哪些影响？

4.2.1　全列车门无法打开

一、故障现象

列车以 ATO 模式运行，门模式采用 AM 模式，列车进站对标停稳后，列车司机操纵台上门允许灯不亮，全列车所有客室车门均打不开(图 4-3)。手动将门选项开关打到手动位，按压开门按钮，列车所有客室车门仍没有反应。

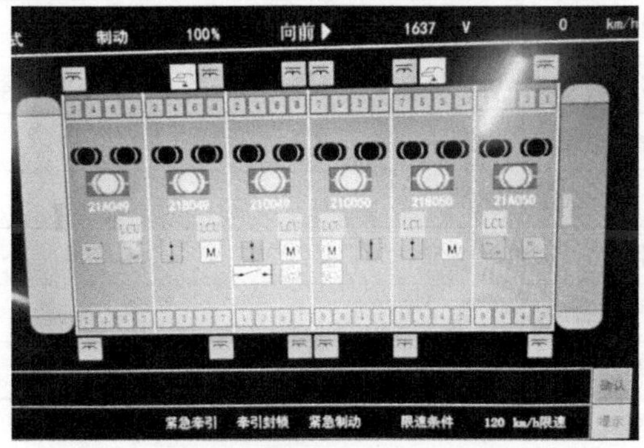

图 4-3　全列车门无法打开

二、原因分析

电气控制系统发生故障是导致全列车门打不开的主要原因。电气控制系统故障主要由电气元件故障引起。

电气元件故障主要表现为继电器卡滞、烧毁，行程开关内部弹簧老化、触头接触不良，车门电机故障，门控器故障，车门状态指示灯故障等。车门电机故障主要表现为车门不动作或动作后突停。门控器故障将导致车门部分功能缺失或开关门故障。

三、应急处理程序

当遇到此类故障时，列车司机可根据以下步骤处理：

(1)发现单侧车门无法打开时，确认 HMI 上故障信息，检查车门控制微动开关是否跳闸，若跳闸，则将其恢复，车辆继续投入运营。

(2)若未跳闸，则转换车门模式选择开关至手动开门模式，按压开门按钮尝试开门。若能正常开门，车辆继续投入运营。

(3)若无效，则按下强制开门按钮，若能正常开门，车辆继续投入运营。

(4)若无效，则闭合门零速旁路开关，再次尝试开门，若成功开启车门，则将门零速旁路开关打至“分”位，车辆继续投入运营。

(5)若无效，则手动解锁车门，清客，退出运营。

某型号模拟驾驶器单侧车门无法打开故障处理流程见表 4-2。

某型号模拟驾驶器单侧车门无法打开故障处理流程 表 4-2

步骤	内容
1	手指眼看：停车标、信号屏
2	口呼：停车到位，车门允许
3	按下开左/右门按钮并保持 2s 以上
4	接通电话：列车司机手持联控电话，输入行车调度员电话，按下“呼叫”键，接通行车调度员电话
5	报告行车调度员：行车调度员，××次在××站上/下行，整列车门无法打开，司机申请执行车辆故障处理流程
6	等待行车调度员回复：××次，申请执行车辆故障处理流程，行车调度员同意
7	结束通话：列车司机挂断电话
8	紧急广播：通过车辆屏选择播放预置的“临时停车”紧急广播
9	作业：检查驾驶室 QFTD 列车门控制断路器是否跳闸，若跳闸，尝试闭合
10	手指眼看：后墙柜关门旁路开关
11	口呼：关门旁路开关至强制位
12	作业：将关门旁路开关至强制位
13	作业：按压关左/右门按钮，尝试关闭车门
14	手指眼看：“车门模式 2”开关、门选开关
15	口呼：“车门模式 2”开关至“DBY”位，门选开关至左/右门
16	作业：“车门模式 2”开关至“DBY”位，门选开关至左/右门

续上表

步骤	内容
17	尝试开门:按下开左/右门按钮,尝试开门
18	开门后恢复门选向开关
19	接通电话:司机手持联控电话,输入行车调度员电话,按下“呼叫”键,接通行车调度员电话
20	报告行车调度员:行车调度员,××次在××站上/下行,司机操作后列车能开门,现已完成站台作业,司机申请清客,退出运营
21	等待行车调度员回复:××次,司机申请清客,退出运营,行车调度员同意
22	结束通话:挂断电话

四、注意事项

全列车门打不开的故障严重影响线路正常运营秩序。列车司机在进行手动开门作业的同时,务必向乘客说明有关故障的处理情况。若在早、晚高峰期间出现此类故障,不仅影响本线的运营,对整个城市轨道交通网络的运营也将产生不可估量的影响。因此必须掌握一定的方法,快速进行处理。

1. 仔细观察故障现象

与车门相关的信息指示有很多,如表示车载ATP状态的信号屏、表示列车停靠位置的对位图标、表示列车门使能信息或零速信息的门允许灯、表示开门方向的门选向开关、表示车门控制电路电源的DC 110V电压表、表示操作按钮电源的DC 24V电压表、表示车门控制电源是否闭合的保险开关等。

2. 快速准确判断故障原因

若发现门允许灯不亮,就要想到列车是否对标停车、车载ATP是否故障,然后进一步观察信号屏,发现异常果断申请切除ATP并试验开门。排除车载ATP原因后,需要进一步查看车辆继电器、开关是否故障。

能直接判断故障原因时,可以操作相应的开关快速处理;不能直接判断故障原因时,就需要通过试验来判断。

处理完车门故障后,务必恢复门选向开关、各种旁路开关、保险开关等部件,否则会影响列车的牵引运行。

4.2.2 全列车门无法关闭

一、故障现象

列车司机在站台作业结束时,按压对应侧关门按钮后,全列车门无法关闭,列车监控显示屏中相应侧车门图标仍然显示开启,开门灯亮,门关好灯不亮(图4-4)。按压对应侧关门按钮后,全列车门仍无法关闭。

二、原因分析

影响列车关门的开关或部件有:DC 110V控制电源、车门控制保险、门模式开关、门选项开关、关门按钮、连接线等。因此,发生全列车门无法关闭故障时,可以从上述开关和部件中查找原因。

图4-4 全列车门无法关闭

三、应急处理程序

当遇到此类故障时，列车司机可根据以下步骤处理：

(1)尝试再次按压关门按钮，若成功，则继续运行。

(2)若无效，则查看设备柜中列车门控制断路器是否跳闸。若跳闸，则联系行车调度员申请闭合。然后重新按压关门按钮，若成功则继续运行。

(3)若仍无效，则向行车调度员申请清客，退出运营。

某型号模拟驾驶器单侧车门无法关闭故障处理流程见表4-3。

某型号模拟驾驶器单侧车门无法关闭故障处理流程 表4-3

步骤	内容
1	作业：按压关左/右门按钮，按压时间应大于2s
2	观察列车监控显示屏中相应侧车门状态、开门灯和门关好灯状态
3	手指眼看：后墙柜列车门控制断路器是否跳闸
4	口呼：后墙柜列车门控制断路器正常
5	接通电话：列车司机手持联控电话，输入行车调度员电话，按下“呼叫”键，接通行车调度员电话
6	报告行车调度员：行车调度员，××次在××站上/下行，整列车门无法关闭，司机申请执行车辆故障处理流程
7	等待行车调度员回复：××次，申请执行车辆故障处理流程，行车调度员同意
8	结束通话：列车司机挂断电话
9	紧急广播：通过车辆屏选择播放预置的“临时停车”紧急广播
10	手指眼看：后墙柜列车门控制断路器
11	口呼：列车门控制断路器跳闸，尝试闭合
12	作业：闭合驾驶室后墙柜列车门控制断路器
13	口呼：列车门控制断路器已闭合
14	尝试开门：重新按压关左门，尝试关门；若关门成功进入步骤15，否则进入步骤20
15	紧急广播：通过广播控制盒选择播放预置的“列车再次启动”紧急广播，而后启动列车
16	接通电话：列车司机手持联控电话，输入行车调度员电话，按下“呼叫”键，接通行车调度员电话
17	报告行车调度员：行车调度员，××次在××站上/下行，闭合列车门控制断路器后能关门，司机申请运行至终点站后清客，退出运营

续上表

步骤	内容
18	等待行车调度员回复：××次，司机申请运行至终点站后清客，退出运营，行车调度员同意。
19	结束通话：挂断电话
20	车门仍无法关闭，再次联系行车调度员，并按其指示执行

四、注意事项

列车司机使用关门旁路开关时必须得到行车调度员同意后方可执行相关操作。列车司机在清客时，注意文明用语，及时向乘客做好解释工作，得到乘客谅解。如有乘客不同意下车，则报行车调度员并按照行车调度员命令执行。

4.2.3 单个车门无法打开

一、故障现象

列车司机在站台进行开门作业时，发现有一节车厢单个车门无动作，从操纵台上的监控显示屏看到该车门状态显示与其他车门不同，如图4-5所示。

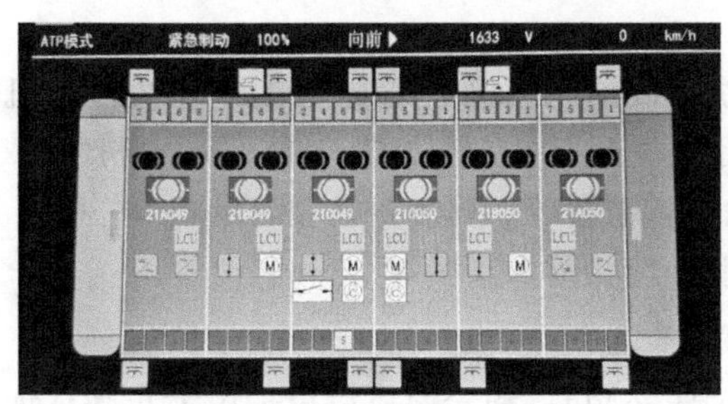

图4-5 列车单个车门无法打开

二、原因分析

车门打开需要三个条件：零速信号、门使能信号和开门指令。当这三个条件都满足时，门控器断路器（简称门控器）操纵门体驱动电机旋转，并通过传动机构打开车门。车门机械系统、电气系统门控器、门体驱动电机等部件发生故障都会造成个别车门开门异常。

三、应急处理程序

当遇到此类故障时，列车司机可根据以下步骤处理：

（1）检查开、关门按钮，反复按压开、关门按钮1～2次。

（2）检查故障车门控制保险，若跳闸则将其合上。

（3）若该车门控制保险连续跳闸导致无法闭合，司机与行车调度员联系并按其指示办理。

四、注意事项

单个车门无法打开时，注意广播通知故障车内乘客利用其他车厢车门下车。当客流量较大时，应快速使用紧急解锁装置开启故障车门。

单个车门无法打开具有偶发性，需要列车司机在进行开关门作业时注意观察列车监控显示屏的门状态显示及开关门指示灯显示，以免出现故障而未能及时发现，影响乘客出行，造成负面影响。

4.2.4 单个车门无法关闭

一、故障现象

列车司机在站台作业结束时，按压对应侧关门按钮后，个别车门无法关闭，列车监控显示屏上该车门门状态显示与其他车门门状态显示不一样，控制台上所有门关好灯不亮(图 4-6)。

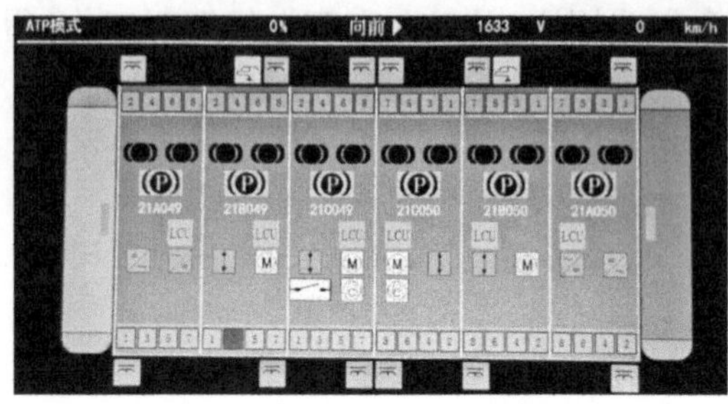

图 4-6 列车单个车门无法关闭

二、原因分析

导致单个车门无法关闭的原因可能是电气原因，也可能是机械原因。电气原因包括列车监控显示屏显示不正确、门控器故障、门体驱动电机故障、接线不良等；机械原因有门板异常、门滑动装置卡滞等。当出现防挤压动作时，很多是由于门板运行受到阻碍，如书包带进入侧墙、纽扣落入滑槽等。

三、应急处理程序

当遇到单个车门无法关闭时，列车司机可根据以下步骤处理：

(1)重新关车门，若故障消失，则继续运营，若车门仍然没有关闭，则重复上述动作一次。

(2)若故障还未排除，由列车司机或站务员用方孔钥匙将故障车门切除。

(3)车门切除后须粘贴“此门故障暂停使用”的字条，维持运行到终点站后退出服务。

 **注意**

切除车门五部曲

一关：手动把故障车门关上，将车门的两门页推至完全关闭状态，使两门页之间无缝隙；

二切：用方孔钥匙将车门切除开关打到切除位，车门切除指示灯红灯亮；

三推：用力反方向推门，车门打不开，两门页之间无缝隙；

四贴：车站在故障车门内侧张贴“此门故障暂停使用”的告示；

五好：列车司机回到驾驶室按规定程序关门，确认站台显示“好了”手信号。

某型号模拟驾驶器上单个车门无法关闭故障处理流程见表4-4。

某型号模拟驾驶器单个车门无法关闭故障处理流程 表4-4

步骤	操作方法
1	重新按压开左/右门按钮,开门后再按压关左/右门按钮,按压按钮需保持3s以上
2	接通电话:列车司机手持联控电话,点击车载台上的调度按键,接通行车调度员电话
3	报告行车调度员:行调,××次在××站上/下行列车单个车门关闭故障,司机申请到现场处理
4	等待行车调度员回复:××次,司机申请到现场处理,行调同意
5	结束通话:列车司机挂断电话
6	紧急广播:通过车辆屏选择播放预置的"临时停车"紧急广播
7	记录:用纸笔记录故障车门的编号
8	作业:按压开左/右门按钮开启车门、站台门
9	通过虚拟列车故障处理系统,到达故障车门处,解锁车门,手动关闭车门,恢复解锁手柄,用方孔钥匙将车门切除
10	手指眼看:车门上方的红灯亮和车门切除装置在水平位
11	口呼:红灯亮,车门切除
12	作业:返回司机操纵台点击车辆屏查看车门状态界面,确认小锁切除图标
13	口呼:××门切除图标有,已切除
14	动车:按作业程序关门动车
15	紧急广播:通过广播控制盒选择播放预置的"列车再次启动"紧急广播,而后启动列车
16	接通电话:列车司机手持联控电话,点击车载台上的"调度"按键,接通行车调度员电话
17	报告行车调度员:××次在××站,司机进行了B1车××车门切除操作,现已动车
18	等待行车调度员回复:××次,切除××车门成功,现已动车,行调收到
19	结束通话:挂断电话

四、注意事项

(1)列车司机切除车门时须先得到行车调度员同意,然后将车门模式选择为"手动"位,带好切门贴纸、方孔钥匙及对讲机到故障门处进行车门切除作业。

(2)切除车门时,列车司机必须将车门切除到位,门切除指示灯常亮。

(3)故障车门无法切除时,列车司机可以使用EDCU开关(车门限位开关)重启法切除车门。

(4)列车司机在清客时,注意文明用语,及时向乘客做好解释工作。如有乘客不同意下车,则报行车调度员并按照行车调度员命令执行。

(5)当客室拥挤时,列车司机可以向行车调度员提出下车查看要求,得到行车调度员同意后方可下车,下车行走时应密切注意对向运行车辆。

4.2.5 所有门关好灯不亮

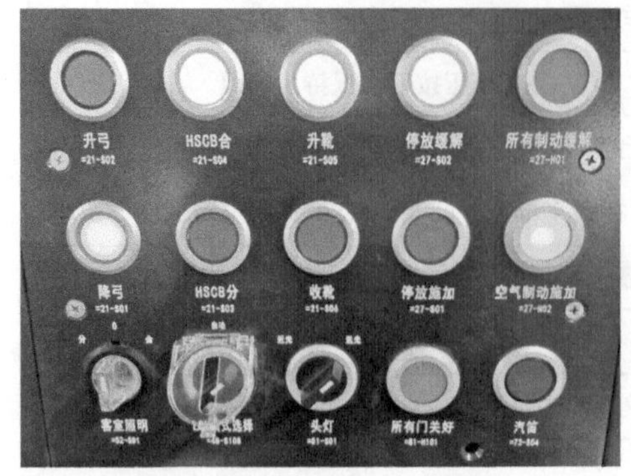

图 4-7 所有门关好灯不亮

一、故障现象

列车司机在站台作业结束时，按压对应侧关门按钮，车门关闭后，车辆屏上显示所有车门状态都一样（绿色），但是控制台上所有门关好灯不亮（图 4-7）。

二、原因分析

图 4-8 为所有门关好环路控制原理图，8QF02 为车门控制电路控制开关，正常情况下闭合；HCR 为头车继电器常开触点，RCR 为尾车继电器常开触点。在头车控制台被激活后，头车的继电器和尾车的继电器得电，继电器常开触点闭合。头车通过车门控制开关、头车继电器常开触点后，与全列车 48 个车门安全环路串联，到达车辆尾端，经过尾车继电器常开触点后，使尾车 2 个门关好继电器得电，再通过列车线到达头车，使头车 2 个门关好继电器得电。当所有门关好环路任一个或多个项点状态异常，造成 DCR1、DCR2 继电器不得电，会出现所有门关好灯不亮。车门控制电路控制开关跳闸也会造成所有门关好灯不亮。

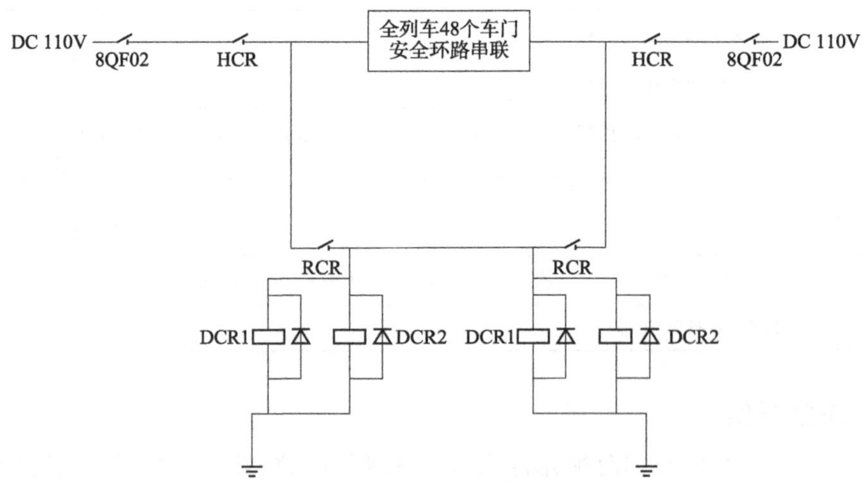

图 4-8 所有门关好环路控制原理图

三、应急处理程序

当遇到所有门关好指示灯不亮时，列车司机可根据以下步骤处理：

（1）按压灯测试按钮，若灯测试按钮不亮，确认车辆屏上无其他故障信息，继续运营。

（2）若灯测试按钮亮，重新开关门一次，恢复正常则继续运营。

（3）若故障未排除，但 ATO 模式可以动车，则继续运营。

（4）若故障未排除且 ATO 模式无法动车，则报行车调度员并根据其指示操作。

某型号模拟驾驶器上所有门关好指示灯不亮故障处理流程见表 4-5。

某型号模拟驾驶器所有门关好指示灯不亮故障处理流程 表 4-5

步骤	内容
1	手指眼看:所有门关好指示灯不亮
2	口呼:所有门关好指示灯不亮
3	试灯:按压灯测试按钮
4	口呼:所有门关好指示绿灯亮
5	作业:点击车辆屏查看车门状态
6	口呼:所有车门关闭正常
7	接通电话:列车司机手持联控电话,输入行车调度员电话,按下“呼叫”键,接通行车调度员电话
8	报告行车调度员:行车调度员,××次在××站上/下行,所有车门关闭灯不亮,列车无法动车,司机申请执行车辆故障处理流程
9	等待行车调度员回复:××次,司机申请执行车辆故障处理流程,行车调度员同意
10	结束通话:列车司机挂断电话
11	紧急广播:通过车辆屏选择播放预置的“临时停车”紧急广播
12	重新按压开左/右门按钮,开门后,再按压关左/右门按钮,按压时间需保持 3s 以上
13	手指眼看:所有门关好指示灯不亮
14	口呼:所有门关好指示灯不亮
15	作业:点击车辆屏“车辆状态”查看车门状态
16	口呼:所有车门关闭正常
17	手指眼看:关门旁路开关
18	口呼:关门旁路开关至强制位
19	作业:将关门旁路开关打至强制位,尝试动车
20	紧急广播:通过广播控制盒选择播放预置的“列车再次启动”紧急广播,而后启动列车
21	接通电话:列车司机手持联控电话,输入行车调度员电话,按下“呼叫”键,接通行车调度员电话
22	报告行车调度员:行车调度员,××次在××站上/下行,司机操作关门旁路后现已动车,申请终点退出服务
23	等待行车调度员回复:××次,申请终点退出服务,行车调度员收到
24	结束通话:挂断电话

四、注意事项

(1)列车司机发现所有门关好指示灯不亮时应先进行灯测试,确认灯泡是否故障以及信息屏面板上车门状态。

(2)列车司机进行旁路操作时须先得到行车调度员同意后方可操作。

(3)当客室拥挤时,列车司机可以向行车调度员提出下车查看要求,得到行车调度员同意后方可下车,下车行走时应密切注意对向运行车辆。

城市轨道交通列车驾驶

班级:____________ 姓名:____________ 小组:____________ 日期:____________

任务 4.2 实施与评价 理论学习工作单

一、不定项选择题(3 分 ×6 = 18 分)

1. B05 阀盖板位于(　　)。

A. 车门处　　B. 紧急通话装置处

C. 座椅下方　　D. 紧急开门装置处

2. 车门故障中,重新按压开关门按钮至少(　　)。

A. 1s　　B. 2s　　C. 3s　　D. 5s

3. 用于确认车门切除成功的灯位于(　　)

A. 紧急开门装置处　　B. 车门下方

C. 车辆屏　　D. 车门上方

4. 列车司机可以通过驾驶室(　　)查看车门是否全部关闭。

A. HMI　　B. DDT　　C. 车辆屏　　D. 广播屏

5. 车门类故障发生时,一般都会重新按压开/关门按钮,查看故障是否消失,从而进一步进行故障处理,该方法属于(　　)。

A. 复位法　　B. 旁路法　　C. 切除法　　D. 重试法

6. 互锁解除操作需要在(　　)上进行。

A. 司机操纵台　　B. 驾驶室设备柜　　C. 就地控制盘　　D. 车控室

二、简答题(10 分 ×6 = 60 分)

1. 简述单个车门无法打开故障处理流程。

2. 简述单个车门无法关闭故障处理流程。

3. 简述整侧车门无法打开故障处理流程。

4. 简述整侧车门无法关闭故障处理流程。

5. 简述所有门关好指示灯不亮故障处理流程。

6. 车门类故障对列车行车有哪些影响？

三、思维导图(22 分)

请利用思维导图软件,根据自身学习和领悟绘制本任务思维导图以辅助记忆。

班级：__________ 姓名：__________ 小组：__________ 日期：__________

任务 4.2 实施与评价 实践工作单 1 全列车门无法打开故障处理

一、实践目标

(1)能够正确运用各种驾驶模式；

(2)能根据故障情况合理播放广播；

(3)能够合理利用故障处理方法对车门故障进行处理；

(4)能以的标准要求自己；

(5)谨记“安全第一”,培养严格按照标准化作业操作的习惯；

(6)培养严谨、认真、一丝不苟的工作态度和不怕苦、不怕累的精神；

(7)培养故障情况下的应急处置能力。

二、工具与器材

模拟驾驶器、扩音器、荧光衣、手电筒、400M 电台、800M 电台、司机包、对讲机、安全帽、绝缘鞋等。

三、故障设置

故障发生在站台,列车对标停稳后,列车司机开门作业时出现整侧车门无法打开,需列车司机复位主控钥匙和操作门零速旁路开关,方可开门。

四、故障现象

列车进站对标停稳后,列车司机按压开门按钮,发现全列车门无法打开,车辆屏上对应侧车门状态也全部处于关闭状态。

五、考核与评价标准

考核与评价标准见下表。

工作单	全列车门无法打开故障处理				
说明	教师按考核内容对学生逐一进行考核				
班级			姓名		
学习小组			考核时间		
序号	作业程序	考核内容	评分标准	分值	得分
1	确认列车对标精度和开门使能信号	(1)手指眼看:停车标、信号屏。 (2)口呼:停车到位,车门允许	(1)未手指眼看或手指眼看错误,扣 5 分。 (2)未口呼或口呼错误,扣 5 分	10	
2	按压开门按钮	按下开左/右门按钮并保持 3s 以上	未按压开门按钮或未按要求按压,扣 5 分	5	

续上表

序号	作业程序	考核内容	评分标准	分值	得分
3	报行车调度员列车位置、故障现象	(1)接通电话:司机手持联控电话,点击联控显示屏中的行车调度员按键,接通电话。 (2)报告行车调度员:司机在联控显示屏中点击选择语句:行车调度员,××次在××站上/下行,整列车门无法打开,司机申请执行车辆故障处理流程。口呼语句后,点击完毕按钮。 (3)行车调度员回复:行车调度员在联控显示屏中点击选择语句:××次,申请执行车辆故障处理流程,行车调度员同意。口呼语句后,点击完毕按钮。 (4)结束通话:挂断电话	(1)未接通电话,扣1分。 (2)司机未点击选择语句或点击选择语句错误,扣3分;未口呼或口呼内容错误扣1分。 (3)行车调度员未点击选择语句或点击选择语句错误,扣3分;未口呼或口呼内容错误扣1分。 (4)未挂断电话,扣1分	10	
4	司机广播安抚乘客	紧急广播:通过车辆屏选择播放预置的"临时停车"广播	报告行车调度员后10s内未广播或者广播内容错误,扣10分	10	
5	复位主控钥匙,将驾驶模式选择开关转至"OFF"位,按压开左/右门按钮	(1)作业:将主控钥匙打到"关"位,等车辆屏黑屏3s后将主控钥匙打到"开"位。 (2)手指眼看:驾驶模式选择开关。 (3)口呼:驾驶模式转"OFF"。 (4)作业:将驾驶模式选择开关转向"OFF"位;同时按下站台侧的强制开左/右门按钮和开左/右门按钮,尝试开门,以及同时按下强制开左/右门按钮和备用按钮尝试开门,按压时需保持3s以上	(1)未复位或未按要求复位主控钥匙,扣5分。 (2)未手指眼看或手指眼看错误,扣1分。 (3)未口呼或口呼内容错误,扣2分。 (4)未将驾驶模式选择开关转"OFF"位,扣4分;未同时按下站台侧的强制开左/右门按钮和开左/右门按钮尝试开门,扣4分;未同时按下强制开左/右门按钮和备用按钮尝试开门,扣4分	20	

续上表

序号	作业程序	考核内容	评分标准	分值	得分
6	操作门零速旁路开关和“开关门模式切换”开关，尝试开门	(1)手指眼看：门零速旁路开关。 (2)口呼：门零速旁路开关至“合”位。 (3)作业：将门零速旁路开关打至“合”位。 (4)手指眼看：“开关门模式切换”开关。 (5)口呼：“开关门模式切换”开关至“网络”位。 (6)作业：将“开关门模式切换”开关打至“网络”位。 (7)尝试开门：驾驶模式选择开关打“PM”位，按压开左/右门按钮，尝试开门，车门打开后，按照作业程序作业	(1)未手指眼看或手指眼看错误，扣2分。 (2)未口呼或口呼内容错误，扣3分。 (3)未将门零速旁路开关打至“合”位，扣5分。 (4)未手指眼看或手指眼看错误，扣2分。 (5)未口呼或口呼内容错误，扣3分。 (6)未将“开关门模式切换”开关打至“网络”位，扣5分。 (7)未尝试开门，扣5分	25	
7	站台作业完毕后恢复门零速旁路开关至“分”位	(1)手指眼看：门零速旁路开关。 (2)口呼：门零速旁路开关至“分”位。 (3)作业：将门零速旁路开关打至“分”位	(1)未手指眼看或手指眼看错误，扣2分。 (2)未口呼或口呼内容错误，扣3分。 (3)未将门零速旁路开关打至“分”位，扣5分	10	
8	动车后报行车调度员	(1)接通电话：列车司机手持联控电话，点击联控显示屏中的行车调度员按键，接通电话。 (2)报告行车调度员：列车司机在联控显示屏中点击选择语句：行车调度员，××次在××站上/下行，司机操作门零速开关后列车能开门，现已完成站台作业并动车，申请退出服务。口呼语句后，点击完毕按钮。 (3)行车调度员回复：行车调度员在联控显示屏中点击选择语句“××次，申请退出服务，行车调度员同意”。口呼语句后，点击完毕按钮。 (4)结束通话：挂断电话	(1)未接通电话，扣1分 (2)列车司机未点击选择语句或点击选择语句错误，扣3分；未口呼或口呼内容错误，扣1分。 (3)行车调度员未点击选择语句或点击选择语句错误，扣3分；未口呼或口呼内容错误，扣1分。 (4)未挂断电话，扣1分	10	
合计				100	

续上表

指导老师意见	
完成人签字	
指导老师签字	

班级:____________ 姓名:____________ 小组:____________ 日期:____________

任务4.2 实施与评价 实践工作单2 全列车门无法关闭故障处理

一、实践目标

(1)能够正确运用各种驾驶模式;

(2)能根据故障情况合理播放广播;

(3)能够合理利用故障处理方法对车门故障进行处理;

(4)能以列车司机的标准要求自己;

(5)谨记“安全第一”,培养严格按照标准化作业操作的习惯;

(6)培养严谨、认真、一丝不苟的工作态度和不怕苦、不怕累的精神;

(7)培养故障情况下的应急处置能力。

二、工具与器材

模拟驾驶器、扩音器、荧光衣、手电筒、400M 电台、800M 电台、司机包、对讲机、安全帽、绝缘鞋等。

三、故障设置

故障发生在站台,列车司机进行站台作业按压关门按钮后,所有车门均无反应,仍处于打开状态,导致列车无法动车。

四、故障现象

列车司机进行站台作业按压关门按钮后,出现所有车门无反应,仍处于打开状态,车辆屏上对应侧车门状态均显示为打开状态。

五、考核与评价标准

考核与评价标准见下表。

<table>
<tr><td>工作单</td><td colspan="5">全列车门无法关闭故障处理</td></tr>
<tr><td>说明</td><td colspan="5">教师按考核内容对学生逐一进行考核</td></tr>
<tr><td>班级</td><td colspan="2"></td><td>姓名</td><td colspan="2"></td></tr>
<tr><td>学习小组</td><td colspan="2"></td><td>考核时间</td><td colspan="2"></td></tr>
<tr><td>序号</td><td>作业程序</td><td>考核内容</td><td>评分标准</td><td>分值</td><td>得分</td></tr>
<tr><td>1</td><td>重新开关车门一次</td><td>重新按压开左/右门按钮,开门后,再按压关左/右门按钮</td><td>未重新按压关门按钮或未按要求按压,扣5分</td><td>5</td><td></td></tr>
<tr><td>2</td><td>检查后墙柜</td><td>检查后墙柜列车门控制断路器是否跳闸</td><td>未按要求检查,扣5分</td><td>5</td><td></td></tr>
<tr><td>3</td><td>报行车调度员列车位置、故障现象,申请到现场处理</td><td>接通电话:列车司机手持联控电话,点击联控显示屏中的“行车调度员”按键,接通电话</td><td>未接通电话,扣1分</td><td>5</td><td></td></tr>
</table>

续上表

序号	作业程序	考核内容	评分标准	分值	得分
3	报行车调度员列车位置、故障现象，申请到现场处理	报告行车调度员：列车司机在联控显示屏中点击选择语句：行车调度员，××次在××站上/下行，整列车门无法关闭，司机申请执行车辆故障处理流程。口呼语句后，点击完毕按钮	未点击选择语句或点击选择语句错误，扣2分；未口呼或口呼内容错误，扣1分	5	
		行车调度员回复：××次，申请执行车辆故障处理流程，行车调度员同意。 结束通话：挂断电话	未挂断电话，扣1分		
4	广播安抚乘客	紧急广播：通过车辆屏选择播放预置的“临时停车”紧急广播	报告行车调度员后10s内未广播或者广播内容错误，扣10分	10	
5	后墙柜确认	手指口呼：列车门控制断路器跳闸	未手指，扣10分；未口呼，扣10分	20	
6	闭合断路器	驾驶室后墙柜列车门控制断路器闭合	(1)未闭合列车门控制断路器，扣20分。 (2)未口呼，扣10分	20	
7	尝试开门	尝试开关门并观察车门状态	(1)未进行开关门操作，扣10分。 (2)开关门未观察，扣10分	20	
8	紧急广播	通过广播控制盒选择播放预置的“列车再次启动”紧急广播，而后启动列车	未播放紧急广播或广播内容错误，扣10分	10	
9	动车后报行车调度员	(1)接通电话：列车司机手持联控电话，点击联控显示屏中的行车调度员按键，接通电话。 (2)报告行车调度员：行车调度员，××次在××站上/下行，闭合列车门控制断路器后能关门，司机申请运行至终点站后清客退出服务。 (3)行车调度员回复：××次，司机申请运行至终点站后清客退出服务，行车调度员同意。 (4)结束通话：挂断电话	(1)未接通电话，扣1分。 (2)未点击选择语句或点击选择语句错误，扣2分；未口呼或口呼内容错误，扣1分。 (3)未挂断电话，扣1分	5	
合计				100	

指导老师意见	
完成人签字	
指导老师签字	

班级：__________ 姓名：__________ 小组：__________ 日期：__________

任务 4.2 实施与评价 实践工作单 3 单个车门无法打开故障处理

一、实践目标

(1)能够正确运用各种驾驶模式；
(2)能根据故障情况合理播放广播；
(3)能够合理利用故障处理方法对车门故障进行处理；
(4)能以列车司机的标准要求自己；
(5)谨记"安全第一"，培养严格按照标准化作业操作的习惯；
(6)培养严谨、认真、一丝不苟的工作态度和不怕苦、不怕累的精神；
(7)培养故障情况下的应急处置能力。

二、工具与器材

模拟驾驶器、扩音器、荧光衣、手电筒、400M 电台、800M 电台、司机包、对讲机、安全帽、绝缘鞋等。

三、故障设置

故障发生在站台，列车司机在开门作业时出现某个车门无法打开情况。

四、故障现象

列车司机在驾驶室内按压开门按钮后，车辆屏上车门打开侧的车门状态中显示某个车门状态为关闭。

五、考核与评价标准

考核与评价标准见下表。

工作单	单个车门无法打开故障处理				
说明	教师按考核内容对学生逐一进行考核				
班级			姓名		
学习小组			考核时间		
序号	作业程序	考核内容	评分标准	分值	得分
1	重新开关车门一次	重新按压开左/右门按钮	未重新按压开门按钮，扣10分	10	
2	车门开启确认	通过车辆屏手指口呼确认车门是否全部打开	(1)未车辆屏确认，扣5分。 (2)未手指口呼，扣15分	20	

续上表

序号	作业程序	考核内容	评分标准	分值	得分
3	人工广播	人工广播通知乘客从其他车门下车。广播内容：尊敬的乘客，您好！由于××车厢××车门故障，请您从相邻车门上下车，给您带来不便，敬请谅解	(1)未人工广播，扣10分。 (2)人工广播内容不对，扣10分。 (3)普通话不标准，扣10分	30	
4	检查故障	检查对应故障车门控制保险，看是否跳闸，如果跳闸，则合上	(1)未检查，扣10分。 (2)若跳闸，未合上，扣10分	20	
5	动车后报告行车调度员	动车后联系行车调度员，并告知此车门故障	未联系行车调度员，扣20分	20	
合计				100	

指导老师意见	
完成人签字	
指导老师签字	

班级：____________　姓名：____________　小组：____________　日期：____________

任务4.2　实施与评价　实践工作单4 单个车门无法关闭故障处理

一、实践目标

(1)能够正确运用各种驾驶模式；

(2)能根据故障情况合理播放广播；

(3)能够合理利用故障处理方法对车门故障进行处理；

(4)能以列车司机的标准要求自己；

(5)谨记“安全第一”，培养严格按照标准化作业操作的习惯；

(6)培养严谨、认真、一丝不苟的工作态度和不怕苦、不怕累的精神；

(7)培养故障情况下的应急处置能力。

二、工具与器材

模拟驾驶器、扩音器、荧光衣、手电筒、400M电台、800M电台、司机包、对讲机、安全帽、绝缘鞋等。

三、故障设置

故障发生在站台，列车司机在关门作业时出现单个车门无法关闭需司机到现场进行切除，方可动车。

四、故障现象

列车司机站台上按压关门按钮后，出现某个车门不能关闭，导致列车无法动车。

五、考核与评价标准

考核与评价标准见下表。

工作单	单个车门无法关闭故障处理				
说明	教师按考核内容对学生逐一进行考核				
班级			姓名		
学习小组			考核时间		
序号	作业程序	考核内容	评分标准	分值	得分
1	重新开关车门一次	重新按压开左/右门按钮，开门后，再按压关左/右门按钮	未重新按压开门按钮或未按要求按压，扣5分	5	

续上表

序号	作业程序	考核内容	评分标准	分值	得分
2	报行车调度员列车位置、故障现象,申请到现场处理	接通电话:列车司机手持联控电话,点击联控显示屏中的行车调度员按键,接通电话	未接通电话,扣1分	10	
		报告行车调度员:列车司机在联控显示屏中点击选择语句“行车调度员,××次在××站上/下行,列车单个车门故障,司机申请到现场处理”。口呼语句后,点击完毕按钮	未点击选择语句或点击选择语句错误,扣3分;未口呼或口呼内容错误,扣1分		
		行车调度员回复:行车调度员在联控显示屏中点击选择语句“××次,单个车门故障,司机申请到现场处理,行车调度员同意”。口呼语句后,点击完毕按钮	未点击选择语句或点击选择语句错误,扣3分;未口呼或口呼内容错误,扣1分		
		结束通话:挂断电话	未挂断电话,扣1分		
3	广播安抚乘客	紧急广播:通过车辆屏选择播放预置的“临时停车”紧急广播	报告行车调度员后10s内未广播或者广播内容错误,扣10分	10	
4	记下故障车门编号,并开启车门、站台门	(1)记录:用纸笔记录故障车门的编号。 (2)作业:按压开左/右门按钮开启车门、站台门	(1)未记下故障车门编号或记录错误,扣10分。 (2)未开启车门、站台门,扣10分	20	
5	到达故障车门处切除车门	通过列车模拟终端,到达故障车门处,解锁车门,手动关闭车门,恢复解锁手柄,用方孔钥匙将车门切除	未切除故障车门或切除错误,扣20分	20	
6	确认切除车门成功	(1)手指眼看:车门上方的红灯亮和车门切除装置在水平位。 (2)口呼:红灯亮,车门切除	(1)未手指眼看或手指眼看错误,扣5分。 (2)未口呼或口呼内容错误,扣5分	10	
7	返回驾驶室,确认小锁图标,关门动车	(1)作业:返回司机操纵台点击车辆屏查看车门状态,确认小锁图标。 (2)口呼:小锁图标有。 (3)动车:按作业程序关门动车	(1)未点击车辆屏查看车门状态,扣5分。 (2)未口呼或口呼内容错误,扣5分。 (3)未关门动车,扣5分	15	

续上表

序号	作业程序	考核内容	评分标准	分值	得分
8	动车后报行车调度员	(1)接通电话:列车司机手持联控电话,点击联控显示屏中的行车调度员按键,接通电话。 (2)报告行车调度员:列车司机在联控显示屏中点击选择语句“行车调度员,××次在××站上/下行,切除××车门成功,现已动车”。 (3)行车调度员回复:行车调度员在联控显示屏中点击选择语句“××次,切除××车门成功,现已动车,行车调度员收到”。 (4)结束通话:挂断电话	(1)未接通电话,扣1分。 (2)未点击选择语句或点击选择语句错误,扣5分;未口呼或口呼内容错误,扣3分。 (3)未挂断电话,扣1分	10	
合计				100	

指导老师意见	
完成人签字	
指导老师签字	

城市轨道交通列车驾驶

班级：__________ 姓名：__________ 小组：__________ 日期：__________

任务4.2 实施与评价 实践工作单5 所有门关好灯不亮故障处理

一、实践目标

(1)能够正确运用各种驾驶模式；

(2)能根据故障情况合理播放广播；

(3)能够合理利用故障处理方法对车门故障进行处理；

(4)能以列车司机的标准要求自己；

(5)谨记“安全第一”，培养严格按照标准化作业操作的习惯；

(6)培养严谨、认真、一丝不苟的工作态度和不怕苦、不怕累的精神；

(7)培养故障情况下的应急处置能力。

二、工具与器材

模拟驾驶器、扩音器、荧光衣、手电筒、400M 电台、800M 电台、司机包、对讲机、安全帽、绝缘鞋等。

三、故障设置

故障发生在站台作业完毕准备动车时；故障设置为车门关闭检测回路故障致使所有门关好灯不亮，列车司机操作关门旁路开关后方可动车。

四、故障现象

列车司机在站台按压关门按钮后，在站台手指口呼确认站台门、车门关闭，缝隙安全后，进入驾驶室，发现操纵台上所有门关好灯不亮。

五、考核与评价标准

考核与评价标准见下表。

工作单		所有门关好灯不亮故障处理			
说明		教师按考核内容对学生逐一进行考核			
班级			姓名		
学习小组			考核时间		
序号	作业程序	考核内容	评分标准	分值	得分
1	确认关左/右门灯及所有门关好灯状态，并试灯	(1)手指眼看：关左/右门灯亮、所有门关好灯不亮。 (2)口呼：关左/右门绿灯亮、所有门关好灯不亮。 (3)试灯：按压灯测试按钮。 (4)口呼：所有门关好绿灯亮	(1)未手指眼看或手指眼看错误，扣2分。 (2)未口呼或口呼错误，扣2分。 (3)未按压灯测试按钮，扣4分。 (4)未口呼或口呼内容错误，扣2分	10	

续上表

序号	作业程序	考核内容	评分标准	分值	得分
2	查看车辆屏所有车门包括驾驶室侧门的状态,关闭正常	(1)作业:点击车辆屏,查看车门状态。 (2)口呼:所有车门关闭正常	(1)未点击车辆屏查看车门状态,扣5分。 (2)未口呼或口呼内容错误,扣5分	10	
3	报行车调度员列车位置、故障现象	(1)接通电话:列车司机手持联控电话,点击联控显示屏中的"行车调度员"按键,接通电话。 (2)报告行车调度员:列车司机在联控显示屏中点击选择语句"行车调度员,××次在××站上/下行,所有门关好灯不亮,列车无法动车,司机申请执行车辆故障处理流程"。口呼语句后,点击"完毕"按钮。 (3)行车调度员回复:行车调度员在联控显示屏中点击选择语句"××次,申请执行车辆故障处理流程,行车调度员同意"。口呼语句后,点击"完毕"按钮。 (4)结束通话:挂断电话	(1)未接通电话,扣1分。 (2)列车司机未点击选择语句或点击选择语句错误,扣3分;未口呼或口呼内容错误,扣1分。 (3)行车调度员未点击选择语句或点击选择语句错误,扣3分;未口呼或口呼内容错误,扣1分。 (4)未挂断电话,扣1分	10	
4	列车司机广播安抚乘客	紧急广播:通过车辆屏选择播放预置的"临时停车"紧急广播	报告行车调度员后10s内未广播或者广播内容错误,扣10分	10	
5	重新开、关车门一次,查看所有门关好灯是否亮起	(1)作业:列车司机按压开左/右门按钮一次,再按压关左/右门按钮一次,按压时需保持3s以上。 (2)手指眼看:所有门关好灯不亮。 (3)口呼:所有门关好灯不亮	(1)未重新开、关车门一次或未按要求按压开、关门按钮,扣5分。 (2)未手指眼看或手指眼看错误,扣2分。 (3)未口呼或口呼内容错误,扣3分	10	
6	复位主控钥匙一次,查看所有门关好灯是否亮起	(1)作业:将主控钥匙打到"关"位,等车辆屏黑屏3s后将主控钥匙打到"开"位。 (2)手指眼看:所有门关好灯不亮。 (3)口呼:所有门关好灯不亮	(1)未复位主控钥匙或未按要求复位,扣5分。 (2)未手指眼看或手指眼看错误,扣2分。 (3)未口呼或口呼内容错误,扣3分	10	

续上表

序号	作业程序	考核内容	评分标准	分值	得分
7	确认所有车门关好,操作关门旁路开关,尝试动车	(1)作业:点击车辆屏查看车门状态。 (2)口呼:所有车门关闭正常。 (3)手指眼看:关门旁路开关。 (4)口呼:关门旁路开关至“合”位。 (5)作业:将关门旁路开关打至“合”位,尝试动车	(1)未确认车辆屏显示所有车门已关好,扣10分。 (2)未口呼或口呼内容错误,扣2分。 (3)未手指眼看或手指眼看错误,扣1分。 (4)未口呼或口呼内容错误,扣2分。 (5)未操作关门旁路开关至“合”位,扣15分	30	
8	动车后报行车调度员	(1)接通电话:列车司机手持联控电话,点击联控显示屏中的“行车调度员”按键,接通电话。 (2)报告行车调度员:列车司机在联控显示屏中点击选择语句“行车调度员,××次在××站上/下行,司机操作关门旁路后现已动车,列车运行正常”。口呼语句后,点击完毕按钮。 (3)行车调度员回复:行车调度员在联控显示屏中点击选择语句“××次,司机操作关门旁路后现已动车,列车运行正常,行车调度员收到”。口呼语句后,点击完毕按钮。 (4)结束通话:挂断电话	(1)未接通电话,扣1分。 (2)列车司机未点击选择语句或点击选择语句错误,扣3分;未口呼或口呼内容错误,扣1分。 (3)行车调度员未点击选择语句或点击选择语句错误,扣3分;未口呼或口呼内容错误,扣1分。 (4)未挂断电话,扣1分	10	
合计				100	

指导老师意见	
完成人签字	
指导老师签字	

城市轨道交通列车驾驶

知识准备

任务 4.3 制动故障

任务导入

某日 11:40,某列车驶入 JLT 站时,列车卡底冒出浓烟,并带有阵阵烧焦味,虽然未见火光,站务员恐列车起火,对乘客及车站构成危险,于是立刻通知车长及控制中心。控制中心指示车长安排车上乘客下车转乘下一班车,并协助疏散车上约 450 名乘客往站台。为避免影响其他列车服务,故障列车随后驶走,过程未见混乱,服务未受影响。随后,故障列车驶至 WJD 站辅助站台。消防员到场后仔细检查列车内外,并未发现火情,于是交由工程人员检查。工程人员跳下路轨查看故障车底部。初步检查结果是 11 车左前轮制动系统故障,过热冒烟。

(摘编自:中国新闻网,2015 年 12 月 27 日)

任务准备

引导问题 1　列车制动类故障包含哪些?

引导问题 2　制动类故障对列车运营有哪些影响?

引导问题 3　故障发生后,列车司机该如何操作?

4.3.1 列车紧急制动不缓解

一、故障现象

列车在运行过程中突然自动施加紧急制动,导致列车无法继续运行。

二、原因分析

城市轨道交通车辆采用“故障导向安全”原则进行系统设计,在运行过程中如存在以下任一情况,列车都将施加紧急制动,导致无法继续运行。

(1)因车载 ATP 系统故障,列车超速或后溜超过 5m,进入错误运行区间,或车载 ATP 系统因故障等原因发出紧急制动指令。

(2)人工驾驶模式下列车司机释放主控手柄、警惕开关时间过长。

(3)主风缸压力不足,低于紧急极限。

(4)操纵台紧急制动按钮被按下。

(5)DC 110V 控制电源系统供电中断。

(6)紧急制动电气列车线环路中断或失电(紧急环路硬线中断)。

(7)列车丢失完整性(列车分离)。

(8)列车两端驾驶室同时被激活。

三、应急处理程序

当遇到列车紧急制动不缓解时,列车司机可根据以下步骤处理:

(1)确认驾驶室内各相关开关和按钮位置是否正确。若存在不正确的开关或按钮,则将其恢复到正确位置。

(2)检查双针压力表指示的总风缸压力是否正常。若不正常,则等待总风缸压力上升到规定值后重新建立安全回路并查看是否缓解。

(3)检查车载信号系统是否正常。将驾驶模式选择开关转为 URM 位,切除 ATP 进行试验,重新建立安全回路并查看是否缓解。

(4)检查制动控制保险和紧急制动保险是否跳闸,若跳闸则闭合。

(5)紧急制动旁路开关打至"合"位,若缓解,列车限速 30km/h 运行并退出服务;若不缓解,则断开蓄电池再闭合,按复位按钮。

某型号模拟驾驶器上紧急制动不缓解故障处理流程见表 4-6。

某型号模拟驾驶器紧急制动不缓解故障处理流程 表 4-6

步骤	内容
1	手指眼看:升弓绿灯亮、停放制动缓解绿灯亮、所有门关好指示灯绿灯亮
2	口呼:各指示灯状态正常
3	手指眼看:气压表白色指针指向 300kPa
4	口呼:制动缸气压 300kPa
5	手指眼看:车辆屏上网压显示正常,车门状态界面显示所有车门关闭,制动系统无故障提示
6	口呼:网压正常,车门状态正常,各车制动系统无故障提示
7	紧急广播:通过广播控制盒选择播放预置的"列车停留"广播
8	接通电话:列车司机手持联控电话,输入行车调度员电话,按下"呼叫"键,接通行车调度员电话
9	报告行车调度员:行车调度员,××次在××站至××站上/下行区间,列车突发紧急制动,无法动车,司机申请中央缓解紧急制动
10	等待行车调度员回复:××次,申请中央缓解紧急制动,行车调度员收到
11	等待行车调度员回复:××次,中央无法缓解紧急制动,司机执行车辆故障处理流程
12	列车司机手持联控电话并复诵:中央无法缓解紧急制动,执行车辆故障处理流程,司机明白,申请操作紧急制动旁路开关或信号模式开关后尝试动车
13	等待行车调度员回复:××次,申请操作紧急制动旁路开关或信号模式开关后尝试动车,行车调度员收到
14	口呼:紧急制动旁路开关(强制)位
15	作业:操作紧急制动旁路开关,打开驾驶室后墙柜,将紧急制动旁路开关旋转至"强制"位
16	操作司机主控手柄到紧急制动位,尝试缓解紧急制动状态,观察列车紧急制动状态
17	手指眼看:后墙柜"信号模式开关 2"旋钮开关
18	口呼:"信号模式开关 2"旋钮开关至"NRM"位
19	作业:"信号模式开关 2"旋钮开关打至"NRM"位,尝试牵引动车
20	紧急广播:通过广播控制盒选择播放预置的"列车再次启动"紧急广播

续上表

步骤	内容
21	接通电话:列车司机手持联控电话,输入行车调度员电话,按下“呼叫”键,接通行车调度员电话
22	报告行车调度员:行车调度员,××次在××站至××站上/下行区间列车已动车,司机操作紧急制动旁路开关至“强制”位、“信号模式开关2”开关至“NRM”位,申请限速退出服务
23	等待行车调度员回复:××次,申请限速退出服务,行车调度员同意

四、注意事项

(1)为尽快处理故障,列车在发生紧急制动不缓解后,列车司机需利用排除法,优先排除有表象的故障项,并且能根据当时列车运行状态确定检查顺序。

(2)列车司机在进行旁路操作前须报告行车调度员并得到许可后方可进行相关旁路操作。

(3)列车司机在清客时,注意文明用语,及时向乘客做好解释工作,得到乘客谅解。如有乘客不同意下车,则报行车调度员并按照行车调度员命令执行。

(4)列车司机到后端驾驶室检查紧急按钮时,须先得到行车调度员同意后方可携带方孔钥匙、对讲机等离开当前驾驶室。

4.3.2 列车停放制动施加、缓解灯不亮

一、故障现象

列车运行过程中突然自动施加停放制动,停放制动缓解灯不亮,列车司机按压停放制动缓解按钮无法解除停放制动,导致列车无法继续运行。

二、原因分析

停放制动是采用弹簧储能施加制动力的一种制动方式,施加单元位于转向架上。每个转向架配置两套单元制动夹钳,其中一套具有停放制动功能。停放制动可满足列车停放在最大坡道上不溜车的要求。

停放制动的解除可以通过驾驶室内的停放制动缓解按钮操作,也可以采取车下人工操作方法,即将插在弹簧盘矩形齿轮内的定位销用专门工具拔出,使弹簧组件可自由转动并伸长,带动螺杆旋转并将螺套向右移动。螺套的右移使杠杆顺时针转动,推动常用制动缸向左移动,这时常用制动的活塞复位弹簧及吊杆扭簧也共同发挥作用,使两杠杆都对主动杆产生向右移动的力,使停放制动得到释放。

根据停放制动的施加与缓解原理可知,停放制动施加、缓解灯故障,总风压力不足,停放制动控制装置作用不良等都会造成列车停放制动施加、缓解灯不亮。

三、应急处理程序

当遇到列车停放制动施加、缓解灯不亮时,列车司机可根据以下步骤处理:

(1)确认驾驶室内各相关开关和按钮位置是否正确。若存在不正确的开关或按钮,则将其恢复到正确位置。

(2)检查停放制动施加按钮和停放制动缓解按钮作用是否良好,位置是否正常。

按压试灯按钮进行测试。

(3)检查总风缸压力是否低于450kPa;若是,待总风缸压力上升至550～600kPa后观察列车是否制动解除,停放制动缓解灯是否亮起。

(4)检查停放制动解除情况;若仍不能解除,则将停放制动旁路开关打至“强制”位。

当遇到列车停放制动施加、缓解灯不亮时,列车司机可根据表4-7所示操作流程处理。

某型号模拟驾驶器停放制动施加、缓解灯不亮故障处理流程 表4-7

步骤	内容
1	作业:按压灯测试按钮进行试灯
2	手指眼看:停放制动缓解灯、停放制动施加灯
3	口呼:试灯亮
4	接通电话:列车司机手持联控电话,输入行车调度员电话,按下“呼叫”键,接通行车调度员电话
5	报告行车调度员:行车调度员,××次在××站至××站上/下行区间列车出现停放制动缓解灯不亮,司机申请执行车辆故障处理流程
6	等待行车调度员回复:××次,申请执行车辆故障处理流程,行车调度员同意
7	结束通话:列车司机挂断电话
8	紧急广播:通过广播控制盒选择播放“临时停车”广播
9	手指眼看:停放制动缓解灯、停放制动施加灯
10	口呼:重新缓解停放制动
11	作业:按压停放制动缓解按钮,重新缓解停放制动
12	手指眼看:通过HMI屏“车辆状态”界面查看停放制动状态图标显示为“P”
13	口呼:停放制动状态图标显示为“P”施加状态
14	手指眼看:停放制动旁路开关
15	口呼:停放制动旁路至“强制”位
16	作业:解除铅封,将停放制动旁路开关打至“强制”位,以不超过3km/h速度做溜动试验,确认停放制动状态
17	口呼:列车无抱闸
18	紧急广播:通过广播控制盒选择播放预置的“列车再次启动”紧急广播
19	接通电话:列车司机手持联控电话,输入行车调度员电话,按下“呼叫”键,接通行车调度员电话
20	报告行车调度员:××次在××站至××站上/下行区间列车已动车,列车设备正常,司机操作了停放制动旁路,列车无抱闸现象,司机申请限速45km/h运行至下一站后清客退出服务
21	等待行车调度员回复:××次,申请限速45km/h运行至下一站后清客退出服务,行车调度员同意
22	结束通话:挂断电话

4.3.3 列车所有制动缓解灯不亮

一、故障现象

列车司机无法进行牵引操作,列车车辆信号屏上无任何故障信息,但是所有制动缓解灯不亮，无法继续运行(图4-9)。

二、原因分析

根据气制动系统工作原理，导致气制动不缓解的可能原因如下：

(1)车载ATP设备故障。

(2)主控手柄位置不正确或故障(包括警惕开关故障)。

(3)客室车门未处于关门状态(包括车门本身未关好或列车门关好继电器故障)。

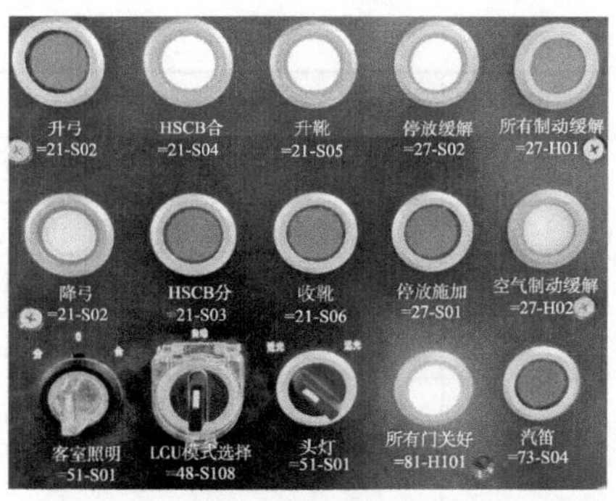

图4-9 列车所有制动缓解灯不亮故障现象

(4)门选项开关未回“0”位或故障。

(5)牵引电流未输出。

(6)总风缸压力不正常(包括总风缸压力继电器故障)。

(7)制动缸压力不正常(包括制动缸压力继电器故障)。

(8)列车制动缓解不良。

(9)列车风源系统故障。

(10)制动控制断路器断开。

三、应急处理程序

当遇到列车所有制动缓解灯不亮时，列车司机可根据以下步骤处理：

(1)确认驾驶室内各相关开关和按钮位置是否正确。若存在不正确的开关或按钮，则将其恢复到正确位置。

(2)检查门选项开关是否在“0”位，若不在则扳回至“0”位。

(3)检查双针压力表指示的总风缸压力是否正常。若不正常则等待总风缸压力上升到规定值后重新建立安全回路并查看是否缓解。

(4)通过所有门关好指示灯和列车车辆屏检查客室车门是否全部关闭，若存在车门未关好，则处理车门故障。

(5)检查是否由车载ATP设备引起的常用制动，若是，则切除ATP进行缓解操作。

(6)检查常用制动是否缓解，若不缓解，则按下强迫缓解按钮。

某型号模拟驾驶器上所有制动缓解灯不亮故障处理流程见表4-8。

某型号模拟驾驶器所有制动缓解灯不亮故障处理流程 表4-8

步骤	内容
1	手指眼看：升弓绿灯亮、停放制动缓解绿灯亮、所有门关好绿灯亮，制动缓解指示灯不亮
2	口呼：制动缓解指示灯不亮
3	作业：按压灯测试按钮进行试灯
4	手指眼看：制动缓解指示灯
5	口呼：试灯亮

续上表

步骤	内容
6	接通电话:列车司机手持联控电话,输入行车调度员电话,按下呼叫键,接通行车调度员电话
7	报告行车调度员:行车调度员,××次在××站至××站上/下行区间列车所有制动缓解指示灯不亮,司机申请执行车辆故障处理流程
8	等待行车调度员回复:××次,申请执行车辆故障处理流程,行车调度员同意
9	结束通话:列车司机挂断电话
10	紧急广播:通过广播控制盒选择播放预置的“临时停车”紧急广播
11	手指眼看:强迫缓解按钮
12	口呼:强迫缓解按钮按下
13	作业:强迫缓解按钮按下后,以不超过3km/h速度做溜动试验,确认是否存在制动施加状态
14	紧急广播:通过广播控制盒选择播放预置的“列车再次启动”紧急广播
15	接通电话:司机手持联控电话,输入行车调度员电话,按下“呼叫”键,接通行车调度员电话
16	报告行车调度员:××次在××站至××站上/下行区间列车已动车,列车设备正常,司机进行强迫缓解操作,列车无抱闸现象,司机申请运行至终点站后清客退出服务
17	等待行车调度员回复:××次,司机申请运行至终点站后清客退出服务,行车调度员同意
18	结束通话:挂断电话

四、注意事项

(1)气制动不缓解的故障可以用强迫缓解按钮、断开故障车制动电源保险、关断故障车强迫缓解塞门等方法来解决。

(2)强迫缓解按钮只对故障车起作用,此时列车无常用制动、无防滑,只有紧急制动,运行时应注意列车的制动距离,降低车速,绝不可超速运行。

(3)断开故障车制动电源保险后,主控手柄必须置于常用制动位(B1~B7),通过观察故障车风压表的显示确认制动是否解除(断开制动电源保险只能解除常用制动)。

(4)若断开制动电源保险后常用制动仍不能解除,可到故障车底下断开强迫缓解塞门,但不能通过关断两个防滑阀塞门进行解除,因为其可能引发牵引电机无电流的故障。

(5)列车司机在进行旁路操作前须报告行车调度员并得到许可后方可进行相关旁路操作。

(6)列车司机在清客时,注意文明用语,及时向乘客做好解释工作,得到乘客谅解。如有乘客不同意下车,则报行车调度员并按照行车调度员命令执行。

(7)列车司机到后端驾驶室检查紧急按钮时,须先得到行车调度员同意后方可携带方孔钥匙、对讲机等离开当前驾驶室。

班级:__________ 姓名:__________ 小组:__________ 日期:__________

任务4.3 实施与评价 理论学习工作单

一、不定项选择题(3 分 ×5 =15 分)

1. 列车所有制动缓解灯不亮的故障现象为:列车牵引(   )km 后自行产生制动停车,动车过程中列车所有制动缓解灯不亮,车辆屏无制动故障显示,列车无法动车。

A. 5 ~8   B. 3 ~5   C. 3 ~8   D. 1 ~5

2. 制动状态图标显示为“P”时,此时列车为(   )状态。

A. 制动   B. 牵引   C. 惰行   D. 滑行

3. 停放制动由(   )来施加。

A. 弹簧制动   B. 空气制动   C. 电制动   D. 电空制动

4. 常用制动指令信号主要由(   )发出。

A. 测速装置   B. 牵引电机   C. ATO 装置   D. 司机控制器

5. 城市轨道交通车辆采用“故障导向安全”原则进行系统设计,在运行过程中存在(   )情况,列车都将施加紧急制动,导致无法继续运行。

A. 车载 ATP 系统因超速或后溜超过 5m,进入错误运行区间,系统故障

B. 人工驾驶模式下列车司机释放主控手柄、警惕开关时间过长

C. 主风缸压力不足,低于紧急极限

D. 操纵台紧急制动按钮被按下

E. DC 110V 控制电源系统供电中断

F. 列车丢失完整性(列车分离)

二、简答题(15 分 ×4 =60 分)

1. 简述列车紧急制动不缓解故障处理流程。

2. 简述列车停放制动施加、缓解灯不亮故障处理流程。

3. 简述列车所有制动缓解灯不亮故障处理流程。

4. 制动类故障对列车运营有哪些影响？

三、思维导图(25 分)

请利用思维导图软件,根据自身学习和领悟绘制本任务思维导图以辅助记忆。

班级:__________ 姓名:__________ 小组:__________ 日期:__________

任务 4.3 实施与评价 实践工作单 1 列车紧急制动不缓解故障处理

一、实践目标

(1)能够正确进行故障类型判断;

(2)在列车故障情况下能熟练运用列车广播;

(3)能够合理利用故障处理方法对制动故障进行处理;

(4)能以列车司机的标准要求自己;

(5)谨记"安全第一",培养严格按照标准化作业操作的习惯;

(6)培养严谨、认真、一丝不苟的工作态度和不怕苦、不怕累的精神。

二、工具与器材

模拟驾驶器、扩音器、荧光衣、手电筒、400M 电台、800M 电台、司机包、对讲机、安全帽、绝缘鞋等。

三、故障设置

故障发生在运行区间。故障设置为紧急制动电气列车线环路中断或失电致使列车突然紧急制动并且无法缓解,列车司机操作紧急制动缓解按钮后方可动车。

四、故障现象

列车在正线区间运行过程中突然产生紧急制动。列车司机尝试制动缓解,但无法缓解,导致无法动车。

五、考核与评价标准

考核与评价标准见下表。

<table>
<tr><td colspan="2">工作单</td><td colspan="4">列车紧急制动不缓解故障处理</td></tr>
<tr><td colspan="2">说明</td><td colspan="4">教师按考核内容对学生逐一进行考核</td></tr>
<tr><td colspan="2">班级</td><td></td><td>姓名</td><td colspan="2"></td></tr>
<tr><td colspan="2">学习小组</td><td></td><td>考核时间</td><td colspan="2"></td></tr>
<tr><td>序号</td><td>评分项目</td><td colspan="2">评分标准</td><td>分值</td><td>得分</td></tr>
<tr><td>1</td><td>故障判断</td><td colspan="2">(1)能准确判断故障现象,每漏一项,扣 5 分。
(2)判断错误,扣 10 分</td><td>20</td><td></td></tr>
<tr><td>2</td><td>故障处理前的准备工作</td><td colspan="2">(1)汇报信息不完整或不准确,扣 10 分。
(2)未做服务广播或未通知车站,扣 10 分</td><td>20</td><td></td></tr>
<tr><td>3</td><td>处理流程</td><td colspan="2">(1)未按步骤处理故障,每漏一项,扣 10 分。
(2)多操作旁路(不影响行车),每次扣 10 分。
(3)漏打旁路,每次扣 20 分</td><td>40</td><td></td></tr>
</table>

续上表

序号	评分项目	评分标准	分值	得分
4	故障处理后的操作	(1)动车前未确认行车条件并向行车调度员申请,扣10分。 (2)未做服务广播或未通知车站,扣10分	20	
5	扣分项	(1)未手指口呼,扣5分/次。 (2)未执行标准化作业,扣5分/次		
6	失格项	(1)超过5min未处理完毕,考核不合格。 (2)操作相关旁路动车且造成不良后果或影响行车安全的(如未确认条件操作停放制动旁路、气制动旁路、关门旁路、门零速旁路、车载信号保护旁路),考核不合格。 (3)未确认车门关闭推主控手柄或错开车门的,考核不合格;故障无法排除的,考核不合格		
合计			100	

指导老师意见	
完成人签字	
指导老师签字	

班级:__________ 姓名:__________ 小组:__________ 日期:__________

任务4.3 实施与评价 实践工作单2 列车停放制动施加灯不亮故障处理

一、实践目标

(1)能够正确进行故障类型判断;

(2)在列车故障情况下能熟练运用列车广播;

(3)能够合理利用故障处理方法对制动故障进行处理;

(4)能以列车司机的标准要求自己;

(5)谨记"安全第一",培养严格按照标准化作业操作的习惯;

(6)培养严谨、认真、一丝不苟的工作态度和不怕苦、不怕累的精神。

二、工具与器材

模拟驾驶器、扩音器、荧光衣、手电筒、400M电台、800M电台、司机包、对讲机、安全帽、绝缘鞋等。

三、故障设置

故障发生在运行区间。故障设置为停放制动控制装置作用不良致使列车突然紧急制动并且无法缓解,列车司机操作停放制动旁路按钮后方可动车。

四、故障现象

列车在正线区间运行过程中突然产生紧急制动。列车司机尝试制动缓解,但无法缓解,导致无法动车。

五、考核与评价标准

考核与评价标准见下表。

工作单	列车停放制动施加灯不亮故障处理			
说明	教师按考核内容对学生逐一进行考核			
班级		姓名		
学习小组		考核时间		

序号	评分项目	评分标准	分值	得分
1	故障判断	(1)能准确判断故障现象。 (2)每漏一项扣5分,判断错误扣10分	20	
2	故障处理前的准备工作	(1)汇报信息不完整或不准确,扣10分。 (2)未做服务广播或未通知车站扣10分	20	
3	处理流程	(1)未按步骤处理故障,每漏一项扣10分。 (2)多操作旁路(不影响行车),每次扣10分。 (3)漏打旁路,每次扣20分	40	

续上表

序号	评分项目	评分标准	分值	得分
4	故障处理后的操作	(1)动车前未确认行车条件并向行车调度员申请,扣10分。 (2)未做服务广播或未通知车站扣10分	20	
5	扣分项	(1)未手指口呼,扣5分/次。 (2)未执行标准化作业,扣5分/次		
6	失格项	(1)超过5min未处理完毕,考核不合格。 (2)操作相关旁路动车且造成不良后果或影响行车安全的(如未确认条件操作停放制动旁路、气制动旁路、关门旁路、门零速旁路、车载信号保护旁路),考核不合格。 (3)未确认车门关闭推主控手柄或错开车门的,考核不合格;故障无法排除的,考核不合格		
合计			100	

指导老师意见	
完成人签字	
指导老师签字	

班级：__________ 姓名：__________ 小组：__________ 日期：__________

任务4.3 实施与评价 实践工作单3 列车所有制动缓解灯不亮故障处理

一、实践目标

(1)能够正确进行故障类型判断；
(2)在列车故障情况下能熟练运用列车广播；
(3)能够合理利用故障处理方法对制动故障进行处理；
(4)能以列车司机的标准要求自己；
(5)谨记“安全第一”，培养严格按照标准化作业操作的习惯；
(6)培养严谨、认真、一丝不苟的工作态度和不怕苦、不怕累的精神。

二、工具与器材

模拟驾驶器、扩音器、荧光衣、手电筒、400M电台、800M电台、司机包、对讲机、安全帽、绝缘鞋等。

三、故障设置

故障发生在运行区间。故障设置为制动系统故障使列车突然紧急制动并且无法缓解，列车司机操作强迫缓解按钮后方可动车。

四、故障现象

列车在正线区间运行过程中突然产生紧急制动。列车司机尝试制动缓解，但无法缓解，导致列车无法动车。

五、考核与评价标准

考核与评价标准见下表。

<table>
<tr><td colspan="2">工作单</td><td colspan="4">列车所有制动缓解灯不亮故障处理</td></tr>
<tr><td colspan="2">说明</td><td colspan="4">教师按考核内容对学生逐一进行考核</td></tr>
<tr><td colspan="2">班级</td><td></td><td>姓名</td><td colspan="2"></td></tr>
<tr><td colspan="2">学习小组</td><td></td><td>考核时间</td><td colspan="2"></td></tr>
<tr><td>序号</td><td colspan="2">评分项目</td><td>评分标准</td><td>分值</td><td>得分</td></tr>
<tr><td>1</td><td colspan="2">故障判断</td><td>(1)能准确判断故障现象。
(2)每漏一项扣5分，判断错误扣10分</td><td>20</td><td></td></tr>
<tr><td>2</td><td colspan="2">故障处理前的准备工作</td><td>(1)汇报信息不完整或不准确，扣10分。
(2)未做服务广播或未通知车站，扣10分</td><td>20</td><td></td></tr>
<tr><td>3</td><td colspan="2">处理流程</td><td>(1)未按步骤处理故障，每漏一项扣10分。
(2)多操作旁路(不影响行车)，每次扣10分。
(3)漏打旁路，每次扣20分</td><td>40</td><td></td></tr>
</table>

续上表

序号	评分项目	评分标准	分值	得分
4	故障处理后的操作	(1)动车前未确认行车条件并向行车调度员申请,扣10分。 (2)未做服务广播或未通知车站,扣10分	20	
5	扣分项	(1)未手指口呼,扣5分/次。 (2)未执行标准化作业,扣5分/次		
6	失格项	(1)超过5min未处理完毕,考核不合格。 (2)操作相关旁路动车且造成不良后果或影响行车安全的(如未确认条件操作停放制动旁路、气制动旁路、关门旁路、门零速旁路、车载信号保护旁路),考核不合格。 (3)未确认车门关闭推主控手柄或错开车门的,考核不合格;故障无法排除的,考核不合格		
合计			100	

指导老师意见	
完成人签字	
指导老师签字	

知识准备

任务4.4　其他故障

任务导入

某日8:27,某地铁早高峰运营即将结束,1号线1列从XW站开往JN站的0705次列车突发牵引故障,列车只能以缓慢速度运行。列车司机按常规方法处理无法恢复,随即地铁运营控制中心启动列车应急救援预案,通知该故障车清客,并通知后续列车清客,然后前往XW站连挂救援。8:38,救援车与故障车连挂成功并恢复通行。故障期间,为最大限度地降低列车故障对乘客出行的影响,控制中心对前后列车进行调整,在XJK站组织一趟开往NY线的小交路列车。

(摘编自:东方财富网,2011年12月15日)

任务准备

引导问题1　列车牵引系统故障会对列车运行产生哪些影响?

引导问题2　如何有效开展救援以减少故障造成的影响?

4.4.1　HMI黑屏

一、故障现象

列车在运行过程中车辆屏(HMI)突然黑屏(图4-10),但是其电源灯正常亮,列车产生紧急制动。

二、原因分析

导致HMI黑屏的原因主要有三种:HMI电源故障,HMI通信故障,HMI屏幕故障。以上三种故障原因中第一种和第三种属于"真正的"黑屏,无论怎么对HMI进行触屏操作,HMI都不会产生任何显示,但是第二种通信故障产生的黑屏,并不是真正意义上的黑屏,而是由于通信中断进入屏保状态而已。

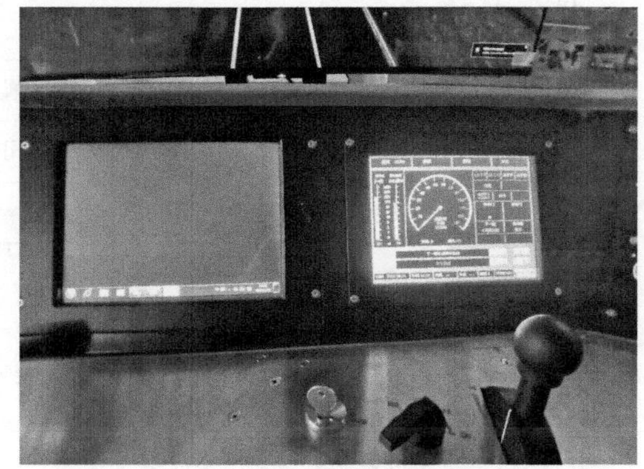

图4-10　车辆屏黑屏故障现象

三、应急处理程序

当遇到列车HMI黑屏时,列车司机可根据表4-9所示的操作流程处理。

某型号模拟驾驶器HMI黑屏故障处理流程 表4-9

步骤	操作方法
1	手指眼看:HMI
2	口呼:HMI黑屏无显示
3	手指眼看:方向模式选择手柄,主控钥匙
4	作业:将方向模式选择手柄转至OFF位,然后将主控钥匙旋转至OFF位,3s后重新旋转主控钥匙至ON位,方向模式选择手柄转至SM位
5	口呼:方向模式选择手柄OFF位,复位主控钥匙
6	紧急广播:通过车辆屏选择播放预置的“临时停车”紧急广播
7	接通电话:列车司机手持联控电话,点击车载台上的调度按键,接通行车调度员电话
8	报告行车调度员:行调,××次在××站上/下行,HMI黑屏,列车无法动车,司机申请执行车辆故障处理流程
9	等待行车调度员回复:××次,司机申请执行车辆故障处理流程,行调同意
10	结束通话:列车司机挂断电话
11	手指眼看:驾驶室电气柜A车IO模块微动开关
12	口呼:A车IO模块微动开关未跳闸
13	手指眼看:驾驶室电气设备柜“紧急牵引”模式旋钮
14	作业:将紧急牵引模式旋钮转至“合”位
15	口呼:闭合紧急牵引模式
16	尝试动车作业:推牵引手柄尝试动车,限速60km/h
17	紧急广播:通过广播控制盒选择播放预置的“列车再次启动”紧急广播,而后启动列车
18	接通电话:列车司机手持联控电话,点击车载台上的“调度”按键,接通行车调度员电话
19	报告行车调度员:行调,××次在××站上/下行,HMI黑屏,目前已操作紧急牵引模式旋钮动车,完毕
20	等待行车调度员回复:××次,司机已操作紧急牵引模式动车,限速60km/h,行调同意
21	列车司机回复:××次,限速60km/h,司机明白,完毕
22	结束通话:列车司机挂断电话

四、注意事项

(1)列车司机在进行旁路操作前须报告行车调度员并得到许可后方可进行相关旁路操作。

(2)列车司机在清客时,注意文明用语,及时向乘客做好解释工作。如有乘客不同意下车,则报行车调度员并按照其命令执行。

(3)列车限速运行时,若行车调度员要求司机赶点,列车司机应在确保列车安全及乘客上下车正常的情况下赶点。

4.4.2 牵引电机故障

一、故障现象

列车主控手柄置于牵引 P1 ~ P4 间任何级位，全列车中有一辆动车牵引逆变器显示故障或牵引电流为零(图 4-11)。

图 4-11 列车牵引电机故障

二、原因分析

(1)牵引电动机故障；

(2)牵引电路中元器件或线路故障；

(3)牵引逆变器故障，致使牵引控制单元不能正常工作；

(4)该车的停放制动不能缓解。

三、应急处理程序

(1)通过列车监控显示屏检查故障车的高速断路器运行是否正常，列车主控手柄在“0”位或“制动”位时，按 DCU(牵引控制单元，driver control unit)/SIV 复位按钮。

(2)检查故障车的停放制动是否施加。若列车监控显示屏显示该动车施加停放制动，则按下停放制动缓解按钮。

(3)检查故障车电气控制柜内的本车控制电源保险开关、牵引制动状态保险开关是否跳开。若跳开，将其闭合；若未跳开，可将其断开后再闭合，再按复位按钮。

(4)检查故障车是否恢复正常。若该动车连续发生故障，可以根据列车 TCMS 的提示进行切除，维持运行到终点站。

牵引电机故障时，列车司机可根据表 4-10 所示的操作流程处理。

某型号模拟驾驶器牵引电机故障处理流程 表 4-10

步骤	操作方法
1	手指眼看：车辆屏“车辆状态”界面查看牵引系统图标
2	口呼：存在 B1 车 1 个牵引设备图标红点
3	接通电话：列车司机手持联控电话，点击车载台上的调度按键，接通行车调度员电话
4	报告行车调度员：行调，× ×次在 × ×站至 × ×站上/下行区间列车出现牵引系统 1 个红点故障，可以继续运行
5	等待行车调度员回复：× ×次，维持运行至前方车站，执行车辆故障处理流程。
6	结束通话：列车司机挂断电话
7	维持运行至前方车站
8	手指眼看：DCU/SIV 复位按钮(位于驾驶室后墙柜)
9	口呼：复位 DCU/SIV 按钮
10	作业：按压 DCU/SIV 复位按钮(至少持续 2s)

续上表

步骤	操作方法
11	接通电话:列车司机手持联控电话,点击车载台上的调度按键,接通行车调度员电话
12	报告行车调度员:××次在××站,司机进行了 DCU/SIV 按钮复位操作,列车牵引设备恢复正常,列车可以继续正常运行
13	等待行车调度员回复:××次,行调收到,维持正常运行
14	结束通话:挂断电话

四、注意事项

列车发生单车牵引无流时,启动速度较慢,列车司机应合理使用主控手柄进行操作。若列车发生多节动车牵引无流且不能恢复时,应及时将情况报告给行车调度员,并请求立即清客或就近入库,避免故障扩大影响运营。

在列车运行过程中,若由于轻度故障导致牵引逆变器不能工作,列车司机可通过按压操纵台上的复位按钮,使牵引逆变器投入运行。若牵引逆变器故障严重,可以在车上断开牵引逆变器的 DC110V 电源,3s 秒后再闭合,实现牵引逆变器的严重故障复位。

当产生严重故障必须进行单元切除操作时,若在复位操作之前进行单元切除操作,则该动车牵引控制单元输出高速断路器断开信号,切除故障车辆。

4.4.3 高速断路器合灯不亮

一、故障现象

列车“车辆状态”界面显示高速断路器图标白点、HSCB 合灯不亮(图 4-12)。

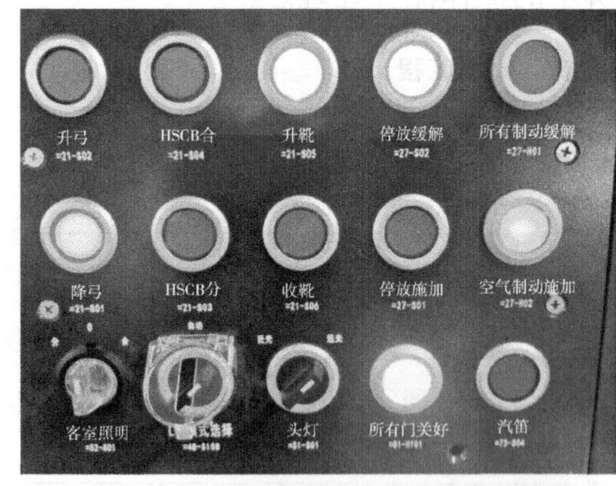

图 4-12　高速断路器(HSCB 合)灯不亮

二、原因分析

高速断路器分合闸红色指示灯亮,表示断路器处于合闸运行状态,说明掉闸回路完好;绿色信号指示灯亮,表示断路器处于分闸状态,说明合闸回路完好。

信号指示灯不亮的原因:

(1)电源故障,如熔丝熔断;

(2)控制回路断线或接触不良;

(3)信号指示灯灯丝断裂或接触不良;

(4)指示灯串联的电阻断线;

(5)合闸线圈或分闸线圈断线。

三、应急处理程序

当遇到列车高速断路器合灯不亮故障时,列车司机可根据表 4-11 所示的操作流程处理。

某型号模拟驾驶器高速断路器合灯不亮处理流程 表4-11

步骤	操作方法
1	手指眼看:车辆屏 B1/C1/C2 高速断路器图标白点、HSCB 合灯不亮
2	口呼:B1/C1/C2 高速断路器图标白点、HSCB 合灯不亮
3	维持进站:高速断路器图标出现白点,列车如在区间,则尽量维持进站
4	进站停稳后,查看车辆屏牵引设备图标是否异常,如是,则优先处理牵引设备故障
5	手指眼看:车辆屏牵引设备图标
6	口呼:牵引设备图标正常无故障
7	尝试动车作业:尝试推牵引手柄至牵引区
8	紧急广播:通过车辆屏选择播放预置的“临时停车”紧急广播
9	接通电话:列车司机手持联控电话,点击车载台上的“调度”按键,接通行调电话
10	报告行车调度员:行调,××次在××站上/下行,B1/C1/C2 高速断路器图标白点、HSCB 合灯不亮,列车无法动车,司机申请执行车辆故障处理流程
11	等待行车调度员回复:××次,司机申请执行车辆故障处理流程,行调同意
12	结束通话:列车司机挂断电话
13	接通电话:列车司机手持联控电话,点击车载台上的车载按键,接通车站电话
14	报告车站:车站,××次在××站上/下行,B1\C1\C2 高速断路器图标白点、HSCB 合灯不亮,列车无法动车,司机申请执行车辆故障处理流程,请求车站工作人员协助做好乘客安抚工作
15	等待车站回复:××次,列车在××站上/下行站台无法动车,司机申请执行车辆故障处理流程,请求车站协助做好乘客安抚工作,车站收到
16	结束通话:列车司机挂断电话
17	作业:按压操纵台左面板上的 HSCB 合按钮保持 2s 左右
18	手指眼看:车辆屏故障车 HSCB 高速断路器图标白色
19	口呼:HSCB 未能闭合
20	手指眼看:驾驶室电气设备柜“紧急牵引”模式按钮
21	作业:将“紧急牵引”模式旋钮旋转至“合”位
22	口呼:闭合紧急牵引模式
23	手指眼看:车辆屏 B1/C1/C2 高速断路器图标已闭合,显示紧急牵引模式,限速 60km/h
24	口呼:紧急牵引模式强制合高速断路器,限速 60km/h
25	尝试动车作业:推牵引手柄尝试动车,限速 60km/h
26	紧急广播:通过广播控制盒选择播放预置的“列车再次启动”紧急广播,而后启动列车
27	接通电话:列车司机手持联控电话,点击车载台上的车站按键,接通车站电话
28	报告行车调度员:行调,××次在××站上/下行,B1/C1/C2 高速断路器图标白点、HSCB 合灯不亮,目前已操作紧急牵引模式旋钮动车,限速 60km/h,完毕
29	等待行车调度员回复:××次,司机已操作紧急牵引模式动车,限速 60km/h,行调同意
30	结束通话:列车司机挂断电话

4.4.4 关门作业时站台门不能联动

一、故障现象

列车司机在站台作业结束时,按压对应侧关门按钮后,所有站台门无法关闭,列车车辆屏上站台门状态显示为打开,就地控制盘(PSL)上门关好灯不亮。

二、原因分析

导致车门与站台门不联动的故障原因主要有以下几点:

(1)列车在对标停车过程中因过标或欠标,导致车门与站台门错位。

(2)车载开门命令未能成功传送给轨旁,最终表现为信号开门继电器或关门继电器未能正常吸起。

(3)信号与站台门接口电路断路,虽然信号开门继电器、关门继电器状态正确,但站台门侧接收不到。

(4)站台门未处于信号控制下。例如 PSL 处于有效位时,站台门可以接收信号的开、关门命令但不会执行。

三、应急处理程序

当遇到关门作业时站台门不能联动时,列车司机可根据以下步骤处理:

(1)重新关车门,若故障消失,则继续运营;若车门仍然没有关闭,则重复上述动作一次。

(2)若故障还未排除,由列车司机在端门处操作 PSL 盘,将操作允许钥匙打到手动允许位。

(3)按下 PSL 盘关门按钮。

(4)待站台门关闭后,PSL 盘站台门全关闭且锁紧指示灯点亮,手指口呼进行确认。

(5)将 PSL 盘操作允许钥匙恢复至自动位。

某型号模拟驾驶器上关门作业时站台门不能联动故障处理流程见表 4-12。

某型号模拟驾驶器关门作业时站台门不能联动故障处理流程 表 4-12

步骤	操作方法
1	再次按压关左/右门按钮,保持至少 3s
2	手指眼看:PSL 盘操作允许钥匙
3	作业:将 PSL 盘操作允许钥匙打到手动允许位
4	手指眼看:PSL 盘关门按钮
5	作业:按下 PSL 盘关门按钮,保持至少 2s
6	手指眼看:站台门动作并关闭,站台门全关闭且锁紧指示灯点亮
7	作业:将 PSL 盘操作允许钥匙恢复至自动位

四、注意事项

列车司机在 PSL 盘进行站台门手动关门作业后，需要将 PSL 盘操作允许钥匙恢复至自动位，避免引起后续列车的站台作业。

4.4.5 辅助逆变器故障

辅助逆变器的作用是输出 AC 380V、50Hz 交流电，采用三相四线制供电，满足列车上所有交流负载的用电需求。根据在列车上的布置方式，辅助逆变器分集中式辅助逆变器和分散式辅助逆变器。集中式辅助逆变器相对于分散式辅助逆变器具有一定的优势，越来越多的轨道交通车辆采用集中式辅助逆变器。集中式辅助逆变器具有以下特点：

(1)每个单元布置一台辅助逆变器，每台辅助逆变器只为本单元的交流负载供电。

(2)正常情况下，辅助逆变器不向其他单元供电。

(3)在某一台辅助逆变器故障的情况下，扩展供电单元工作，将其他单元辅助逆变器输出的交流电能引入本单元。具体如图 4-13 所示。

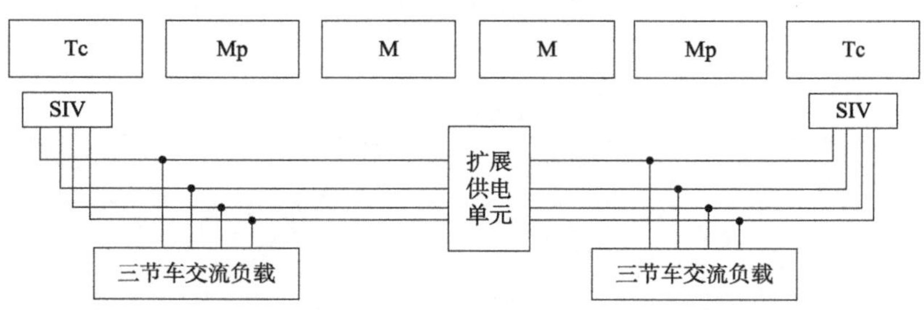

图 4-13 列车集中式辅助逆变器工作原理

一、一台 SIV 不启动

1. 故障现象

列车监控显示屏显示一台 SIV 故障停止工作，无 380V 交流电输出，列车进行扩展供电。

2. 故障应急处理

检查驾驶室 SIV 控制断路器是否跳闸，若跳闸则重新闭合。SIV 控制电路器未跳闸或闭合无效时，按压操纵台 SIV 复位按钮，若故障消除，继续运营；如果故障未消除，维持运行到终点站后退出服务。

二、2 台 SIV 不启动

1. 故障现象

车辆屏显示两台 SIV 停止工作，无 380V 交流电压输出，客室紧急照明启动。

2. 故障应急处理

检查车辆屏网压显示是否正常，确认列车是否在无供电区域。若网压正常，确认驾驶室控制柜内 SIV 控制断路器是否在闭合状态，未闭合时重新闭合。重新闭合无效时按压操纵台 SIV 复位按钮,若故障消除,继续运营。

若 SIV 仍未正常工作,断开 SIV 控制断路器,5s 后重新闭合。若故障消除,运营到终点站后退出服务;若仍无效,报告行车调度员请求救援。

三、注意事项

一台 SIV 的故障一般由控制电路故障导致,或者由于控制电源开关跳闸、继电器故障等,应首先检查 SIV 控制电源的相关开关和继电器的电路。

在处理 SIV 故障的过程中,应当密切关注风压表显示和空气压缩机的状态。若风压表示值低于 750kPa 时,主空气压缩机应当启动泵风,如果未及时启动,列车司机需要立即进行强制泵风。出现 SIV 故障致使一台空气压缩机不能工作时,需要立即向行车调度员申请掉线,回车辆基地过程中时刻观察风压变化。

运行过程中出现两台 SIV 故障时,如风压满足运行要求,应尽量维持运行,待进站后停车处理。两台 SIV 故障停机后,列车蓄电池将开始工作。列车司机应当及时进行人工广播稳定乘客情绪,并关注应急照明、应急通风和广播的运转状态。

班级：____________ 姓名：____________ 小组：____________ 日期：____________

任务 4.4　实施与评价　理论学习工作单

一、不定项选择题(3 分 ×4 =12 分)

1. 列车突发紧急制动，车辆屏状态栏显示紧急制动，信号屏显示紧急制动图标，气压表红色指针指向 300kPa，列车无法动车。此故障现象为(　　)故障。

A. 牵引电机故障　　　　B. 列车紧急制动不缓解

C. 牵引封锁/激活故障　　　　D. 列车停放制动施加、缓解灯故障

2. 操纵端 A 车气制动图标显示红点时，应该检查以下(　　)开关有无跳闸。

A. 智能阀 + 安全阀　　　　B. 安全阀 + 网关阀

C. 智能阀 + 网关阀　　　　D. 智能阀 + 开关阀

3. 出现以下(　　)故障列车可以限速运行至前方车站。

A. 牵引电机 3 个图标红点　　　　B. 牵引电机 1 个图标红点

C. 列车所有制动缓解灯不亮　　　　D. 列车制动图标显示红点

4. 发生牵引电机 1 个图标红点故障时，列车应降速至(　　)运行至前方车站。

A. 40km/h　　B. 50km/h　　C. 60km/h　　D. 80km/h

二、简答题(12 分 ×5 =60 分)

1. 简述列车车辆显示屏黑屏故障处理流程。

2. 简述列车牵引电机故障处理流程。

3. 简述列车高速断路器合灯不亮故障处理流程。

4. 简述列车关门作业时站台门不能联动故障处理流程。

5. 简述列车辅助逆变器故障处理流程。

三、思维导图(28 分)

请利用思维导图软件,根据自身学习和领悟绘制本任务思维导图以辅助记忆。

班级:__________ 姓名:__________ 小组:__________ 日期:__________

任务 4.4 实施与评价 实践工作单 1 车辆屏黑屏故障处理

一、实践目标

(1)能够正确运用各种驾驶模式;

(2)能根据故障情况合理播放广播;

(3)能够根据故障现象快速判断故障类型;

(4)能够合理利用故障处理方法对车辆屏黑屏故障进行处理;

(5)能以列车司机的标准要求自己;

(6)谨记"安全第一",培养严格按照标准化作业操作的习惯;

(7)培养严谨、认真、一丝不苟的工作态度和不怕苦、不怕累的精神。

二、工具与器材

模拟驾驶器、扩音器、荧光衣、手电筒、400M 电台、800M 电台、司机包、对讲机、安全帽、绝缘鞋等。

三、故障设置

故障发生在正线区间,列车以 ATO 模式运行,车辆屏黑屏。

四、故障现象

列车在正线区间以 ATO 模式运行,突然车辆屏黑屏,列车终止 ATO 模式并发生紧急制动,导致无法动车。

五、考核与评价标准

考核与评价标准见下表。

<table>
<tr><td colspan="2">工作单</td><td colspan="4">车辆屏黑屏故障处理</td></tr>
<tr><td colspan="2">说明</td><td colspan="4">教师按考核内容对学生逐一进行考核</td></tr>
<tr><td colspan="2">班级</td><td></td><td>姓名</td><td colspan="2"></td></tr>
<tr><td colspan="2">学习小组</td><td></td><td>考核时间</td><td colspan="2"></td></tr>
<tr><td>序号</td><td>评分项目</td><td colspan="2">评分标准</td><td>分值</td><td>得分</td></tr>
<tr><td>1</td><td>故障判断</td><td colspan="2">(1)能准确判断故障现象,每漏一项扣 5 分。
(2)判断错误,扣 10 分</td><td>20</td><td></td></tr>
<tr><td>2</td><td>故障处理前的准备工作</td><td colspan="2">(1)汇报信息不完整或不准确,扣 10 分。
(2)未做服务广播或未通知车站,扣 10 分</td><td>20</td><td></td></tr>
<tr><td>3</td><td>处理流程</td><td colspan="2">(1)未按步骤处理故障,每漏一项扣 10 分。
(2)多操作旁路(不影响行车),每次扣 10 分。
(3)错打旁路,每次扣 20 分</td><td>40</td><td></td></tr>
</table>

续上表

序号	评分项目	评分标准	分值	得分
4	故障处理后的操作	(1)动车前未确认行车条件并向行车调度员申请,扣10分。 (2)未做服务广播或未通知车站,扣10分	20	
5	扣分项	(1)未手指口呼,扣5分/次。 (2)未执行标准化作业,扣5分/次		
6	失格项	(1)超过5min未处理完毕,考核不合格。 (2)操作相关旁路动车且造成后果或影响行车安全的(如未确认条件操作停放制动旁路、气制动旁路、车门旁路、门零速旁路、关载信号保护旁路),考核不合格。 (3)故障无法排除的,考核不合格		
合计			100	

指导老师意见	
完成人签字	
指导老师签字	

班级：____________ 姓名：____________ 小组：____________ 日期：____________

任务4.4 实施与评价 实践工作单2 牵引电机故障处理

一、实践目标

(1)能够正确运用各种驾驶模式；

(2)能根据故障情况合理播放广播；

(3)能够根据故障现象快速判断故障类型；

(4)能够合理利用故障处理方法对牵引电机故障进行处理；

(5)能以列车司机的标准要求自己；

(6)谨记"安全第一",培养严格按照标准化作业操作的习惯；

(7)培养严谨、认真、一丝不苟的工作态度和不怕苦、不怕累的精神。

二、工具与器材

模拟驾驶器、扩音器、荧光衣、手电筒、400M 电台、800M 电台、司机包、对讲机、安全帽、绝缘鞋等。

三、故障设置

故障发生在正线区间,列车以 ATO 模式或者 SM 模式、RM 模式运行均可,指导老师设置驾驶模式。

四、故障现象

列车在司机的操纵下,以 ATO 模式(具体以指导老师设置的驾驶模式为准)在正线区间运行,突然列车发生紧急制动,车辆屏"车辆状态"界面上的牵引系统图标显示红点。

五、考核与评价标准

考核与评价标准见下表。

工作单	牵引电机故障处理				
说明	教师按考核内容对学生逐一进行考核				
班级		姓名			
学习小组		考核时间			
序号	评分项目	评分标准		分值	得分
1	故障判断	(1)能准确判断故障现象,每漏一项扣5分。 (2)判断错误,扣10分		20	
2	故障处理前的准备工作	(1)汇报信息不完整或不准确,扣10分。 (2)未做服务广播或未通知车站,扣10分		20	

续上表

序号	评分项目	评分标准	分值	得分
3	处理流程	(1)未按步骤处理故障,每漏一项扣10分。 (2)多操作旁路(不影响行车),每次扣10分。 (3)错打旁路,每次扣20分	50	
4	故障处理后的操作	动车前未确认行车条件并向行车调度员申请,扣15分	10	
5	扣分项	(1)未手指口呼,扣5分/次。 (2)未执行标准化作业,扣5分/次		
6	失格项	(1)超过5min未处理完毕,考核不合格; (2)操作相关旁路动车且造成后果或影响行车安全的(如未确认条件操作停放制动旁路、气制动旁路、关门旁路、门零速旁路、车载信号保护旁路),考核不合格。 (3)故障无法排除的,考核不合格		
合计			100	

指导老师意见	
完成人签字	
指导老师签字	

班级:____________ 姓名:____________ 小组:____________ 日期:____________

任务4.4 实施与评价 实践工作单3 高速断路器合灯不亮故障处理

一、实践目标

(1)能够正确运用各种驾驶模式;

(2)能根据故障情况合理播放广播;

(3)能够根据故障现象快速判断故障类型;

(4)能够合理利用故障处理方法对高速断路器合灯不亮故障进行处理;

(5)能以列车司机的标准要求自己;

(6)谨记"安全第一",培养严格按照标准化作业操作的习惯;

(7)培养严谨、认真、一丝不苟的工作态度和不怕苦、不怕累的精神。

二、工具与器材

模拟驾驶器、扩音器、荧光衣、手电筒、400M 电台、800M 电台、司机包、对讲机、安全帽、绝缘鞋等。

三、故障设置

故障发生在正线区间,列车以 ATO 模式或者 SM 模式、RM 模式运行均可,指导老师设置驾驶模式。

四、故障现象

列车在司机的操纵下,以 ATO 模式(具体以指导老师设置的驾驶模式为准)在正线区间运行,突然列车发生紧急制动,车辆屏高速断路器图标显示白点,操纵台上的 HSCB 合灯不亮。

五、考核与评价标准

考核与评价标准见下表。

<table>
<tr><td colspan="2">工作单</td><td colspan="4">高速断路器合灯不亮故障处理</td></tr>
<tr><td colspan="2">说明</td><td colspan="4">教师按考核内容对学生逐一进行考核</td></tr>
<tr><td colspan="2">班级</td><td></td><td>姓名</td><td colspan="2"></td></tr>
<tr><td colspan="2">学习小组</td><td></td><td>考核时间</td><td colspan="2"></td></tr>
<tr><td>序号</td><td>评分项目</td><td colspan="2">评分标准</td><td>分值</td><td>得分</td></tr>
<tr><td>1</td><td>故障判断</td><td colspan="2">(1)能准确判断故障现象,每漏一项扣 5 分。
(2)判断错误,扣 10 分</td><td>20</td><td></td></tr>
<tr><td>2</td><td>故障处理前的准备工作</td><td colspan="2">(1)汇报信息不完整或不准确,扣 10 分。
(2)未做服务广播或未通知车站,扣 10 分</td><td>20</td><td></td></tr>
</table>

续上表

序号	评分项目	评分标准	分值	得分
3	处理流程	(1)未按步骤处理故障,每漏一项扣10分。 (2)多操作旁路(不影响行车),每次扣10分。 (3)错打旁路,每次扣20分	50	
4	故障处理后的操作	动车前未确认行车条件并向行车调度员申请,扣10分	10	
5	扣分项	(1)未手指口呼,扣5分/次。 (2)未执行标准化作业,扣5分/次		
6	失格项	(1)超过5min未处理完毕,考核不合格。 (2)操作相关旁路动车且造成后果或影响行车安全的(如未确认条件操作停放制动旁路、气制动旁路、关门旁路、门零速旁路、车载信号保护旁路),考核不合格。 (3)故障无法排除的,考核不合格		
合计			100	

指导老师意见	
完成人签字	
指导老师签字	

班级：____________ 姓名：____________ 小组：____________ 日期：____________

任务4.4 实施与评价 实践工作单4 关门作业时站台门不能联动故障处理

一、实践目标

(1)能够正确运用各种驾驶模式；

(2)能根据故障情况合理播放广播；

(3)能够根据故障现象快速判断故障类型；

(4)能够合理利用故障处理方法对关门作业时站台门不能联动故障进行处理；

(5)能以列车司机的标准要求自己；

(6)谨记“安全第一”，培养严格按照标准化作业操作的习惯；

(7)培养严谨、认真、一丝不苟的工作态度和不怕苦、不怕累的精神。

二、工具与器材

模拟驾驶器、扩音器、荧光衣、手电筒、400M电台、800M电台、司机包、对讲机、安全帽、绝缘鞋等。

三、故障设置

故障发生在站台，列车司机进行站台关门作业时站台门不能联动。

四、故障现象

列车司机在站台作业，根据发车倒计时进行关门作业，按压关门按钮后，车门关闭但是站台门未关闭，从而导致无法动车出站。

五、考核与评价标准

考核与评价标准见下表。

工作单		关门作业时站台门不能联动故障处理		
说明		教师按考核内容对学生逐一进行考核		
班级		姓名		
学习小组		考核时间		
序号	评分项目	评分标准	分值	得分
1	故障判断	(1)能准确判断故障现象，每漏一项扣5分。 (2)判断错误，扣10分	20	
2	故障处理前的准备工作	(1)汇报信息不完整或不准确，扣10分。 (2)未做服务广播或未通知车站，扣10分	15	
3	处理流程	(1)未按步骤处理故障，每漏一项扣10分。 (2)多操作旁路(不影响行车)，每次扣10分。 (3)漏打旁路，每次扣20分	50	

续上表

序号	评分项目	评分标准	分值	得分
4	故障处理后的操作	(1)动车前未确认行车条件并向行车调度员申请,扣15分。 (2)未做服务广播或未通知车站,扣10分	15	
5	扣分项	(1)未手指口呼,扣5分/次。 (2)未执行标准化作业,扣5分/次		
6	失格项	(1)超过5min未处理完毕,考核不合格。 (2)操作相关旁路动车且造成后果或影响行车安全的(如未确认条件操作停放制动旁路、气制动旁路、关门旁路、门零速旁路、车载信号保护旁路),考核不合格。 (3)未确认车门关闭推主控手柄或错开车门的,考核不合格;故障无法排除的,考核不合格		
合计			100	

指导老师意见	
完成人签字	
指导老师签字	

项目 5

行车事故案例分析

项目引入

安全是城市轨道交通和谐发展之基，是城市轨道交通运营效益之道，是城市轨道交通员工幸福之源，是城市轨道交通的生命线，是永恒的主题。认真总结研究城市轨道交通典型事故案例，是预防类似事故发生的重要措施，可以汲取经验教训，以便进一步提升安全技术和管理水平，营造城市轨道交通安全发展的环境和氛围。

在阅读和学习城市轨道交通典型事故案例时，不仅要搞清每一起事故的来龙去脉，而且要将自己置身于事故的背景之中，学会换位思考：如果我处在当事者的位置，会怎么做？是否会犯同样的错误？要努力从每一起事故中吸取教训，使自己在今后的工作中自觉地遵章守纪，并且主动关心他人的安全，形成安全和谐的工作环境和氛围。

列车司机要时刻以“勤勤恳恳为工、兢兢业业为匠”的工匠精神掌握相关的安全知识和操作规程，以便在工作中高度重视安全，遵章守纪，不存在侥幸心理，避免事故发生，从而为实现列车高效、准点、快捷的运输打好基础。

榜样学习

在北京,每天有超过1000万人次选择地铁出行,准时、安全、快速、便捷……这背后,是一群地铁人一丝不苟、多年如一日的默默付出。作为北京地铁运营三分公司回龙观乘务中心列车司机,廖明在2016年创造了安全驾驶地铁列车100万km无事故纪录,是目前国内保持地铁安全运营里程最长的人。

从1988年5月24日第一次独立驾驶地铁列车,到2016年3月17日,廖明驾驶列车安全行驶超过2.5万h。超过150万min的安全驾驶、100万km安全行车无事故的纪录,让他收获了"全国劳动模范""全国五一劳动奖章""首都劳动奖章""国企楷模北京榜样""全国十佳最美职工""列车先锋"等多项荣誉。

手柄轻四两,责任重千斤。地铁列车司机这个职业,看似平凡,实际上却承担着不平凡的使命。紧张的节奏,漫长的行程,生命的重托,都磨炼着他们的技艺与品格。扎实的学习与积累,使廖明对列车每一寸"骨骼"都十分熟悉。他认为,行车过程中,要全神贯注地感受列车和路况,大脑的每一个细胞都要跟着列车跑。这样,列车有任何异样,路况有任何变化,司机都能第一时间敏锐地捕捉到,从而做到心中有数,及时采取措施。

镜头里的廖明,手捧鲜花,肩披绶带,格外耀眼。镜头外的廖明,务实求真,谦逊朴素,十分低调。这一对比,让人思绪万千,不禁想起一道道坚实的铁轨、一颗颗闪亮的铆钉、一个个朴实的地铁工作者。

(摘编自:搜狐网,2018年12月7日)

学习目标

知识目标

(1)掌握行车事故的定义及分类方法。

(2)熟悉行车事故的分析、判定、调查与处理。

(3)了解典型的行车事故案例。

能力目标

(1)提升资料收集、整理与分析能力。

(2)提升语言表达能力。

(3)提升行车事故案例分析能力。

(4)提升报告制作及汇报能力。

素质目标

(1)养成守时、严谨、认真、负责的工作态度。

(2)养成不怕苦、不怕累的精神。

(3)提高安全责任意识。

(4)养成精益求精的工匠精神。

(5)养成用心服务、细心服务的工作态度。

(6)养成爱岗敬业精神。

建议学时

8 学时。

任务发布

请学习理论知识和技能知识，完成各项目任务后的工作单。

学习分组

建议学习者自行组建学习小组，制订学习计划，共同完成本项目的各项任务。

组长	
成员	
成员分工	
学习计划	

任务 5.1 行车事故概述

任务导入

某日,272 号列车到达沼泽门站时,由于未刹车,列车以 48 ~ 64km/h 速度撞烂了车挡,然后狠狠撞上铺有砖头的混凝土墙。事故发生时正值早高峰,而沼泽门站又位于市中心,列车上载有 300 名乘客,事故发生后,列车司机与 42 名乘客当场死亡,另有 74 名乘客受伤。

(摘编自:网易网,2023 年 3 月 1 日)

任务准备

引导问题 1　什么是行车事故?

引导问题 2　如何对行车事故进行等级划分?

引导问题 3　影响行车安全的因素有哪些?

知识准备

5.1.1　行车事故定义

凡在运行正线和车辆基地范围内为造成乘客伤亡、车辆和设备损坏、行车中断或出现危及运营安全的情况,均为行车事故。良好的车辆、设备是保证安全运营的物质基础,因车辆、设备漏检、漏修、维修不到位而造成威胁运营安全的严重质量问题,按事故论处。

在"高度集中、统一指挥"的原则下,城市轨道交通公司有尽快处理故障或事故的责任和义务。发生各类故障或事故时,有关单位和人员应相互配合、积极处理、迅速抢救,尽量减少损失和影响,尽快恢复正常运营。对于因失职或推诿扯皮而贻误时机造成不良后果的人员,要追究其责任。

5.1.2　行车事故管理原则

行车事故在城市轨道交通公司运营中时有发生。为减少事故的发生,城市轨道交通公司工作人员必须做到防患于未然,严格按照有关规定行车,还应加强安全生产管理。通常来说,行车事故的管理要遵循以下原则:

(1)以"安全第一,预防为主"为安全生产方针,各级领导要把安全工作当作首要任务去抓,加强安全管理和安全思想教育,强化员工安全意识,严肃劳动纪律和作业纪律,教育员工自觉执行各项规章制度。

(2)做好员工技术培训,提高技术业务水平,加强安全检查,及时消除各类隐患。

搞好设备维修保养,提高设备质量;深入开展增产节约运动和安全正点、优质服务的竞赛活动,确保安全运营。

(3)发生行车事故时,要积极采取措施,迅速抢救,尽快恢复运营,尽量减少损失。

(4)事故发生后,要按照"四不放过"的原则(即事故原因未查清不放过,事故责任人未受到处理不放过,事故责任人和周围群众没有受到教育不放过,针对事故制定的切实可行的整改措施没有落实不放过)处理事故,找出原因,制定措施,分清责任,吸取教训,防止同类事故再次发生。

(5)对事故责任者应根据事故性质和情节分别给予严肃的批评教育、经济处罚甚至纪律处分、法律制裁。对事故性质严重的要逐级追究领导责任。

(6)对事故分析处理拖延、推脱责任、姑息纵容、隐瞒不报或不如实反映事故情况者,应予以严肃批评教育和纪律处分。

5.1.3 行车事故分类

由于我国各城市的城市轨道交通系统在设备、规章上并没有完全统一,所以城市轨道交通系统没有统一的行车事故分类标准。借鉴铁路的行车事故分类标准,以部分城市轨道交通系统为例,按照事故的损失及对运营造成的影响和危害程度,将行车事故分为特别重大事故、重大事故、大事故、险性事故、一般事故和事故苗头。

一、特别重大事故

发生列车冲突、脱轨、火灾、爆炸,造成下列后果之一的为特别重大事故:

(1)死亡10人或死亡、重伤30人及以上的;

(2)事故直接经济损失在1000万元及以上的。

二、重大事故

发生列车冲突、脱轨、火灾、爆炸,或由于设备状态不良等原因造成下列后果之一的为重大事故:

(1)死亡3人或死亡、重伤10人及以上的;

(2)事故直接经济损失在500万元以上、1000万元以下的;

(3)中断正线(上下行正线之一)行车180min及以上的;

(4)运营期间单个主变电所供电中断360min及以上的;

(5)列车中破一辆;

(6)工程车辆大破一台。

三、大事故

发生列车冲突、脱轨、火灾、爆炸,或由于设备状态不良等原因造成下列后果之一的为大事故:

(1)死亡1人或重伤3人及以上的;

(2)事故直接经济损失在300万元以上、500万元以下的;

(3)中断正线(上下行正线之一)行车120min及以上、180min以下的;

(4)运营期间单个主变电所供电中断240min及以上、360min以下的;

(5)列车小破一辆；

(6)工程车辆中破一台。

四、险性事故

凡事故性质严重，但未造成严重损害后果或损害后果不构成大事故及以上事故，造成下列后果之一的为险性事故：

(1)事故直接经济损失在100万元以上、300万元以下的；

(2)中断正线(上下行正线之一)行车60min及以上、120min以下的；

(3)运营期间单个主变电所供电中断120min及以上、240min以下的；

(4)列车冲突；

(5)列车脱轨；

(6)列车分离；

(7)未经批准，擅自切除车载安全防护或BBS装置；

(8)未经批准，擅自向占用区间接入或发出无ATP保护的列车；

(9)未准备好进路或错排进路接入或发出列车；

(10)未拿或错拿行车凭证发车；

(11)列车溜入区间或站内；

(12)列车冒进禁行信号；

(13)客车夹人或夹物开车导致乘客受伤或设备较大损坏；

(14)正线各类设施、设备、物资等侵入车辆限界，造成车辆较大损坏；

(15)列车运行中，因车辆部件脱落造成设备较大损坏；

(16)错送电、漏停电；

(17)运营期间正线线路走行轨由轨头到轨底贯通断裂；

(18)列车错开车门造成乘客受伤、运行途中开门或车未停稳开门；

(19)行车指挥无线通信系统故障，造成全线通信中断20min及以上、局部通信中断30min及以上；

(20)车辆基地(停车场)出车时，因设施设备故障等原因影响10列以上列车上线运营；

(21)错误办理行车凭证发车或耽误列车发车10min以上；

(22)漏发、漏传、错发、错传调度命令耽误列车发车10min以上；

(23)其他(性质严重的行车事故，经运营公司安全生产委员会决定列入本项的)。

五、一般事故

凡事故性质及损害后果不构成险性事故及以上的，造成下列后果之一的为一般事故：

(1)事故直接经济损失在20万元及以上、100万元以下的；

(2)在运营时间内，因设备故障或其他原因造成正线(上下行正线之一)中断行车30min及以上、60min以下的；

(3)运营期间单个主变电所供电中断60min及以上、120min以下的；

(4)调车冲突；

(5)调车脱轨；

(6)非运营列车分离；

(7)挤道岔；

(8)在非运营时间内,因施工、设备故障或其他原因影响首班载客列车晚发 20min 及以上；

(9)未经批准,载客列车在站通过；

(10)因设备原因造成列车运行降级为电话闭塞法/电话联系法；

(11)错误办理行车凭证发车或耽误列车发车 10min 以下；

(12)漏发、漏传、错发、错传调度命令耽误列车发车 10min 以下；

(13)列车转线、调车作业时,碰轧脱轨器或碰轧防护信号、冲撞止挡；

(14)未撤除止轮器开车；

(15)因错发操作命令或人员误操作造成断路器跳闸,导致接触网误停电；

(16)行车指挥无线通信系统故障,造成全线通信中断 10min 及以上、局部通信中断 15min 及以上；

(17)载客列车错开车门未造成乘客受伤；

(18)车辆基地(停车场)出车时,因设施设备故障等原因影响 6 ~ 10 列其他列车上线运营；

(19)其他(经运营公司安全生产委员会决定列入本项的)。

六、事故苗头

凡在地铁范围内,因违反规章制度,违反劳动纪律或其他原因造成设备损坏,影响正常行车或危及行车安全,但事故性质或损害后果不构成事故的为事故苗头;因违章行为性质严重,虽未造成损失,但经事故调查处理小组定性为事故苗头的。

(1)运营时间内,因设备故障或其他原因造成正线中断(上下行正线之一)行车 20min 及以上、30min 以下的；

(2)载客列车车门故障无法关闭,且无安全措施行车；

(3)列车夹人、夹物开车；

(4)未经允许,载客列车进入非运营线路；

(5)车站未按规定时间开、关站；

(6)运营中,车站照明全部停电；

(7)无证操作 LOW 或违章操作、错误执行相关命令,影响行车；

(8)设备故障情况下,手摇单个道岔作业时间超过 15min；

(9)未经批准,通过列车在站停车；

(10)正线客车车辆空气制动系统失去作用,未造成后果；

(11)车辆未达到出车辆基地标准进入正线提供载客服务；

(12)连续两次及以上由同一原因造成列车产生紧急制动；

(13)列车或车辆溜逸,未造成后果；

(14)车辆、设备故障或人为操作失误造成运营客流高峰时段车站被迫采取非正常封站或限流措施；

(15)全线 ATS 故障 10min 内未修复；

(16)单个联锁区 ATP 故障 30min 内未修复；

(17)车辆基地客车转线进入无电区或无网区；

(18)各类机柜门、检查孔盖未按规定锁闭或设施固定不牢，造成列车在区间停车；

(19)调度电话无录音或未到规定时间录音丢失；中央处理系统未到规定时间数据丢失；

(20)运营期间，设备、设施、广告、备品脱落或掉下站台、隧道，造成列车停车；

(21)需要使用空调的季节，车站环控系统故障停止运行持续时间超过 24h；

(22)人为失误，造成自动消防设施误喷；

(23)在灾难、险情时，FAS 系统未能正常报警；

(24)无特种作业操作证操作特种设备、车辆；

(25)正线施工作业未登记或作业结束后未注销，影响运营；

(26)线路检查维修不当或线路胀轨等原因造成列车临时限速；

(27)正线联络线不能正常使用；

(28)排水不畅使积水漫过道床，影响运营；

(29)接地线错挂、漏挂、错撤、忘撤；

(30)车辆基地(停车场)出车时，因设施设备故障等原因影响 2 ~ 5 列其他列车上线运营；

(31)其他(经运营公司安全生产委员会决定列入本项的)。

5.1.4 行车事故安全因素

影响城市轨道交通行车安全的因素很多，主要包含人为因素、设备因素和环境因素(图 5-1)。其中人是列车运行安全的核心，设备是列车运行安全的基础，环境是列车运行安全的外部条件。

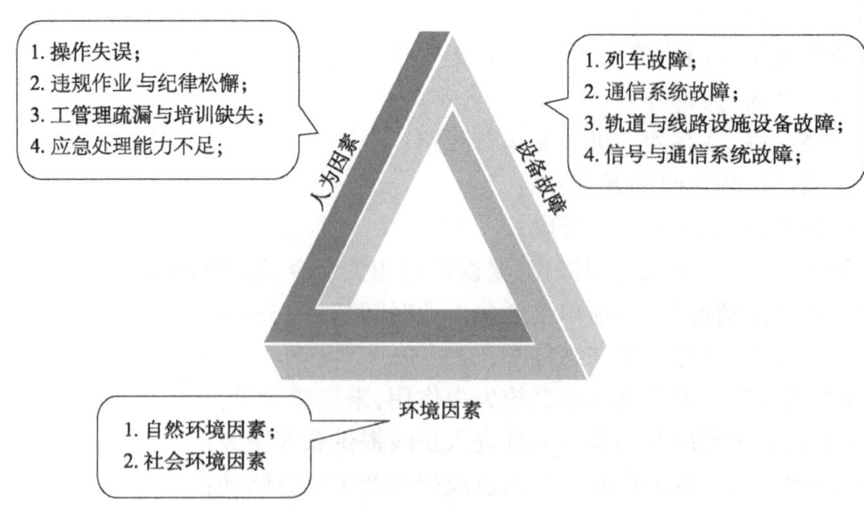

图 5-1 影响城市轨道交通列车运行安全因素关系

一、人为因素

人是整个系统中最活跃、最具决定性的因素,也是最难完全控制的环节。人为因素贯穿列车运行全流程,既包括直接操作行为,也涉及管理决策和应急响应。

操作失误:司机超速、未确认信号盲目发车,调度员错发指令、列车进路安排冲突,站务员未及时处理站台安全隐患(如站台门异常)等。违规作业与纪律松懈:施工人员未按规定办理封锁手续擅自进入轨道;司机疲劳驾驶;维修人员漏检关键部件(如制动系统设备)等。管理疏漏与培训缺失:安全制度未严格执行(如未定期开展消防演练);安全检查流于形式等。应急处置能力不足:突发故障(如列车迫停隧道)时,司机未按流程引导乘客疏散,调度中心未能快速启动应急预案等。

二、设备因素

设备是列车安全、高效运行的物质基础,其可靠性直接关系到行车安全。设备因素主要涉及设备故障或缺陷。

列车故障影响行车:制动系统失效、牵引系统故障导致列车骤停或失控;车门/站台门无法正常开关,造成夹人、行车中断。轨道与线路设施设备故障:轨道变形、道岔故障导致列车脱轨风险;轨道上出现异物未及时清除;接触网断线、供电系统跳闸导致列车断电等。信号与通信系统故障:信号机显示错误、ATS 故障,导致列车追尾或冲突;无线通信中断,影响行车指令传递等。

三、环境因素

环境因素包括自然环境和社会环境,虽为外部条件,但会通过影响人员或设备间接引发安全事故,其通常具有突发性和不可控性。

自然环境因素影响行车安全:暴雨、洪水导致轨道积水、车站进水;大雪、冰冻造成道岔冻结、列车打滑;强风影响高架线路列车稳定性;雷击损坏信号或供电设备等。社会环境因素影响行车安全:乘客携带违禁品进站,危及公共安全等

5.1.5 行车事故预防

城市轨道交通作为城市公共交通系统的骨干,一旦发生行车事故可能会造成大量人员伤亡,而且会引起严重的交通堵塞。为了确保运营组织安全、有序、快捷、高效,结合相关案例分析,城市轨道交通运营企业可从以下几方面做好行车安全风险预防管控。

一、全面提升从业人员业务素质

行车过程中,难免会出现很多意外情况,这就要求行车人员不仅要有过硬的心理素质、成熟的处置经验,而且要具备相关的专业知识,能够合理解决问题,并找出相关原因。因此,必须提高城市轨道交通从业人员的业务能力和综合素养,定期进行相应的业务培训和心理辅导,全面保障城市轨道交通运行安全。

二、采用先进的设备及其检测体系

建立行车智能平台是实现行车调度规范化、科学化、现代化的技术保障。随着科技的不断发展,行车调度设备自动化也在不断发展和完善,但也存在着一定的问题。

要加大研发的力度，在警报、站前折返等方面实现全面智能化，以减少因人工介入而造成的意外。全面实现行车调度的自动化不仅有利于全面掌握线路上列车运行状况，还有利于对途中发生事件做出及时提醒和纠错，可大大提高列车运行的可靠性和安全性。

三、健全和完善科学规范的行车调度体系

科学规范的行车调度体系是城市轨道交通实现向现代化的保障。首先，加强行车调度安全生产体系的建设，全面落实行车的安全规章制度和操作规程，在实际工作中，严格按照安全操作流程来进行合理的行车调度。其次，规范快速安全反应机制，吸取以往的教训，结合实际情况制定一套有效的应急预案，并且勤加练习，及时调整。最后，在实际操作中，严格规范和管理操作流程，以便及时把握关键时间点，抓住问题的主要矛盾并给出解决方案和措施，做到报告快、处置快。

四、构建安全生产制度和应急处置体系

企业应根据实际情况制订符合自身条件的安全生产制度，设立安全生产管理机构，由专人负责，切实履行各自的职责，全面管理和监督安全生产，将各项安全生产管理工作落实到每个班组和个人，保证每个员工的安全思路与企业的目标一致。

城市轨道交通运营企业要搭建完善的应急处置体系，建立健全应急处置机构，设置现场处置机构和应急指挥机构，并配置专业力量。同时，健全由综合应急预案、专项应急预案和现场处置方案组成的应急预案体系。准备充足的应急物资和应急救援装备，设置应急人员值班制度，建立运营安全重大故障和事故的报送制度等。结合运营组织实际情况，针对关键岗位制订相应的应急演练计划，提升各岗位人员应急处置能力。

五、加强城市轨道交通安保部门工作

安全检查是城市轨道交通安保部门工作的重要内容，也是发现问题、排查安全隐患、防止事故发生的重要手段。各层级部门应进行定期和不定期的全面排查或重点突击检查，开展各层级的联合安全大检查，对于查出的问题及时通报并要求责任区负责人限期整改，由安全委员会或相关安全部门负责对整改情况进行确认。通过企业各层级的安全检查，强化员工的安全意识，增强员工安全责任感，确保各项安全防范措施落到实处，消除事故隐患，保障运营安全。加强安全检查，减小社会治安事件发生的可能性也是确保行车安全的重要手段。

六、加强乘客和工作人员安全教育

广大乘客的安全意识对行车安全也有很大的影响，应加强对市民的安全乘车意识的教育，减少由于乘客的失误而产生的运营事故。另外，还要加强对乘客在紧急情况下逃生自救知识的宣传教育。例如上海地铁开展了安全宣传周活动，通过播放安全宣传片、派发安全宣传手册、组织安全知识竞赛等各种方式向乘客宣传市民安全相关知识。

统计表明，几乎每一起重大事故都与人的因素有关。所以务必加强对工作人员的法治教育、技术教育、安全教育和职业道德教育。列车运行是一个具有规律性的动态过程，在这个动态过程中要避免各种不利因素对行车工作的影响。而列车司机作为列

车最直接的监控者和操作者,必须有熟练的业务技能和高度的安全意识,以及不断学习的能力与遵守规则的素质,才能确保列车运行正常进行。保证列车司机有较高的安全意识,严格按照安全制度、行车规则执行驾驶任务对防范行车事故有重要意义。调度指挥人员和车站作业人员认真履行岗位职责和严格执行规章规范,也对行车安全有重要的意义。

城市轨道交通列车驾驶

班级:__________ 姓名:__________ 小组:__________ 日期:__________

任务 5.1 实施与评价 理论学习工作单

一、不定项选择题(3 分 ×13 =39 分)

1. 某地铁因自然灾害,发生列车脱轨事件,造成 5 人死亡,直接经济损失 6000 万元。根据《国家城市轨道交通运营突发事件应急预案》(国办函〔2015〕32 号),该事件应定性为(　　)级别事件。

A. 特别重大事故　　B. 重大事故
C. 较大事故　　D. 一般事故

2. 当发生群死群伤事件时,列车司机应按(　　)原则处置。

A. 立即向行车调度员汇报
B. 及时做好车内广播工作,稳定乘客情绪
C. 随时听候行车调度员进一步指令
D. 根据情况驾驶列车离开

3. 以下选项属于发生事故后的“四不放过”处理原则的是(　　)。

A. 针对事故制订的切实可行的整改措施未落实不放过
B. 事故地点未查清不放过
C. 事故责任人未受到处理不放过
D. 事故责任人和周围群众没有受到教育不放过

4. 导致 30 人以上死亡的事故称为(　　)。

A. 特别重大事故　　B. 重大事故
C. 较大事故　　D. 一般事故

5. 违章作业是造成电务重大、大事故及险性事故的主要原因,必须增强电务职工的法律意识和安全意识,加强维修、施工、故障处理等关键环节的控制,落实安全(　　),杜绝违章作业。

A. 报警措施　　B. 检修方法　　C. 卡控措施　　D. 施工计划

6. 发生重大事故时,死亡人数达(　　)人以上。

A. 1　　B. 2　　C. 3　　D. 5

7. 发生重大事故时,中断行车达(　　)min 以上。

A. 100　　B. 150　　C. 180　　D. 200

8. 发生大事故时,死亡人数达(　　)人以上。

A. 1　　B. 2　　C. 3　　D. 5

9. 发生大事故时,中断行车达(　　)min 以上。

A. 100　　B. 150　　C. 180　　D. 200

10. 以下不属于险性事故的是(　　)。

A. 列车冒进禁行信号　　B. 未经允许列车载客进入非运营线

C. 非运营线列车脱轨　　　　　　　　D. 列车擅自退行

11. 以下不属于一般事故的是(　　)。

A. 调车冒进信号

B. 漏乘造成列车车长未上车发车

C. 列车车辆未撤除防溜铁鞋或止轮器开车

D. 电话闭塞出站信号故障时无凭证发车

12. 城市轨道交通系统行车事故按照事故的性质、造成的损失及对行车的影响,可大致分为(　　)。

A. 特别重大事故　　　　　　　　B. 重大事故

C. 大事故　　　　　　　　　　　D. 险性事故

13. 以下属于事故苗头的是(　　)。

A. 在站应停列车部分冒进信号机

B. 列车夹物开车

C. 车长或副司机在列车关门后启动时,未进行车站瞭望

D. 车辆、设备因人为责任破损,经济损失达 2000 元以上

二、简答题(10 分 ×4 =40 分)

1. 什么叫行车事故？行车事故是如何分类的？

2. 造成地铁行车事故的主要原因有哪些？

3. 针对行车事故中的人为因素,试提出降低这类因素影响的建议。

4. 作为一名地铁列车司机,可以采取哪些措施来预防行车事故？

三、思维导图(21 分)

请利用思维导图软件,根据自身学习和领悟绘制本任务思维导图以辅助记忆。

任务 5.2　案例分析

任务导入

某年 9 月 11 日，某地铁站，一女子不小心掉进了地铁站台的缝隙中，大腿被卡住，不停哭泣。据视频拍摄者称：现场有多名乘客在一旁大喊不要关门，并及时报警，地铁站务员也立即拉下红色紧急制动按钮，并用对讲机告知列车司机不要开车。该地铁官方微博回应：某日上午 7 时许，地铁 8 号线西藏南路站往沈杜公路站方向，车门处一名乘客不慎将腿卡在列车与站台缝隙中，随即车站使用扩张器帮助脱困。该乘客送医检查为腿部皮外伤，无大碍。

（摘编自：齐鲁晚报网，2023 年 9 月 11 日）

任务准备

引导问题 1　地铁行车事故中哪些是人为因素导致的？

引导问题 2　如何有效减少地铁行车事故安全隐患？

引导问题 3　发现险情时如何自救以及帮助别人？

知识准备

5.2.1　人为因素

一、某地铁撞车事故

发生时间：某年 11 月 5 日 18:13:02

发生地点：CCJ 站至 FXM 站 163 百米标处

事故后果：35 名乘客受伤，两辆列车损毁严重，外环中断行车 1h7min，内环中断行车 5h 4min

事故经过：

某年 11 月 5 日 18:13:02，某地铁 2 号线内环方向的 313 次列车从 CCJ 站发车开往 FXM 站。运行至 163 百米标时，列车司机发现信号灯显示为黄灯，随即采取制动措施。列车在越过该信号机 10m 处停车等待。18:14:02，后续列车 651 次根据出站绿灯信号，自 CCJ 站开往 FXM 站。由于前方区间被 313 次列车占用，前方信号灯显示为黄灯，651 次列车运行至该处，其自动停车装置随即发出了停车预警信息。驾驶 651 次的列车司机，由于安全意识淡薄，主观臆断以为自动停车装置发生误报警，在未进行前方信号瞭望和确认的情况下，擅自将该报警切除，仍采用牵引位继续运行。待列车越过黄灯信号看到前方显示的红灯信号时，列车司机才惊慌失措，立即采取制动措施，将牵引手柄直接从牵引“3”位拉至制动“3”位。因为此操作制动需要3s的缓解延时,因此,列车司机误以为制动无效,迅速改用风闸切断电制动。直至651次列车司机看到313次列车尾部标志灯才拍下紧急停车按钮。但是,此刻为时已晚。651次列车在惯性作用下与313次列车尾部相撞。万幸的是,等待中的313次列车前方信号机在撞击前的瞬间转换为绿灯信号,列车解除了制动措施,正要起步。但651次列车在惯性作用下将313次列车向前推动366m。由于事发现场为凹形坡道,313次列车在前方5‰的上坡道阻力下,又溜回坡谷处停车。此次撞车事故造成35名乘客受伤,两辆列车损毁严重,外环中断行车1h 7min,内环中断行车5h 4min,造成了严重的社会影响。

事故原因分析:

事故发生后,该地铁公司立即成立救援指挥部,进行应急抢险救援。同时成立事故调查小组,分别对车辆、设备、相关值乘人员和乘客的受伤情况进行调查。经过事后调查,认定造成此次撞车事故的主要原因是651次列车司机玩忽职守,安全意识淡薄,驾驶列车时精神不集中,擅自关闭停车自动保护装置,在未确认信号的情况下违章行车;此外,651次列车司机技术水平低,在采取电制动措施时,直接从牵引“3”位拉至制动“3”位,违反了列车操作中先给电流移位,待电流电压及各项指示灯正常后再拉至制动“2”位或“3”位的规定。造成该事故的间接原因是TP车辆段的领导干部思想教育不深刻,管理不严格,致使个别员工未能落实执行相关规章制度。

二、列车冲撞车挡,盲目倒车致脱轨

发生时间:某日22:03

发生地点:SLL停车库内

事故后果:列车脱轨,车体落在钢轨上

事故经过:

某日22:03,309次列车司机在列车运行于SLL停车库内时收发短消息,当司机发现列车距离车挡还有3m左右时,立即采取紧急制动措施,但此时列车已经失去制动距离,以5km/h速度冲撞车挡,造成列车“骑”上车挡,构成调车冲突事故。事故发生后,列车司机没有立即汇报运转值班员而擅自倒车,造成列车下车挡时脱轨,车体落在钢轨上,构成二次事故。

事故原因分析:

(1)列车司机在驾驶列车过程中没有认真瞭望前方线路,注意力被手机分散,等回过神时虽然采取制动措施,但列车已经失去制动距离最终撞上车挡。因此列车司机对调车冲突事故应负全部责任。

(2)列车在冲撞车挡后,车轮爬上止挡,轮缘悬空。此时列车司机失去冷静,急于掩盖事故,盲目倒车,使爬上车挡的车轮在轮缘落下时随着列车向后移动的过程中向外偏离线路中心线,最终造成列车脱轨,产生二次事故。因此列车司机对二次事故应负全部责任。

整改措施:

(1)列车司机在驾驶列车过程中应集中注意力,认真瞭望前方线路,不得做与行车无关的事;列车在接近线路终端时,严格控制速度为3km/h。

(2)列车司机严格按照事故处理规章操作,在发生行车事故后应立即停车,停车后不得擅自动车,保持冷静并迅速上报,等专业人员确认后,听从专业人员指挥动车,切忌失去冷静、急于掩盖事故而私自处理,造成事故后果扩大或发生二次事故。

三、某地铁列车追尾事故

图 5-2　某地铁列车追尾事故救援现场

发生时间:某年 9 月 27 日

发生地点:某地铁 10 号线 YY 站至 LXM 站下行区间(图 5-2)

事故后果:271 人受伤

事故定性:大事故

事故经过:

某年 9 月 27 日 13:58,电工在某地铁 10 号线 XTD 车站 UPS 柜底进行电缆孔洞封堵作业时,UPS 输出负载端 A 相线路出现松动,引发 A 相电供电缺失,导致 10 号线 XTD 集中站信号失电,并造成中央调度列车自动监控系统红光带、区间列车自动监控系统黑屏。经调度所行车调度员核实,事发时 10 号线 JTDX 站至 NJDL 站上下行区段内尚有 6 辆列车在线。

此时,1016 号列车在 YY 站下行出站后显示无速度码,列车司机向 10 号线调度控制中心报告,行车调度员命令 1016 号列车以手动限速方式向 LXM 站运行。14:00,1016 号列车在 YY 站至 LXM 站区间遇红灯停车,行车调度员命令停车待命。14:01,行车调度员开始进行列车定位。14:08,行车调度员发布调度命令,JTDX 站至 NJDL 站上下行区段实行电话闭塞法行车。

14:35,1005 号列车持路票从 YY 站发车。

14:37,1005 号列车以 54km/h 的速度行进到 YY 站至 LXM 站区间弯道时,发现前方有列车(1016 号)停留,随即采取制动措施,但由于惯性仍以 35km/h 的速度与 1016 号列车发生追尾碰撞。

事故原因分析:

(1)直接原因:行车调度员在未准确定位故障区间内全部列车位置的情况下,违规发布电话闭塞命令;接车站值班员在未严格确认区间线路是否空闲的情况下,违规同意发车站的电话闭塞要求,导致 1005 号列车与 1016 号列车发生追尾碰撞。

(2)间接原因:

①工作人员执行规章制度不严,应急管理不到位。工作人员未根据该公司《电话闭塞法行车规定(试行)》要求,制订相应岗位的具体操作细则;总调度所在应急处置状态和实施电话闭塞行车的相关规定中,对调度环节中的复核、监控等要求未予明晰;没能及时将电话闭塞法、基于无线通信的列车控制系统等的行车管理相关要求补充到应急预案中;地铁 10 号线运营部门未组织过信号中断状态下的针对性应急演练,以至于操作人员在处置信号中断引发的突发事件时职责不清、处置失误。

②设施设备维护、隐患排查治理不到位。运营公司未建立风险评估机制,未制订落实相关隐患排查治理的规定;组织实施地铁 10 号线 UPS 柜底电缆孔洞封堵作业的

部门未对运营状态下的供电、信号等设施设备维护作业进行风险评估,未制订运行时段的作业方案,未采取有针对性的防范措施。

③对城市轨道交通网络化运营过程中出现的新情况、新问题研究不够。运营公司修订完善并发布《电话闭塞法行车规定(试行)》和《地铁10号线CBTC阶段行车管理办法(试行)》后,培训不到位,使员工对安全技术的了解和掌握不够,对可能影响运营安全的问题估计不足。

整改措施:

(1)优化完善适用于城市轨道交通运营特点的电话闭塞行车规章制度,特别是要健全列车定位、盯控等环节的标准和规范。加强非正常情况下的应急救援及行车组织方法的培训及演练,切实提高重点岗位人员的安全意识、技能水平和现场安全控制能力。研究信号系统不间断供电的保障措施,确保行车安全。

(2)加强对供电、信号等技术设备的定期检测,完善安全标准,注重新技术、新装备应用的安全性和可靠性研究。

四、日本某地铁列车出轨

事故时间:某年4月25日

事故地点:某区间的一处弯道(图5-3)

事故后果:100多人死亡,400多人受伤

事故定性:特别重大事故

图5-3 日本铁路公司列车出轨事故救援现场

事故经过:

某年4月25日上午,日本某地铁公司一辆高速行进的列车在行至一个曲率半径300m、限速70km/h的急转弯处时,因速度过快,直接冲出铁轨,冲入距出轨点60m远、与轨道距离6m的一栋九层公寓楼内。事故列车共有七节车厢,其中有五节出轨,第一节车厢冲入大楼的一楼停车场,第二节车厢紧贴大楼边缘并严重扭曲变形,被挤压至正常宽度的一半。

事故原因分析:

1)司机人为因素

出轨地点限速70km/h,而事故列车当时的行驶速度达100km/h,且该列车信号控制系统形式陈旧,不具有列车超速行驶自动制动保护功能。事发前,该列车在YD站停靠时超过预定停车位置40cm,列车司机将列车后退后开门让乘客上下车致列车延误1min30s。列车司机有可能为赶时间而超速行驶并在弯道未减速而启动紧急制动,造成车厢失去平衡而出轨。据专家表示,事发地点弯道行驶速度需达133km/h以上才有可能出轨。故不排除尚有其他原因同时存在。

此外,事故列车司机时年23岁,于事发一年前取得列车驾驶执照,驾驶经验不足,且过去有不良记录,如实习期间有3次被处分记录,事发一年前违规后接受13天的“再教育”,通过评估与心理测验后才复职。

2）轨道因素

（1）轨道上有障碍物。

出事路段的轨道上发现“粉碎痕”，疑似车轮碾过碎石的痕迹，推测有人在轨道上放置石头或硬物（日本曾有因孩童在轨道上放置石块致列车出轨案例）。

（2）轨道弯道段无护轨装置。

整改措施：

导致此次特别重大事故的主要原因为司机违反限速规定超速行驶。所以要加强对列车司机安全意识的教育，如观看一些地铁事故录像等。适当增加备用司机的数量；增加对列车司机的重视程度，同时加大对列车司机的考核力度，采用竞争上岗，禁示违章次数累计达到一定数量的司机再次竞聘司机岗位，提高司机对岗位的重视程度。

五、罗马某地铁列车追撞事故

事故时间：某年 10 月 17 日

事故地点：某车站（图 5-4）

事故后果：2 人死亡，100 多人受伤

事故定性：重大事故

事故经过：

某年 10 月 17 日上午，地铁 A 线一列列车异常驶入某车站，追撞停靠站台的另一列列车，被撞击的列车最后一节车厢与从后方驶来的列车第一节车厢挤压在一起，许多旅客被夹在扭曲的车厢间，现场烟雾弥漫，照明丧失。事故中两列车损毁变形，其中后方列车的第一节车厢残骸卡进前方列车尾部 3m。

图 5-4　罗马地铁列车追撞事故救援现场

事故原因分析：

肇事列车司机按控制中心指示越过红灯继续前进。当运量较大时，此类调度命令可被接受，司机被授权保持警觉以最大速度 15km/h 行进。而经调查，列车追撞时速度约为 30km/h。

这是一起典型的人为因素引起的行车事故。主要原因就是列车司机和行车调度员都没有高度重视行车工作，违章作业，安全意识不强。

第一，列车司机没有按照非正常情况下的规定速度行驶，在行车过程中没有加强瞭望，也没有及时与控制中心保持联系是造成这起事故的主要原因。

第二，这起事故的发生，行车调度员也有不可推卸的责任。行车调度员没有对非正常情况下行驶的车辆加强监控，并及时开放正确的行车信号和道岔，导致列车发生追撞。

六、列车挤岔事故

事故地点：某车辆基地洗车线

事故后果：列车挤岔 1 辆

事故定性：一般事故

事故经过：

某日，某地铁运营公司一列车在洗车线进行洗车。洗车完毕后，列车司机和副司机未与车辆基地信号楼值班员联系，未确认进车辆基地信号机，也未确认道岔，擅自动车（当时速度为15km/h），将车辆基地5号交分道岔挤坏。信号楼值班员听到挤岔警示后立即用无线电台呼叫列车司机停车，列车司机紧急停车，列车在越过5号道岔尖轨约30～40m时才停稳，造成了挤岔。

事故原因分析：

（1）列车司机、副司机安全意识不强，动车前未确认信号、进路和道岔，又未与车辆基地信号楼值班员联系，是造成这起事故的主要原因。

（2）当值司机、副司机简化作业程序，未认真执行呼唤应答制度。

整改措施：

（1）强调“安全第一”的指导思想，各工种密切配合，加强联系。如列车进出车辆基地前，列车司机须与信号楼值班员联系，确认信号、进路、道岔后方可动车。

（2）列车司机驾驶中及动车前的呼唤应答不能流于形式，要落实到各级人员，认真检查、监督规章制度落实情况，保证规章制度得到认真执行。

（3）车辆基地派班员向列车司机安排作业计划时，同时布置安全注意事项。

5.2.2 设备因素

一、接触轨断电事故

事故时间：某年2月27日

事故地点：SYQ站到TYG站上行区间

事故后果：中断正线运营26min

事故定性：一般事故

事故经过：

事故发生前3个月，线路公司在日常检查过程中发现SYQ站至TYG站上行M区间钢轨侧磨值为10.85mm，临近钢轨磨耗轻伤标准（12mm）。

事故发生前1个月，钢轨侧磨值发展为14.85mm，已临近钢轨磨耗重伤标准（15mm）。线路公司依据维修规程进行维修施工作业。

事故发生当天凌晨，线路公司依据施工组织方案，将40块鱼尾板分散存放于M区间两侧的接触轨防护板，未采取任何临时加固和防范措施。

事故发生当天18:05，鱼尾板受列车运行影响产生振动位移，与接触轨搭接，造成区间发生接触轨跳闸，导致运营中断26min，影响了乘客的正常出行。

事故原因分析：

（1）直接原因：临时存放的鱼尾板不稳固，受列车运行影响，产生振动位移，与接触轨搭接，造成接触轨跳闸。

（2）间接原因：安全管理存在薄弱环节。一是对采用新工艺带来的安全风险认识不足，未能认识到施工过程中可能存在的隐患，在施工组织方案中没有明确指出潜在的风险。二是对新设备的维修养护缺乏针对性，沿袭既有规章制度，没有制订专项安全措施。三是针对新工艺、新设备、新技术等的培训有薄弱点，没有进行技术培训。

整改措施：

(1)立即停止在区间隧道存放物料，即刻对轨行区范围内料具进行清理，排查整改类似安全隐患；组织梳理、修订相关施工作业管理制度，制订区间隧道内施工作业所需物料存放管理规定，防止类似事故再次发生。

(2)组织技术人员针对新工艺、具有新特性的设备设施的维修养护进行培训。

(3)加大对施工现场的监督和检查力度，对施工的前期准备工作加强检查和控制，进一步强调施工作业“精、细、实”的工作原则。

(4)进一步加强现场值守力量，公司两级机关人员早晚高峰期间到车站值守，确保突发事件得到及时、有效上报及处置。

二、韩国首尔某地铁列车追尾事故

事故时间：某年5月2日

事故地点：韩国首尔地铁2号线某车站(图5-5)

事故后果：200多名乘客受伤

事故经过：

图5-5　韩国首尔地铁列车追尾事故救援现场

某年5月2日下午，首尔地铁2号线的一班列车因异常情况稍作停车，后一班地铁列车未能及时掌握前车的状况，尽管采取了紧急制动，但还是发生追尾事故。事故造成前面列车的后两节车厢脱轨。两车追尾后，列车播出通知要求乘客留在原处，但基本没有乘客听从。目击者称，许多乘客强行打开列车车门，跳到轨道上逃生。

事故原因分析：

该事故是由地铁信号机发生故障而导致的。事故发生时，某站的两台信号机显示了错误的信号，信号机本应亮起指示“停止”的红灯，可是却错误显示了指示“前进”的绿灯，使得列车自动停止装置没有运行，导致后面的列车与前车车尾相撞。

三、列车无法正常牵引导致线路列车严重晚点事故

事故时间：某年3月15日

事故地点：某地铁5号线SSJ站上行区间

事故后果：故障列车退出运营，正线列车运营晚点近1h

事故分类：一般事故

事故经过：

某年3月15日14:06，某地铁5号线0506次车运行至SSJ站上行站台停车并进行开关门作业后，列车司机正常按ATO按钮启动列车后不久，列车自动停车。列车司机改用SM模式驾驶，列车只能以5km/h速度缓慢运行。14:15，故障列车到达ZFY站，按规定开关门作业上下客后开出不久，列车产生紧急制动。14:26，列车到达XJK站，进行清客，退出运营。

事故原因分析：

列车制动系统中的制动压力开关状态不稳定，在常用制动已经全部缓解的情况下，驾驶室得不到制动已缓解的信号，导致列车无法正常运行。

车辆检修和行车部门工作人员安全意识不强，存在侥幸心理。据了解，这条线路曾经也发生过类似故障，但都是在终点站或存车线附近，未影响正常运营。这类故障未得到重视，最终造成此次事故的发生。

当值调度员处理突发事件能力不足。事故发生后，列车在故障状态下仍然载客运行了两个区间，致使正线列车运营晚点近 1h。

整改措施：

消除侥幸心理，彻底清查车辆故障。拒绝存在安全隐患的一切车辆上线运营。当正线运营的车辆出现不稳定因素时，坚决安排下线。将此故障现象告知地铁车辆的生产厂家，使其加大对列车制动系统特别是制动压力开关的检测力度，重点观察车辆调试时该部件的状态。

5.2.3 环境因素

一、火灾

事故时间：某年 2 月 18 日

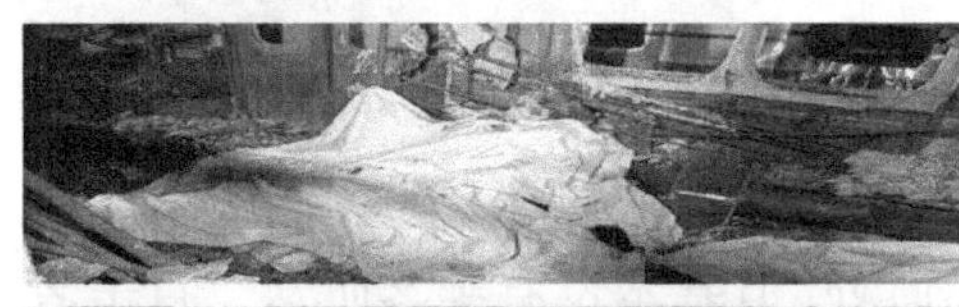

图 5-6 韩国大邱市地铁一号线事故救援现场

事故地点：韩国大邱地铁 1 号线(图 5-6)

事故后果：190 多人死亡，140 多人受伤，200 多人失踪

事故经过：

某年 2 月 18 日 9:50，大邱地铁 1 号线第 1079 号列车刚在市中心的中央路车站停住，第三节车厢里一名 56 岁的男子就从黑色的手提包里取出一个装满易燃物的绿色塑料罐，并拿出打火机试图点燃。车内的几名乘客立即上前阻止，但这名男子却摆脱阻拦，把塑料罐内的易燃物洒到座椅上，点着火并跑出了车站。

1080 号列车司机像往常一样驾驶列车驶入中央路站，在此之前，他只接到指挥室“注意运行”的通报，直到列车进站后，他才接到对面列车发生火灾的消息。

望着烟雾弥漫的站台和慌乱的人群，他意识到事情不妙，将列车车门开启后又立马关闭了。

由于浓烟和大火，地铁站内的电源自动切断，整个站台漆黑一片。此时的 1080 号列车车厢内，电灯突然爆裂，但这并未引起骚动。列车司机立马广播：“发生了火灾，请暂时等候。”于是，乘客们在不知情的情况下留在列车上，茫然等待着下一步通知。

浓烟开始在车厢内出现，一些乘客因烟雾剧烈咳嗽起来，一些人用手捂住了口鼻。但在随后的5min内，列车就这样紧闭着车门停在站台上，既没有广播通知，也没有开门让乘客逃生。浓烟渐渐布满了整个车厢。

等1080号列车司机想再打开列车车门时，电源被切断了，从而全体乘客都被关在了黑暗的车厢内。他拔下主控钥匙，抛下乘客逃走。一些车厢的乘客找到了应急装置，用手动方式打开了车门得以逃生，但是许多车门一直未被打开。1079号列车的车门是开着的，所以乘客可以及时逃出去，但1080号列车的车门却是紧闭的，这导致1080号列车伤亡人数远多于1079号列车伤亡人数。

事故原因分析：

本次事故主要由以下两方面造成：一个是人的因素，另外一个是设备因素。

1）人的因素

（1）纵火者是造成这起事故的主要原因。

（2）地铁工作人员未能采取适当措施处理紧急情况。

（3）1080号列车司机违反职业操守，拔下主控钥匙逃命，导致车门打不开。

（4）行车调度员没有如实将情况报告给其他列车司机，没有采取正确的火灾应急措施。

2）设备因素

（1）地铁列车内使用的装饰材料和座椅并不防火，玻璃纤维和硬化塑料在遇到火焰和高温后起褶，然后冒出有毒烟雾。

（2）应对火灾的喷水消防装置只设在地下两层的站厅内，没有设在站台上。而且车站没有发生火灾时强行抽出烟尘的空调设施，所以事故发生后三四个小时，救援人员一直无法接近现场。

（4）地铁站台上没有灭火装置，据说是担心水可能会引起地铁站内电线短路。车站内也没有荧光标志引导乘客走出漆黑的车站。

二、爆炸

事故时间：某年4月11日

事故地点：明斯克地铁某车站（图5-7）

事故后果：十几人死亡，100多人受伤

事故定性：特别重大事故

事故经过：

某年4月11日傍晚，正值下班高峰期，明斯克地铁某车站发生爆炸。爆炸发生时，有两列地铁同时到达。爆炸所在地靠近明斯克最大的商业文化中心。爆炸发生后，明斯克两条地铁线一度停运。

事故原因分析：

（1）爆炸物是无线电遥控的自制爆炸装置，地面被炸出一个直径80cm的大坑。

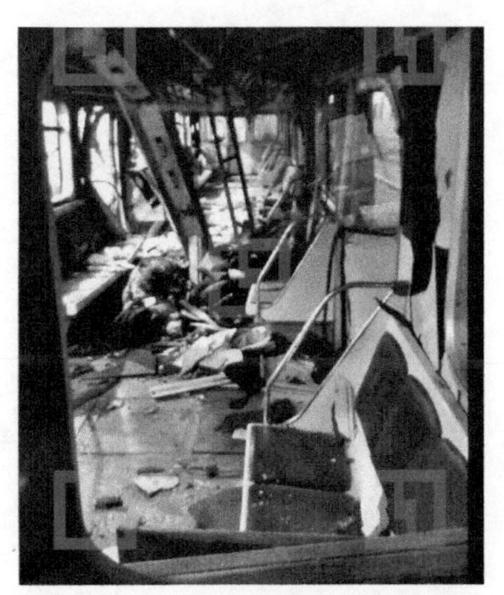

图5-7　明斯克十月地铁站事故救援现场

（2）明斯克地铁各车站内基本没有配备相关

安检设备对危险物品进行检测,只有手持金属探测器的安保人员偶尔检查进站乘客。

整改措施:

车站工作人员提高工作细致程度;提高警惕性,加强对隐蔽角落位置的及时检查,如发现疑似爆炸物和毒气物,应及时汇报当班的值班站长并引导乘客离开此区域。尽快安装安检设备,加强安保措施。

班级:___________ 姓名:___________ 小组:___________ 日期:___________

任务5.2 实施与评价 实践工作单 行车事故案例分析

一、实践目标

(1)能够理解行车事故概念;
(2)能根据行车事故后果进行事故等级划分;
(3)能够合理根据行车事故进行事故分析;
(4)能以列车司机的标准要求自己;
(5)谨记"安全第一",培养严格按照标准化作业操作的习惯;
(6)培养严谨、认真、一丝不苟的工作态度和不怕苦、不怕累的精神。

二、工具与器材

电脑、投影仪、多媒体教室、话筒等。

三、内容设置

(1)4~5人一组形成学习小组;
(2)在网上查询相关行车事故案例并制作汇报PPT;
(3)各组选派代表进行汇报,分析事故发生原因、经验教训、整改措施等;
(4)其他小组参与交流。

四、考核与评价标准

考核与评价标准见下表。

<table>
<tr><td colspan="2">工作单</td><td colspan="4">行车事故案例分析</td></tr>
<tr><td colspan="2">说明</td><td colspan="4">教师按考核内容对学生逐一进行考核</td></tr>
<tr><td colspan="2">班级</td><td></td><td>姓名</td><td colspan="2"></td></tr>
<tr><td colspan="2">学习小组</td><td></td><td>考核时间</td><td colspan="2"></td></tr>
<tr><td>序号</td><td>评分项目</td><td>评分标准</td><td>分值</td><td>得分</td></tr>
<tr><td>1</td><td>选题</td><td>必须是城市轨道交通行车事故</td><td>10</td><td></td></tr>
<tr><td>2</td><td>汇报PPT</td><td>(1)简洁、美观。
(2)条理清晰,逻辑清楚</td><td>30</td><td></td></tr>
<tr><td>3</td><td>汇报</td><td>(1)口齿清晰、声音洪亮。
(2)汇报顺畅。
(3)有吸引力。
(4)事故分析到位、等级划分正确</td><td>40</td><td></td></tr>
<tr><td>4</td><td>答疑交流</td><td>准确解答其他同学疑问</td><td>20</td><td></td></tr>
<tr><td colspan="3">合计</td><td>100</td><td></td></tr>
</table>

续上表

指导老师意见	
完成人签字	
指导老师签字	

附录

本书关于术语、驾驶室指示灯、乘务职业技能的资料

本书主要术语英汉对照表

驾驶室各指示灯的功能

城市轨道交通乘务职业技能等级标准相关技能要求

参 考 文 献

[1] 王丽红,陈晓宏.城市轨道交通电动列车驾驶[M].北京:人民交通出版社股份有限公司,2018.
[2] 付全立,边海山.城市轨道交通电动列车驾驶[M].上海:上海交通大学出版社,2019.
[3] 阎国强,郭凝.城市轨道交通电动列车驾驶[M].上海:上海科学技术出版社,2016.
[4] 薛宏娇.城市轨道交通电动列车驾驶[M].北京:人民交通出版社股份有限公司,2021.
[5] 上海申通地铁集团有限公司轨道交通培训中心.城市轨道交通电动列车驾驶[M].北京:中国铁道出版社,2010.
[6] 毛昱洁.城市轨道交通电动列车驾驶[M].北京:机械工业出版社,2015.